公路工程施工技术建设与创新

刁宠基　李　龙　刘海磊　著

吉林科学技术出版社

图书在版编目（CIP）数据

公路工程施工技术建设与创新 / 刁宠基，李龙，刘
海磊著． -- 长春：吉林科学技术出版社，2024.3
ISBN 978-7-5744-1237-8

Ⅰ．①公… Ⅱ．①刁… ②李… ③刘… Ⅲ．①道路工
程－工程施工－研究 Ⅳ．①U415

中国国家版本馆 CIP 数据核字（2024）第 069118 号

公路工程施工技术建设与创新

著　　刁宠基　李　龙　刘海磊
出 版 人　宛　霞
责任编辑　程　程
封面设计　树人教育
制　　版　树人教育
幅面尺寸　185mm×260mm
开　　本　16
字　　数　280 千字
印　　张　12.875
印　　数　1~1500 册
版　　次　2024 年 3 月第 1 版
印　　次　2024 年 12 月第 1 次印刷

出　　版　吉林科学技术出版社
发　　行　吉林科学技术出版社
地　　址　长春市福祉大路5788 号出版大厦A 座
邮　　编　130118
发行部电话/传真　0431-81629529 81629530 81629531
　　　　　　　　　81629532 81629533 81629534
储运部电话　0431-86059116
编辑部电话　0431-81629510
印　　刷　廊坊市印艺阁数字科技有限公司

书　　号　ISBN 978-7-5744-1237-8
定　　价　80.00元

前　言

　　随着中国公路建设事业的飞速发展，新材料、新工艺和新设备在公路、桥梁施工中得到了大量应用，施工新工艺及新技术不断涌现。在具体的道路施工技术应用中，中国应积极发展高强度、高浸透性、高抗震性和高实用性的道路技术，最终的目的是促进道路施工技术的升级换代，提高施工道路的质量安全、效益安全和生命财产安全。也就是说，当前中国应当采取跨越式的道路技术发展模式，做到施工技术理论性的成熟。在以经济建设为中心构建和谐社会理念的影响下，中国的道路发展要走一条以科技创新为龙头，坚持跨越式发展的模式。除此之外，中国还要积极借鉴、引进国外的先进道路施工技术，以适应国内市场需求。二者之间并不是完全对立的，而是相辅相成共同促进发展的。因此，从某种程度上来讲道路施工技术的跨越式发展模式是最优秀的目标选择，是适应社会选择要求和国家选择要求的。

　　现如今对我国的公路工程施工而言，虽然发展十分快速，但是项目施工存在着较多的问题，如检查管理得不严格以及施工质量差等。这些情况的出现会对公路工程安全产生直接影响，并且由于施工人员自身的专业素质并不高，也会限制公路工程的发展。因此，在公路工程进行建设时，不仅需要对公路工程的施工技术引起足够的重视，也需要根据我国的国情，对施工工艺技术进行完善，并且采取相应的措施保证公路工程建设的顺利进行，促进我国交通事业快速发展。

　　由于公路工程技术发展迅速，技术标准不断更新，加之笔者水平所限，书中难免存在差错和不妥之处，敬请广大师生和读者批评指正。

目　录

第一章 公路工程施工技术概述与施工准备

第一节 公路施工的组成与发展概况

一、公路的分级与组成

（一）公路的分级

1.公路分级

交通运输部颁布的《公路工程技术标准》，将公路根据功能和适应的交通量分为五个等级，即高速公路、一级公路、二级公路、三级公路、四级公路。

（1）高速公路：专供汽车分向、分车道行驶，并应全部控制出入的多车道公路。

四车道高速公路应能适应将各种汽车折合成小客车的年平均日交通量 25000~55000 辆。

六车道高速公路应能适应将各种汽车折合成小客车的年平均日交通量 45000~80000 辆。八车道高速公路应能适应将各种汽车折合成小客车的年平均日交通量 60000~100000 辆。

（2）一级公路：供汽车分向、分车道行驶，并可根据需要控制出入的多车道公路。

四车道一级公路应能适应将各种汽车折合成小客车的年平均日交通量 15000~30000 辆。

六车道一级公路应能适应将各种汽车折合成小客车的年平均日交通量 25000~55000 辆。

（3）二级公路：供汽车行驶的双车道公路。

二级公路应能适应将各种汽车折合成小客车的年平均日交通量 5000~15000 辆。

（4）三级公路：主要供汽车行驶的双车道公路。

三级公路应能适应将各种车辆折合成小客车的年平均日交通量 2000~6000 辆。

（5）四级公路：主要供汽车行驶的双车道或单车道公路。

双车道四级公路应能适应将各种车辆折合成小客车的年平均日交通量 2000 辆以下。

单车道四级公路应能适应将各种车辆折合成小客车的年平均日交通量 400 辆以下。

2. 公路分类

公路按其在公路网的地位与作用分为以下五类：

（1）国道：在国家公路网中，具有全国性政治、经济、国防意义，并经确定为国家干线的公路。

（2）省道：在省公路网中，具有全省性政治、经济、国防意义，并经确定为省级干线的公路。

（3）县道：具有全县性政治、经济意义，并经确定为县级的公路。

（4）乡道：主要为乡村生产、生活服务，并经确定为乡级的公路。

（5）专用公路：专为企业或其他单位提供运输服务的道路，如专门或主要为工矿、林区油田、农场、军事要地等与外部连接的公路。

（二）公路的组成

1. 路基工程

路基是按照道路的平面位置纵面线形和一定的技术要求修筑的作为路面基础的岩土构造物。路基是路面的基础，又是公路的重要组成部分。按路基横断面形状的不同，通常可分为路堤、路堑和半填半挖路基三种形式。

2. 路面工程

路面是在路基之上用各种筑路材料铺筑的供汽车行驶的层状构造物，其作用是保证汽车能全天候在道路上安全、迅速舒适、经济地运行。路面结构一般由面层、基层、底基层与垫层组成。

面层是直接承受车轮荷载反复作用和自然因素长期影响的结构层。按面层所用材料的不同，可划分为柔性路面、刚性路面和半刚性路面三种。作为柔性路面的典型代表，沥青路面可由一层到三层组成。三层式沥青路面的表面层应根据使用要求设置抗滑、耐磨、密实稳定的沥青层，中面层、下面层应根据公路等级、沥青层厚度、气候条件等选择适当的沥青结构层。

基层是设置在面层之下，并与面层一起将车轮荷载的反复作用传递到底基层、垫层、土基，起主要承重作用的层次。基层可分为柔性基层（沥青稳定碎石、沥青灌入式级配碎石、级配砾石等）、半刚性基层（水泥稳定土或粒料、石灰或粉煤灰稳定土或粒料等）、刚性基层（碾压式水泥混凝土、贫混凝土等）、混合式基层（上部使用柔性基层、下部使用半刚性基层）等。对于高速公路、一级公路，应采用水泥稳定粒料、石灰粉煤灰（二灰）稳定粒料、沥青碎石以及级配碎砾石等材料铺筑。高速公路、一级公路的底基层和二级及二级以下公路基层和底基层，除上述类型材料外，也可采用水泥稳定土、石灰稳定土、石灰粉煤灰稳定土、石灰工业废渣、填隙碎石等，或其他适宜的当地材料铺筑。

垫层是设置在底基层与土基之间的结构层，起排水、隔水、防冻、防污等作用。当各级公路需要设置垫层时，一般可采用水稳性好的粗粒料或各种稳定性材料铺筑。

3. 桥涵工程

桥梁是为道路跨越河流、山谷或人工障碍物而建造的构造物，涵洞是为宣泄地面水流而设置的横穿公路的小型排水构造物。

（1）按桥梁总长和跨径的不同分类：特大桥、大桥中桥、小桥和涵洞。交通运输部颁布的《公路桥涵设计通用规范》给出了桥涵的分类。

（2）按桥梁受力体系分类：可分作梁式桥、拱式桥、刚架桥、吊桥四种基本体系，其中梁式桥以受弯为主，拱式桥以受压为主，吊桥以受拉为主。另外，由上述四大基本体系相互组合，又派生出在受力上具有组合特征的组合体系桥型，如目前在中国广为流行的斜拉桥等。

4. 隧道

隧道是为公路从地层内部或水下通过而修建的结构物。当公路需要翻越高山或穿过深水层时，为了改善平纵线形和缩短路线长度，经过技术、经济比选，可选用隧道方式。

5. 排水及防护工程

排水工程是为了排除地面水及地下水而设置的排水构造物。除桥涵外，还有边沟、截水沟、急流槽、盲沟、渗井和渡槽等路基排水构造物和路面排水构造物组成的道路排水系统。防护工程是为了加固路基边坡、确保路基稳定的结构物，如在路基边坡修建的填石边坡、砌石边坡、挡土墙、护脚和护面墙等构造物。

6. 交通工程设施

交通工程设施是针对高等级公路行车速度快、通过能力大、交通事故少、服务水平高的特点设置的，它包括安全设施、管理设施、服务设施、收费设施、供电设施等。

（1）安全设施：整个交通工程系统最基本的部分，主要有标志、标线、视线诱导标、护栏、隔离栅、防眩设施和照明设施等。

（2）管理设施：控制、监视通信、数据采集与处理设施。

（3）服务设施：服务区、加油站、公共汽车停靠站等。

（4）收费设施：收费站等。

（5）供电设施：为了使整个交通工程系统正常运行而设置的配套设施。

（6）环保设施：为减少公路交通环境污染而设计的声屏障、减噪路面绿化工程及公路景观（自然景观及人文景观）。

二、公路施工的发展回顾

（一）中国公路施工技术发展回顾

中国在公路施工技术上有着悠久的历史，据史料考证，早在公元前 2000 年，中国已修建有可供行驶牛车、马车的道路。在西周时期道路建设已初具规模，唐代是中国古代道路发展的鼎盛时期，形成了以城市为中心的四通八达的道路网，其间在道路结构、施工方法等方面做了许多创新。到了清代，对道路进行了功能分级，分为官马大路、大路、小路三个等级。其中仅官马大路已达 2000km 以上。

20 世纪初，在第一辆汽车输入中国后，通行汽车的公路就随之诞生了，1908 年建成了中国历史上的第一条公路，即广西的龙州至那堪公路。到新中国成立前，中国近代道路发展缓慢，并且屡遭破坏，40 多年间修建的公路不足 80000km，其中铺有高级、次高级路面的还不到 350km。在这一时期，就施工技术而言，修建的多为天然泥土路、泥石路或泥结碎石路；就施工手段而言，主要是人工挑抬、石碾压实。虽然那时也引进了一些筑路机械，但由于配件和燃料供应困难，机械的利用率很低。到新中国成立初期，全国仅有推土机 200 余台，压路机还不足百台，拌和机刚过百台。

新中国成立以后，随着中国公路建设事业的蓬勃发展，公路施工技术水平也相应地得到了较快的提高。新中国成立后不久，全国从上到下成立了各级公路施工专业队伍，并颁布了相应的公路技术规范或规则，使公路施工及管理迅速走上了正轨。20 世纪 50 年代，由专业施工队伍负责承担施工任务的康藏公路、海南岛公路、成都至阿坝公路等 10 余条重点公路工程相继竣工。结合这些公路自然条件复杂、工程艰巨、工期要求短等特点，在施工中探索、创造了土石方大爆破施工、泥结碎石路面施工和泥结碎石路面加铺级配磨耗层和保护层施工、软土等特殊地基的处理等一系列的公路施工技术，使中国的公路施工技术水平整体上得到了提高。20 世纪 60—80 年代初，是中国公路发展的普及阶段，这个时期共修建公路 800000km。其中，高级、次高级路面（主要是渣油路面）达 100000km。这些公路以三、四级公路和等外路为主，基本上是采取发动群众和以手工操作为主等方式进行施工的。因此，施工机械的发展和推广应用比较缓慢。

1988 年是中国公路交通史上不平凡的一年，随着沪嘉高速公路于 1988 年 10 月 31 日的建成通车，结束了中国大陆没有高速公路的历史，这是中国公路建设迈入现代化的新起点。自 20 世纪 80 年代开始建设高速公路以来，中国高速公路的建设快速发展。1999 年年底，中国高速公路通车总里程突破 10000km，位列世界第四；2001 年年底达到 19000km，已跃居世界第二；至 2008 年年底，中国高速公路的通车总里程实现了 60300km，直逼高速公路世界第一的美国；截至 2022 年年底达到 177300 万 km。

为适应高等级公路高标准和高质量的要求，中国公路施工技术也获得了前所未有的发展。这些发展与变化主要体现在以下几个方面：

1.制定或修订公路工程技术规范，建立起了一整套符合中国国情的公路施工控制、检测及验收标准。

2.机械化施工水平大大提高，各种先进的筑路机械广泛应用于公路工程的施工。全国各地组建了一批设备先进种类齐全的公路机械化施工队伍，公路施工实现了由手工操作逐步向机械作业方式的转变。目前，全国公路施工部门已拥有一大批国产和进口的技术先进、种类齐全、成龙配套的筑路机械、试验仪器和检测设备，大型筑路机械已达30余万台（套），固定资产原值已达30多亿元。

3.新技术、新工艺、新材料得到广泛应用，进而取得了巨大的社会、经济效益。

4.施工的控制及检测手段日臻完善，从而有力地保证了工程质量，加快了施工进度。

（二）公路施工技术的发展趋势

随着世界各国技术经济的进步、交通事业的发展和人们物质文化要求的提高，对公路建设也提出了更高的要求，这主要表现为：一是对公路功能的要求越来越高，如通行能力、承载能力及行车的安全性与舒适性等；二是对公路整体线形、路容、路况的要求越来越高，特别是山区公路及旅游区道路，其路线与周围环境的协调性成为重要的评价指标；三是对公路环保的要求越来越高，如对行车污染和噪声的限制等；四是对公路的施工速度、施工质量和管理水平要求越来越高，在施工中将普遍采用自动化机械设备进行快速而且优质的作业。

针对上述要求，公路施工必将向着机械化、自动化、生物化学化、标准化和工厂化方向发展。

1.在公路施工方案的拟定和选择方面：将充分利用计算机及其他现代先进手段，综合考虑施工材料、机具、工期、造价等因素，进行方案比选与优化，以获取最大的社会经济效益。

2.在施工工艺方面：土石方爆破、稳定土、旧有沥青及水泥混凝土再生、工业废料筑路及水泥、沥青、土壤外加剂等的工艺水平将有突破性进展。

3.施工机械方面：将研究使用一条龙的单机配套机械进行流水作业和多功能的联合施工机械；为实现施工机械自动化，还将使用电子装置、自控装置和激光技术，对施工现场进行遥控监测。

4.在施工检测技术方面：将研究使用能自动连续量测动、静两种荷载作用下的路基、路面弯沉仪和曲率半径仪；研究使用冲击波、超声波测定强度和弹性模量；研究使用同位素方法测定密实度和厚度以及研究使用计算机自动连续量测路面抗滑性能和平整度的仪器的使用等。

5.在施工作业方面：将大量使用预制结构，使人工构造物的施工实现标准化和工厂化。

6.在特殊路基的处理方面：将充分应用生化技术，最大限度地利用当地材料。

7.各种环保和交通工程设施：如声屏墙、减噪路面及绿化工程等的施工技术将提高到一个新的水平。

8.施工技术的发展：施工技术的发展将更好地满足设计要求，设计与施工的结合将更加密切。

第二节　公路施工的方法与程序

一、公路施工的方法与特点

（一）施工的方法

高等级公路的施工方法主要有人工、简易机械化、机械化、水力机械化和爆破等。

1.人工施工法

人工施工法是使用手工工具进行公路施工的方法。这种施工方法效率低、劳动强度大，不仅要占用大量的劳动力，而且施工进度慢，工程质量也难以保证。但在山区低等级公路路基工程中，当机械无法进入施工现场或施工场地难以展开机械化作业时，就不可避免地要采用人工施工法。

2.简易机械化施工法

简易机械化施工法是以人力为主，配以简易机械的公路施工方法。与人工施工法相比较，该方法能适当地减轻劳动强度，而且可以加快施工进度，提高施工质量。在中国目前的施工生产条件下，特别是山区一般公路建设中，仍是一种值得推广的施工方法。

3.机械化施工法

机械化施工法是使用配套机械，主机配以辅机，相互协调，共同形成主要工序的综合机械化作业的公路施工方法。机械化施工可以极大地提高劳动生产率，减轻劳动强度，显著地加快施工进度，提高工程质量，而且安全程度高，是加速公路工程建设和实现公路施工现代化的根本途径。

4.爆破施工法

爆破施工法是通过爆破震松岩石、硬土或冻土，开挖路堑或采集石料的施工方法。这种方法是道路施工特别是山区公路施工不可或缺的重要施工方法。

5.水力机械化施工法

水力机械化施工法是利用水泵、水枪等水力机械，喷射出强力水流，冲散土层，并流运至指定地点沉积的施工方法。这种方法需要有充足的水源和电源，适于挖掘比较松散的土质和地下钻孔工程。施工方法的选择，应根据工程性质、工程数量、施工期限以及可能获得的人力和机械设备等条件综合考虑。为了适应中国公路建设标准高和速度快的要求，近年来许多施工单位都先后从国内外购置了大量现代化筑路机械与设备，在高等级公路施工中，基本实现了机械化或半机械化作业，迅速提高了施工质量和劳动效率，大大加快了公路工程建设的步伐。

（二）施工特点

作为一种特定的人工构造物，公路工程施工与工业生产比较，虽然公路施工同样是把一系列的资源投入产品（工程）的生产过程，其生产上的阶段性和连续性，组织上的专门化和协作化也与之基本相符。但是，公路施工与一般工业生产和其他土建工程施工（如房屋建筑）仍有所不同。

1.公路工程属于线性工程

一般一条公路项目的建设路段少则几千米，多则数十千米、数百千米以上，路线跨越山川、河谷。路线所经路段难以完全避开不良地质地区，如滑坡、软基、冻土、高填、深挖等路段；在地形复杂的地段，难以避免地要修建大桥、特大桥、隧道、挡墙等结构物。这就使得公路项目建设看似简单，实际上却比一般土木工程项目复杂得多。由于公路路线所经路段地质特性的多变性，使得公路路基施工复杂、多变性凸显，结构物的施工也因地质条件的不确定性，经常导致设计变更、工期延长，使进度控制、质量控制、投资控制的难度大大增加。

2.公路工程项目构成复杂

公路工程项目的单位工程包括：路基土石方工程、路面工程、桥梁工程、隧道工程、互通立交工程、沿线设施及交通工程、绿化工程等。各单位工程中的作业内容差异很大，如桥梁工程，随不同的桥型，施工技术差异很大。这也决定了公路工程项目施工的技术复杂性和管理的综合性。

3.公路工程项目规模庞大

施工过程缓慢，工作面有限，决定了其较长的工期。高速公路的施工工期通常在2~5年，工期长意味着在工程建设中面临着更多的不确定因素，承担着更大的风险。

4.公路工程项目建设投资大

高速公路造价一般为2000~4000万元/km，有时甚至更高。工程建设需要的巨大资金能否及时到位，是保障工程按期完工的前提。资金投入对于投资活动的成功与否关系重大，同时，在工程建设中要求有高质量的工程管理，以确保项目的工期、投资和质量目标的实现。

二、公路施工的基本程序

施工程序是指施工单位从接受施工任务到工程竣工阶段必须遵守的工作程序，主要包括接受施工任务、签订工程承包合同、组织施工和竣工验收等。

（一）签订工程承包合同

1.接受施工任务的方式

施工企业接受任务的方式主要有三种：

（1）上级主管单位统一布置任务，安排计划下达。

（2）经主管部门同意，自行对外接受任务。

（3）参加招投标，中标后获得任务。

2.接受任务的要求

（1）查证核实工程项目是否列入国家计划。

（2）必须有批准的可行性研究初步设计（或施工图设计）及工程概（预）算文件。

3.接受任务的方式

（1）签订工程承包合同，对工程接受加以肯定。

（2）施工承包合同的内容主要包括承包的依据方式、工程范围、工程质量、施工工期、工程造价、技术物资供应、拨款结算方式、奖惩条款等。

（二）施工准备工作

施工准备工作是为拟建工程的施工建立必要的技术和物质条件，统筹安排施工力量和现场。施工准备工作也是施工企业搞好目标管理，推行技术经济承包的依据。要编制好施工组织设计，以保证工程建设的顺利进行。其作用是发挥企业优势，合理资源供应，加快施工速度，提高工程质量，降低工程成本。

（三）组织施工

1.施工准备就绪后，向监理工程师提交开工报告，经同意即可开工。

2.按施工顺序和施工组织设计中所拟定的施工方法进行施工。

3.组织施工应具备的文件有：（1）设计文件。（2）施工规范和技术操作规程。（3）各种定额。（4）施工图预算。（5）施工组织设计。（6）公路工程质量检验评定标准和施工验收规范。

（四）竣工验收

1. 所有建设项目和单位工程都已按设计文件内容建成。

2. 以设计文件为依据，根据有关规定和评定质量等级进行工程验收。

第三节　施工的技术准备与组织准备

一、技术准备

（一）熟悉与审查设计文件并进行现场核对

组织有关人员学习设计文件，其目的是对设计文件、设计图及资料进行了解和研究，使施工人员明确设计者的设计意图和业主要求，熟悉设计图的细节，并对设计文件和设计图进行现场核对。其内容主要包括：

1. 设计图是否齐全，规定是否明确，与说明有无矛盾。

2. 路基平、纵横断面，构造物总体布置和桥涵结构物形式等是否合理，相互之间是否有错误和矛盾。

3. 主要标高、尺寸、位置有无错误。

4. 设计文件所依据的水文、气象、土壤等资料是否准确、可靠、齐全。

5. 核对路线中线、主要控制点、水准点、三角点、基线等是否准确无误。

6. 路线或构造物与农田、水利航道、公路、铁路、电信、管线及其他建筑物的互相干扰情况及其解决办法是否恰当，干扰可否避免。

7. 对地质不良地段采取的处理措施。

8. 主要材料、劳动力、机械台班等计算（含运距）是否准确。

9. 施工方法、料场分布、运输工具、道路条件等是否符合实际情况。

10. 结构物工程数量计算是否有误。

11. 工程预算以及采用的定额是否合理。如现场核对时发现设计不合理或有错误之处，应做好详细记录并拟定修改意见，待设计技术交底时提交。

（二）补充调查资料

进行现场补充调查是为编制实施性施工组织设计收集资料，调查的内容主要有：

1. 工程地点的水文、地形、气候条件和地质情况。

2. 自采加工料场、当地材料、可供利用的房屋情况。

3. 当地劳动力资源、工业加工能力、运输条件和运输工具情况。

4. 施工场地的水源、电源以及生活物资供应情况。

5. 当地风俗习惯等。

（三）设计交桩和设计技术交底

工程在正式施工之前，应由勘测设计单位向施工单位进行交桩和设计技术交底。交桩应在现场进行，设计单位将路线测设时所设置的导线控制点和水准点及其他重要点位的标志逐一移交给施工单位。施工单位在接受这些控制点后，要采取必要措施完善地加固与保护。

设计技术交底一般由建设单位主持，设计、监理和施工单位参加。交底时设计单位应说明工程的设计依据、设计意图，并对某些特殊结构、新材料、新技术以及施工中的难点和需注意的方面详细说明，提出设计要求。施工单位则将在研究设计文件中发现的问题及有关修改设计意见提出，由设计单位对有关问题进行澄清和解释，对于合理的修改设计意见，必要时可在统一认识的基础上，对所讨论的结果逐一记录，并形成会议纪要，由建设单位正式行文，参加单位共同会签，作为与设计文件同时使用的技术文件和指导施工的依据以及进行工程结算的依据。

（四）建立工地实验室

1. 工地实验室的作用

公路：工程施工过程中，必须进行各种材料试验，以便选用合适的材料及其材料性能参数，才能保证公路工程结构物的强度和耐久性，并有利于掌握各种材料的施工质量指标，保证结构物的施工质量。

随着公路技术等级的提高，相应的筑路材料试验任务增大，并要求试验结果具有更高的准确性和可靠性。高等级公路的线形更趋于平、直，使得路基工程的高填深挖及经过不良地带的路段增加。由于高等级公路对路面的行车性能及耐久性能提出更高的要求，相应地要求路基更为稳定，路面材料应具有更高的力学性能、耐磨蚀性和气候稳定性等。公路工程事业的进步，促进了其施工技术水平的不断提高，同时也推动了公路工程新材料的研究应用，并且使材料性能试验及质量检验工作显得日益重要；此外，随着经济体制改革的深化，要求不断提高公路工程的投资效益，因而工程质量问题已从一般化的要求变成了衡量工程施工单位技术质量水平的标志。因此，从某种意义上说，一项工程的质量如何，已关系到该公路施工单位以后的业务前景。基于上述情况，加强质量管理和施工质量检验，建立并充分发挥工地实验室的作用，是施工单位必须做的一项十分重要的工作。

2. 工地实验室的主要工作内容

工地实验室是为施工现场提供直接服务的实验室，主要任务是配合路基、路面施工，对工地使用的各种原材料、加工材料及结构性材料的物理力学性能以及施工结构体的几何尺寸等进行检测。

3. 工地实验室的人员及设施

工地实验室的试验检测人员必须是施工单位试验检测机构的正式人员。工地实验室负责人应由施工单位试验检测机构负责人授权，从事试验检测工作 3 年以上，具有交通运输部试验检测工程师资格的人员担任；工地实验室部门负责人需具有省交通厅试验检测员及以上资格的人员担任；一般试验检测人员需具有省交通厅试验检测员及以上资格或交通系统试验检测培训证的人员担任。未取得交通系统试验检测资格或培训证的人员不得上岗。

施工单位试验检测人员数量按施工合同额进行配备，5000 万元以下的至少 4 人；5000 万元以上、1 亿元以下的至少 6 人；1 亿元以上、2 亿元以下的至少 8 人；2 亿元以上的至少 10 人。

工地实验室在工程项目完工之前，不准对人员和设备进行更换和调离。确实需要更换和调离的，应取得项目建设单位的书面批准。工地实验室面积应达到 300 ㎡，并按检测项目要求合理布局，满足工地试验要求；设备安置要合理，便于操作，并保持环境整洁卫生。

工地实验室应按照合同和工程实际需要配备合格的试验检测仪器设备。工地实验室试验检测仪器设备在使用前必须通过计量检定或校准。试验检测仪器设备应由专人负责日常保养、保管，做好使用记录、保养记录，主要试验检测仪器设备应建立设备档案，仪器设备的操作规程要张贴上墙。

（五）编制施工组织设计

施工组织设计是指工程项目在施工前，根据设计人员、业主和监理工程师的要求以及主客观条件，对工程项目施工的全过程所进行的一系列筹划和安排。公路施工组织设计是指导公路施工的基本技术经济文件，也是对施工实行科学管理的重要手段。编制施工组织设计的目的在于全面、合理、有计划地组织施工，从而具体实现设计意图，按质、按量、按期完成施工任务。实践证明，一个工程如果施工组织设计编制得好，并能得到认真地执行，施工就可以有条不紊地进行，否则将会出现盲目施工的混乱局面，造成不必要的损失。

1. 编制原则

（1）严格遵守合同签订的或上级下达的施工期限，保质保量按期完成施工任务。对工期较长的大型项目，可根据施工情况，分期分批进行安排。

（2）科学合理地安排施工顺序：在保证质量的基础上，尽可能缩短工期，加快施工进度。

（3）采用先进的施工方法和施工技术，不断提高施工机械化、预制装配化程度，减轻劳动强度，提高劳动生产率。

（4）应用科学的计划方法确定最合理的施工组织方法，根据工程特点和工期要求，因地制宜地快速施工、平行作业。对于复杂的工程应通过网络计划确定最佳的施工组织方案。

（5）落实季节性施工的措施，科学安排施工计划，组织连续、均衡的施工。

（6）严格遵守施工规范、规程和制度，认真按照基本建设程序办事，根据批准的设计文件与工期要求安排进度。严格执行有关技术规范和规程，提出具体的质量、安全控制和管理措施，并在制度上加以保证，确保工程质量和作业安全。

2.编制施工组织设计的程序

需要遵守一定的程序，根据合同要求和施工现场的具体条件，按照施工的客观规律，协调和处理好各个影响因素的关系，用科学的方法进行编制。

3.施工组织设计的主要内容

（1）工程概述：包括简要说明工程项目、施工单位、业主、监理机构、设计单位、质检单位名称、合同开工日期和竣工日期、合同价；简要介绍项目的地理位置、地形地貌、水文、气候、交通运输、水电供应等情况；介绍施工组织机构设置及职能部门之间的关系；说明工程结构、规模、主要工程量；说明合同特殊要求；等等。

（2）施工技术方案：包括施工方法（特别是冬季和雨季以及技术复杂的特殊施工方法），施工程序（重点是施工顺序及工序之间的衔接），决定采用的新技术新工艺、新材料和新设备，技术安全措施、质量保证措施，等等。

（3）施工进度计划：主要是对施工顺序、开始和结束时间、搭接关系进行综合安排，包括以实物工程量和投资额表示的工程的总进度计划和分年度计划以及所需用的工日数和机械台班数。

（4）施工总平面图布置：必须以平面布置图表示，并标明项目建设的位置、生产区生活区、预制厂材料场、爆破器材库等的位置。

（5）劳动力需要量和来源：包括总需要量和分工种、分年度的需要量在内。

（6）施工现场平面布置。

（7）施工机械、建筑材料，施工用水、用电的分年度需求量及供应方案。

（8）便道、防洪、排水和生产、生活用房屋等设施的建设及时间要求。

（9）施工准备工作进度表：包括各项准备工作的负责单位、完成时间及要求等。

施工组织设计用文、图、表三种形式表示，互相结合，互相补充。凡能用图表表示的，应尽量采用图表。因为图表便于"上墙"，能形象、准确、直观地说明问题，有利于指导现场施工。

4.施工组织设计的编制步骤

（1）施工方案的制订：编制施工组织设计首先遇到的问题就是选择和制订施工方案，如果这个问题得不到解决，施工组织设计乃至以后的施工工作就不可能进行。所以，施工方案的优劣，在很大程度上决定了施工组织设计质量的好坏和施工任务能否圆满完成。

施工方案是指对项目施工所作的总体设想和安排。施工方案应包括：施工方法和施工机具的选择，施工段划分，施工顺序，新工艺、新技术、新机具、新材料、新管理方法的使用，有关该工程的科学试验项目安排等。选择和制订施工方案，首先要考虑其是否可行，同时还要做到技术先进、经济合理、施工安全，应全面权衡、通盘考虑。施工方法是施工方案的核心内容，它对工程的实施具有决定性的作用。确定施工方法应突出重点，凡是采用新技术、新工艺和对本工程质量起关键作用的项目以及工人在操作上还不够熟练的项目，应详细而具体，不仅要拟定进行这一项目的操作过程和方法，而且要提出质量要求以及达到这些要求的技术措施，并要预见可能发生的问题，提出预防和解决这些问题的办法。对于一般性工程和常规施工方法则可适当简化，但要提出工程中的特殊要求。确定施工方法，应考虑工程项目的特点，结合现场一切有关的自然条件和施工单位拥有的施工经验和设备，吸收国内外同类工程成功的施工方法和先进技术，以达到施工快速、经济和优质的目的。

（2）施工进度计划的编制：施工进度计划是对施工顺序、开始和结束时间、搭接关系进行综合安排。施工进度计划是施工组织设计中最重要的组成部分，它必须配合施工方案的选择进行安排，它又是劳动力组织、机具调配、材料供应以及施工场地布置的主要依据，一切施工组织工作都是围绕施工进度计划来进行的。

编制施工进度计划的目的是要确定各个项目的施工顺序，开竣工日期。一般以月为单位进行安排，从而据此计算人力、机具、材料等的分期（月）需要量，进行整个施工场地的布置和编制施工预算。

施工进度计划一般用图示法表现。进度计划的图形可以采用横道图、S形Hh线、"香蕉"曲线、网络图等。通常采用横道图，它的形式简单、醒目，易绘制、易懂；还可以在施工过程中在同一图上描绘实际进度。与计划进度相比，当工程项目及工序比较简单，且它们之间的关系也不太复杂，其工序衔接及进度安排凭已有施工经验即可确定时，可以直接绘制横道图进度计划；当工程项目以及工序之间的相互关系比较复杂、各工序的衔接及进度安排有多种方案需进行比较时，则要用网络图求得最优先计划，再整理绘制成横道进度图。

（3）资源供应计划：资源供应计划包括劳动力供应计划、材料供应计划、施工机械和大型工具供应计划、预制品供应计划等，这些计划是根据施工进度计划编制的，是计划进度的保证性计划，是进行市场供应的依据。

（4）场外运输计划：将各种物资从产地或交货地点运到工地仓库、料场，称为场外运输。场外运输计划应解决的主要问题是正确选择运输方式及运输工具，以达到降低成本和加快工程进度的目的。

（六）施工现场规划和场地布置

1.施工现场规划和场地布置

施工现场和场地布置是施工组织设计的基本内容之一，它需要考虑的问题很多、很广泛也很具体。它是一项实践性、综合性很强的工作，只有充分掌握了现场的地形、地物，熟悉了现场的周围环境和其他有关条件，并对本工程情况有了一个清楚与正确的认识之后，才能做到统筹规划，合理布局。

施工现场规划和场地布置情况应以场地平面布置图表示出来。在施工场地平面布置图内应表示出公路的平面位置、场地内需要修建的各项临时工程和露天料场、作业场的平面位置和占地面积以及场地内各种运输线路（包括由场外运送材料至工地的进出口线路）。

2.材料加工及机械修配场地的规划和布置

施工单位为满足本身的需要，有条件时应设置采石场、采砂场、混凝土构件预制场、金属加工厂、机械修配厂等。对于预制场，一般宜设在工地上，以减少构件的运输。对于砂石材料开采场，宜设在材料产地。如有两个或两个以上的产地可供选择时，选择的条件首先是材料品质要符合设计要求，其次是运输距离要近，最后是开采的容易、成材率高。预制场的选择要综合考虑，做出综合经济分析。对于材料加工场地，则设在原材料产地较为有利。

3.工地临时房屋的规划与布置

工地临时房屋主要包括施工人员居住用房、办公用房、食堂和其他生活福利设施用房以及实验室、动力站、工作棚和仓库等。这些临时房屋应建在施工期间不被占用、不被水淹，不受塌方影响的安全地带。现场办公用房应建在靠近工地，且受施工噪声影响小的地方；工人宿舍、文化生活用房，应避免设在低洼潮湿、有烟尘和有害健康的地方。此外，房屋之间还应按消防规定相互隔离，并配备灭火器。

4.工地仓库及料场布置

工地储存材料的设施，一般有露天料场、简易料棚和临时仓库等。易受大气侵蚀的材料，如水泥、铁件、工具、机械配件及容易散失的材料等，宜储存在临时仓库中，钢材、木材等宜设置简易料棚堆放；砂石、石灰等一般在露天料场中堆放。

仓库、料棚、料场的位置，应选择在运输及进出料都方便，而且尽量靠近用料最集中、地形较平坦的地点。设置临时仓库、料棚时，应根据储存材料的特点，进出料的便利程度以及合理的储备定额，来计算需要的面积。面积过大会增加临时工程费用，过小可能满足不了储备需要及增加管理费用。

5. 施工场内运输的规划

在工地范围内，从仓库、料场或预制场等地到施工点的料具、物资搬运，称为场内运输。场内运输方式应根据工地的地形、地物、材料在场内的运距、运量以及周围道路和环境等因素进行选择。如果材料供应运输与施工进度能密切配合，做到场外运输与场内运输一次完成，即由场外运来的材料直接运至施工使用地点，或场内外运输紧密衔接，材料运到场内后不存入仓库、料场，而由场内运输工具转运至使用地点，这是最经济的运输组织方法。这样可节省工地仓库、料场的面积，减少工地装卸费用。但这种场内外运输紧密结合的组织方法在工程实践中是很难做到的。大量的场内运输工作是不可避免的，必须做好施工场内运输规划。

（七）工地供电的规划

工地用电主要包括各种电动施工机械和设备的用电以及室内外照明的用电。公路工程施工离不开电，做好工地供电的组织计划，对保证施工的顺利进行有着重要的关系。

工地用电应尽可能地利用当地的电力供应，从当地电站、变电站或高压电网取得电能。在当地没有电源，或电力供应不能满足施工需要的情况下，则要在工地设置临时发电站。最好选用两个来源不同的电站供电，或配备小型临时发电装置，以免工作中偶然停电造成损失。同时，还要注意供电线路、电线截面、变电站的功率和数目等的配置，使它们可以互相调剂，不致因为线路发生局部故障而引起停电。

（八）工地供水的规划

公路工程施工离不开水，施工组织设计必须规划工地临时供水问题，确保工地用水和节省供水费用。

二、组织准备

施工企业通过投标方式获得工程施工任务后，应根据签订的施工合同的要求，迅速组建符合本工程实际的施工管理机构，组织施工队伍进场施工。同时，为保证工程按设计要求的质量、计划规定的进度和低于合同运价的成本，安全顺利地完成施工任务，还应针对施工管理工作复杂、困难多的特点，建立一整套完善的施工管理制度，采用科学的管理方法，切实有效地开展工作。

施工组织准备工作的主要任务是：组建施工项目经理部，选配强有力的施工领导班子和施工力量，强化施工队伍的技术培训。

（一）施工机构的组建和人员的配备

这里的施工机构是指为完成公路施工任务负责现场指挥、管理工作的组织机构。根据中国的具体情况及以往的公路施工经验，施工机构一般由生产系统、职能部门和行政系统等组成。

（二）建立健全各项管理制度

1.施工计划管理制度

施工计划管理制度是施工管理工作的中心环节，其他管理工作都要围绕计划管理来开展。计划管理包括编制计划、实施计划、检查和调整计划等环节。由于公路施工受自然条件的影响大，其他客观情况的变化也难于准确预测，这就要求施工计划必须经过充分调查研究后制订，同时在执行过程中应随时检查，发现问题及时采取措施解决，必要时还应对计划进行调整修改，使之符合新的客观情况，保证计划的实现。

2.工程技术管理制度

工程技术管理制度是对施工技术进行一系列组织、指挥、调节和控制等活动的总称。其主要内容包括：施工工艺管理、工程质量管理、施工技术措施计划、技术革新和技术改造、安全生产技术措施、技术文件管理等。要搞好各项技术管理工作，关键是建立并严格执行各种技术管理制度，只有执行技术管理制度，才能更好地发挥技术管理作用，圆满地完成技术管理的任务。

3.工程成本管理制度

工程成本管理制度是施工企业为降低工程成本而进行的各项管理工作的总称。工程成本管理与其他管理工作有着密切的联系，施工企业总的技术水平和经营管理水平的高低，均能直接或间接地反映在成本这个指标上。工程成本的降低，表明施工企业在施工过程中活劳动（支付劳动者的报酬）和物化劳动（生产资料）的节约。活劳动的节约说明劳动生产率的提高，物化劳动的节约说明机械设备利用率的提高和建筑材料消耗率的降低。因此，建立成本管理制度，加强对工程成本的管理，不断降低工程造价，具有十分重要的意义。

4.施工安全管理制度

安全生产关系到人民群众的生命和财产安全，关系到改革发展和社会稳定大局。加强施工安全、劳动保护对公路工程的质量、成本和工期有重要意义，也是企业管理的一项基本原则。

其基本任务是：正确贯彻执行"以人为本"的思想和"安全第一、预防为主、综合治理"的方针。建立安全施工责任制，加强安全检查，开展安全教育，在保证安全施工的条件下，创优质工程。

第四节　物资准备与施工现场准备

一、物资准备

物资准备是指施工中必需的劳动手段和施工对象的准备。它是根据各种物资需要量计划，分别落实货源、组织运输和安排储备，以保证连续施工的需要。准备工作的主要内容包括以下内容：

1. 建筑材料准备

首先根据工程量用预算的方法进行工、料、机分析，按批准的施工进度计划的使用要求、材料储备定额和消耗定额，分别按材料名称、规格、使用时间进行汇总，编制材料需要量计划，同时根据不同材料的供应情况，随时注意市场行情，及时组织货源，签订供货合同。主要包括：

（1）路基、路面工程所需的砂石料、石灰、水泥、工业废渣、沥青等材料的准备。

（2）沿线结构物所需的钢材、木材、砂石料和水泥等材料的准备。

2. 施工机具设备的准备

根据采用的施工方案和施工进度计划，确定施工机械的类型、数量和进场时间，确定施工机具的供应方法和进场后的存放地点和方式，提出施工机具需要量计划，以便及时组织机械进场，保证工程的顺利进行。

3. 周转材料准备

周转材料主要是指模板和架设工具。根据批准的施工进度计划和施工方案编制周转材料的需要计划，组织周转材料进场。

二、施工现场准备

（一）恢复定线测量

1. 承包人应检查工程原测设的所有永久性标桩，并将遗失的标桩在接管工地 14 天之内通知监理工程师，然后根据监理工程师提供的工程测设资料和测量标志，在 28 天之内将复测结果提交监理工程师。上述测量标志经检查批准后，承包人应自费进行施工测量和补充测量，并经监理工程师批准之后，在工地正确放样。

2. 通过复测，对持有异议的原地面标高，承包人应向监理工程师提交一份列出有误标高和相应的修正标高表。在监理工程师确定正确标高之前，对有争议的标高的原有地面不得扰动。

3. 在合同执行期间，承包人应将施工中所有的标桩，包括转角桩、曲线主点桩、桥涵结构物和隧道的起终点、控制点以及监理工程师认为对放样和检验有用的标桩等，进行加固保护，并对水准点、三角网点等树立易于识别的标志。承包人应对永久性测量标志进行保护，直至工程竣工验收后，完整地移交给监理工程师。

4. 承包人应根据批准的格式向监理工程师提供全部的测量标记资料，所有测量标记应涂上油漆，其颜色要得到监理工程师的同意，易于辨别。所有标桩保护和迁移的费用均由承包人承担，因施工而引起的标桩变动所发生的费用业主将不予以支付。

5. 承包人应按照上述测量标志资料自费完成全部恢复定线施工测量设计和施工放样。

承包人应对施工测量、设计和施工放样工作的质量负责到底。

6. 各合同段衔接处的测量应在监理工程师的统一协调下由相邻两合同段的承包人共同进行，将测量结果协调统一在允许的误差范围内。

（二）建造临时设施

1. 临时房屋设施

临时房屋设施包括行政办公用房、宿舍、文化福利用房及作业棚等。临时房屋设施的需要量根据职工与家属的总人数和房屋指标确定。临时房屋修建的一般要求是，布置要紧凑，充分利用非耕地，尽量利用施工现场或附近已有的建筑物。必须修建的临时房屋，应以经济、实用为原则，合理选择形式（如装拆式移动式建筑）以便重复使用。

2. 仓库

仓库是为存放施工所需要的各种物资器材而设的。按物资的性质和存放量要求，其形式可以是露天、敞棚、房屋或库房。仓库物资储存量应根据施工条件通过计算确定，一方面应保证工程施工的需要，有足够的储量；另一方面又不宜储存过多，以免增加库房面积，造成积压浪费。

为了保证物料及时顺利地卸入库内和发放使用，仓库必须设计有足够的卸装长度。在保证安全的条件下，应设在交通方便的地方，并利用天然地形组织装卸工作。对于材料使用量很大的仓库，应尽量靠近使用地点。

3. 临时交通便道

工程在正式施工前，必须解决好场内外的交通运输问题。在工地布设临时交通便道时应遵循下列原则：

（1）临时交通道路以最短距离通往主体工程施工场所，并连接主干道路，使内外交通便利。

（2）充分利用原有道路，对不满足使用要求的原有道路，应在充分利用的基础上进行改建，节约投资和施工准备时间。

（3）在本工程的施工与现有的道路、桥涵发生冲突和干扰之处，承包人都要在本工程施工之前完成改道施工或修建临时道路。临时道路应满足现有交通量的要求，路面宽度应不小于现有道路的宽度，且应加铺沥青面层。

（4）利用现有的乡村道路作为临时道路时，应将该乡村道路进行修整、加宽、加固及设置必要的交通标志，并经监理工程师验收合格后方可通行。

（5）工程施工期间，应配备人员对临时道路进行养护，以保证临时道路和结构物的正常通行。

（6）尽量避开洼地和河流，不建或少建临时桥梁。

4. 工地临时用电

施工现场用电，包括生产用电和生活用电。其中，生活用电主要是照明用电，生产用电包括各种生产设施用电、主体工程施工用电、其他临时设施用电。

第二章　公路路基工程施工技术

第一节　路基工程基础知识

一、路基的概念与分类

公路路基是路面的基础，是线形承重主体，承受着自身土体的自重和路面结构的重量，以及由路面传递下来的行车荷载。没有稳定坚固的路基，就不会有一个好的路面，松软的路基会产生不均匀下沉现象，造成路面开裂和不平整，进而影响行车的速度、安全、舒适和道路的畅通。

根据填挖情况的不同，路基可分为路堤、路堑和填挖结合路基三种类型。路堤是指全部用岩、土（或其他填料）填筑而成的路基；路堑是指全部开挖形成的路基；当天然地面横坡比较大，一侧开挖，另一侧填筑时，称为填挖结合路基，也称半堤半堑路基。

对于一级公路和高速公路，路基又可分为整体式断面路基和分离式断面路基两类。对路堤来讲，按路基的填土高度不同，又可划分为：矮路基（小于 1.5m）、高路基（大于 18m）和一般路基（1.5~18m）。按填料的不同，又可分为土质路基、石质路基和土石混合路基。路基在结构上又分为：上路堤和下路堤路床。路床是指路面底面以下 0~0.8m 内的路基部分，又可分为上路床和下路床。上路堤是指路面底面以下 0.8~1.5m 的填方部分，下路堤是指上路堤以下的填方部分。

路堑按其开挖方式的不同，又可分为：全挖式路基、台口式路基和半山洞式路基。按其材质的不同，路堑又可分为土质路堑和石质路堑。

二、路基施工的特点和基本要求

1. 路基施工的主要特点

（1）土石方数量大，不同路段工程数量差别大：一般平原微丘区的二级公路，每千米土石方数量在 10000~22000m³，山岭重丘区更是数量巨大，不同路段的挖填方数量差别大。

（2）材质差别大：不论是填方路段还是挖方路段，路基工程都是宜土则土、宜石则石。土路基本身也有不同的土质类型，如粉性土、砂性土、黏性土、黄土，还有须加固处理的软土等。石质路基材质有可能是石灰岩、沉积岩、变质岩或是火山岩，不论其风化程度如何，只要其强度满足要求，都可以用作路基填料。在同一道路的同一路段上，出现多种材质混合的可能性比较大。

（3）施工方法因地制宜：由于地形地貌、地质水文、气象、现有交通条件等诸多条件的制约，施工方法，宜挖则挖、宜爆则爆，多种多样，因地制宜。

（4）路基工程和桥梁、涵洞、防护工程、路面工程等在施工中相互干扰、相互影响，应认真组织，妥善安排。

（5）应注意环境和生态保护，防止取土、弃土和排水沟、边沟等影响农田水利和排灌系统。

2. 车辆荷载对路基工程的基本要求

（1）具有足够的整体稳定性。

（2）具有足够的强度，也就是抵抗变形的能力。

（3）具有足够的水温稳定性，即在最不利的水温条件下，保持路基的强度仍能满足设计和行车荷载对路基的要求。

3. 路基工程施工的基本要求

（1）路基工程施工应满足设计和使用要求，并把试验检测作为主要的监控手段来指导路基工程施工。

（2）路基施工宜移挖作填，即使用路堑段的挖方用作路堤填筑段的填方，减少占用土地并有利于环境保护，减少对自然景观的破坏，保持与地形地貌的协调。

（3）路基施工应严格按照规范要求来组织，特殊地区的路基施工采取相应的技术措施。

（4）石方挖方路基的施工，不宜采取大爆破的方法进行。必须使用时，须请有相应设计施工资质的单位，做出专门的设计，反复论证后，按大爆破的有关规定组织和实施。

三、路基填料

路基填筑工程量巨大，路基填料的选择一般采取因地制宜的原则，宜土则土，宜石则石。凡是具有规定强度且能被压实到规定密实度和能形成稳定路基的材料均为适用的填料。也就是说，不论是细粒土、粗粒土或是爆破之后的岩石或工业废渣，只要符合一定的技术要求，均可以用作路基填料。但在路基填料的选择上还要注意以下几点：

1. 路基填方应优先考虑使用级配较好的砾类土、砂类土等粗集料做填料，填料的最大粒径应小于 150mm。

2. 采用细粒土做填料，最为符合规定。

3. 泥炭、淤泥、冻土、强膨胀土、有机土及易溶盐超过允许含量的土，不得直接用于填筑路基。液限大于 50%，塑性指数大于 26 的土以及含水量超过规定的土，也不得直接用于路基填料。确需使用上述土或黄土填筑路基时，必须采取一定的改善措施，使其满足要求，并取得监理工程师的批准。

4. 钢渣、粉煤灰等可用作路基填料，其他工业废渣使用前应进行有害物质的检测，以免对土地和水源造成污染。

5. 浸水路基应选用渗水性良好的材料填筑，如中等颗粒的砂砾、级配碎石等，不应直接采用粉质土填筑。如必须采用细砂、粉砂等易液化的材料做填料时，应考虑防止震动液化的技术措施。

6. 桥梁台背应优先选用渗水性好的填料，在渗水材料缺乏的地区，可以使用石灰、水泥、粉煤灰等单独或综合处置的细粒土。

7. 填石路基的石块最大粒径应小于厚度的 2/3，路床顶面 50cm 厚度内不得使用石块填筑。

五、路基基本施工方法

路基施工方法大致可分为以下几种：

1. 人工施工。采用手工工具，如小推车、扁担挑、铁锹挖人工填筑、人工石夯夯实的施工方法。人工施工工效低、进度慢，古代和近代的道路基本使用这种方法施工。目前道路施工中，特别小的项目和施工机械无法进入的区域，如庭院人行小路、块石路面，也主要采取人工施工方法。

2. 简易机械化施工。以人工为主、简易机械为辅的施工方式，采取人工战术，大兵团作战，仅在碾压、整形等环节使用机械作业。20 世纪 80 年代以前，由于缺乏机械，中国道路施工和河道清淤多采取这种施工组织方式。

3. 机械法施工。使用配套机械（个别工序辅以人工）相互协调，共同形成主要工序的综合机械化施工方法，目前高等级公路的施工都采用这种方法。

4. 爆破法施工。主要适用于石质路堑和隧道施工。

5. 水力机械法施工。使用水泵、水枪等水力机械喷射强力水流，冲散土层并流至指定地点沉积。这种方法对电力和水源要求高，且沉积时间长，难以控制工程质量，目前在公路施工中很少使用。

对于一级以上公路，或使用新材料、新技术、新工艺、新设备的施工路段，施工单位在正式施工之前，应首先进行一定长度的试验路段，试验路段的施工方法与正式施工相同。进行试验路段的目的是：确定填方施工的松铺厚度，验证最佳含水量范围，确定碾压组合形式，确定最佳的机械配套和施工组织。路段试验应对所有的实验环节做好记录，包括：压实设备的类型、碾压组合方式、碾压速度和碾压遍数、含水量的大小及均匀程度、有无出现翻浆及处理办法、填料的松铺厚度及压实厚度、最后实测的压实度等。试验结果作为以后该种填筑材料施工控制的重要依据。

第二节　施工测量放样

一、施工测量

1. 导线的复测与固定

公路的中线及其沿线构造物的位置是由导线控制的，施工单位必须对设计单位提供的导线点坐标及其现场桩橛认真进行复测核对；若设计单位设置的导线点过稀而不便使用，或导线点落在施工操作范围之内而可能遭到损坏时，应对导线点进行加密或移位。导线测虽是平面控制测量，要有较高的精度。公路是带状建筑物，导线多从某个高级控制点（如国家平面控制点）出发，沿着公路旁侧布设，最后附合到另一个高级控制点上去。支导线不闭合亦不附合于已知导线上，错误码与否难以核对，故点数不宜超过两个。

导线点的位置应选在地势较高、视野开阔、方便安置仪器的地方，以利于以后恢复中线及构造物放样之用；相邻两导线点必须通视，才能量角、测距；导线点间距视地形地物情况和工程需要而定，一般以不超过 1km 为宜，且相邻边长应尽量不要相差悬殊。

2. 中线的复测与固定

路基开工前需要进行详细的中线测量工作，就是通过测设直线或曲线，将公路中心线的平面位置准确、具体地标定在地面上。中线测量的传统手段是用经纬仪定向，钢尺量距。

（1）将标定路线平面位置的各点在地面上重新钉出，在平曲线特征点、地面突变点、土石方成分变化点等处增钉加桩。

（2）如发现丈量错误或需要局部改线，应做断链处理，注明前后里程关系及长（或短）链距离。

（3）对高等级公路，应采用坐标法恢复主要控制桩。

（4）桩点丢失时，要及时补上。

①交点桩丢失时，可由前后的点定出切线并延长切线，交出丢失的交点桩，并钉桩固定。

②转点桩丢失时，可用正倒镜延长直线，重新补设。

③曲线特征点桩丢失时，可对曲线重新测设补桩。

3. 固定控制点

路线的主要控制点，如交点、转点、曲线的起讫点，以及起控制作用的百米桩和加桩，应视当地的地形条件和地物情况，采取有效的方法加以固定。

4. 定桩

位于路基范围内的桩因施工无法保留时，应另用桩移钉于路基范围之外。

（1）直线段上的点，其移钉方向为垂直于路中线。

（2）曲线上的点，其移钉方向为垂直于该点的切线方向。

（3）当受地形条件限制时也可用其他方法将主要控制点移钉于路基范围之外，但在移钉的桩上及记录簿中均应注明桩号及移钉距离。

5. 加钉护桩

加钉护桩的方法，一般需要固定的控制点桩为交叉点，沿两个大致互相垂直的方向，在每条方向线上，将桩点移到路基施工范围以外。可在相距一定距离处，钉上两个带钉木桩，桩上标出相应的桩号和量出的距离；同时绘草图，并记入记录簿内，以备查用。恢复中线时应注意与独立施工的桥梁、隧道及相邻施工段的中线闭合，发现问题及时查明原因，并报监理工程师。

6. 路线高程复测与水准点的增设

中线恢复后，对沿线的水准点做复核性水准测量，以复核水准点一览表中各点的水准基点高程和中桩的地面高程。当相邻水准点相距太远时，为便于施工期间引用，可加设一些临时水准点。在如桥涵、挡土墙等较大构造物附近，以及高路堤、深路堑等集中土石方地段附近，应加设水准点。临时水准点的标高必须符合精度要求。

7. 横断面的检查与补测

中线横断面应详细检查与核对，发现疑问与错误时，必须进行复测。在恢复中线时新设的桩点，应进行横断面的补测。此外，应检查路基边坡设计是否恰当，与有关构造物如涵洞、挡土墙的设计是否配合相称，取土坑、弃土堆的位置是否合适。应当注意的是，凡是在恢复路线时发现原设计中的一切不正确之处，都应在图纸上明确地记录下来，并与复测的结果一起呈报监理工程师复核或审批。

8. 竣工测量

竣工后测量工程师安排监理测量组进行下列工作：

（1）检查承包人全线（已竣工路段）恢复定线和路线竣工验收测量工作，审批竣工测量报告，视情况组织部分路段复测。

（2）检查承包人全线（已竣工）桥涵及其他设施竣工验收的测量资料，按总监或驻地监理要求组织复核测量，审核批准测量报告。

（3）核实因变更设计引起工程数量变动所需的测量内容。

（4）检查、督办总监、高级驻地和现场监理人员要求的其他测量工作。

二、路基放样

1. 路基边桩的放样

路基边桩的放样就是将每一个横断面的路基两侧的边坡线与地面的交点，用木桩标定在实地上作为路基施工的依据。常用的有以下几种方法：

图解法：直接在路基横断面图上按比例量取中桩至边桩的距离，然后到实地用皮尺测定其位置。在填挖方不大时常用此法。

解析法：通过计算求出路基中桩至边桩的距离。其可分为在平坦地面和在倾斜地面两种。

2. 路基边坡的放样

测设出边桩后，为了保证填、挖边坡达到设计要求，还应把设计边坡在实地标定出来，以便于施工。

3. 施工前的复查与试验

路基施工前，施工技术人员应对路基施工范围内的地质、地形、水文情况进行详细调查。根据设计文件提供的资料，除对取自挖方、借土场、料场的路堤填料进行复查和取样试验外，还应进行环境保护分析并提出报告，经批准后方可使用。

4. 场地准备

施工场地准备，一般由建设单位（业主）来提供，施工单位进行场地准备，或根据合同文件情况由建设单位配合施工单位来准备。路基施工前应先办好有关土地的征用、占用手续，依法使用土地。路基范围内的既有建筑物、道路、沟渠、通信及电力设施等，施工单位应协同有关部门先拆除或迁建。对路基附近的危险建筑物应进行适当加固，对文物古迹应妥善保护。

（1）用地划界及拆迁建筑物施工前，根据实际情况确定用地范围，进行公路用地测量，并绘制用地平面图及用地划界表，送交有关单位办理拆迁及占用土地手续。施工前对路基范围内的所有地物均应妥善处理。路基施工范围内的所有建筑物、设施等，均应会同有关部门事先拆迁或改造。因路基施工影响沿线附近建筑物的稳定时，应予以适当加固。

（2）砍伐树木在路基施工范围内，对妨碍视线、影响行车的树木、灌木丛，均应在施工前进行砍伐或移植清理。砍伐后的树木，应堆放在不妨碍施工和不影响农业生产的地方。

高速公路、一级公路及填土高度小的其他公路，应将路基范围内的树根全部挖除；填土高度在 1m 以上的其他公路，允许保留树根。采用机械施工的路堑及取土坑等，均应将树根全部挖除。

（3）场地排水。场地排水是指疏干、排除场地上所积地表水，保持场地干燥，为施工提供正常条件。通常是根据现场情况，设置纵横排水沟，形成排水系统，将水引入附近河渠、低洼处排出。为节省工程量，避免返工浪费，所开挖的排水沟应按所设计的路基排水系统布置。

在受地面积水或地下水影响的土质不良的地段施工时，为了保证工程质量，减少土方挖掘、运送和夯实困难，施工前也应切实做好场地排水工作并安全有效。

第三节　一般路基施工

一、土质路堤施工

（一）施工取土

1.路基填方取土，应根据设计要求，结合路基排水和当地土地规划、环境保护要求进行，不得任意挖取。

2.施工取土应不占或少占良田，尽量利用荒坡、荒地，取土深度应结合地下水等因素考虑，利于复耕。原地面耕植土应先集中存放，以利再用。

3.自行选定取土方案时，应符合下列技术要求：

（1）地面横向坡度陡于 1∶10 时，取土坑应设在路堤上侧。

（2）桥头两侧不宜设置取土坑。

（3）取土坑与路基之间的距离，应满足路基边坡稳定的要求。取土坑与路基坡脚之间的护坡道应平整密实，表面设 1%~2% 向外倾斜的横坡。

（4）取土坑兼作排水沟时，其底面宜高出附近水域的常水位或与永久排水系统及桥涵出水口的标高相适应，纵坡不宜小于 0.2%，平坦地段不宜小于 0.1%。

（5）线外取土坑等与排水沟、鱼塘、水库等蓄水（排洪）设施连接时，应采取防冲刷、防污染的措施。

4.对取土造成的裸露面，应采取整治或防护措施。

（二）施工方法

路堤填筑是把填料用一定方式运送上堤进行铺平、碾压密实的过程。路堤填筑分为分层填筑法、竖向填筑法和混合填筑法三种方法。

1.分层填筑法

路堤填筑根据不同的土质，从原地面逐层填起并分层压实，每层填土的厚度可按压实机具的有效压实深度和压实度确定。分层填筑法又可分为水平分层填筑和纵向分层填筑两种：

（1）水平分层填筑：填筑时按照横断面全宽分成水平层次，逐层向上填筑，如原地面不平，应由最低处分层填起，每填一层，经过压实符合规定要求之后，再填上一层，依次循环，直至达到设计高程。

（2）纵向分层填筑：此方法适用于用推土机从路堑取土填筑距离较短的路堤，依纵坡方向分层，逐层向上填筑，原地面纵坡大于12%的地段常采用此法。

2.竖向填筑法

竖向填筑法是指从路基一端或两端同时按横断面的全部高度，逐步推进填筑。此方法适用于无法自下而上填筑的深谷、陡坡、断岩、泥沼等运土和机械无法进场的路堤。

竖向填筑因填土过厚不易压实，施工时要选用沉陷量较小、透水性较好及颗粒粒径均匀的砂石材料或附近开挖路堑的废石方，并一次填足路堤全宽度；选用振动式或夯击式压实机械；暂时不修建较高级的路面，容许短期内自然沉落。

3.混合填筑法

在路堤下层竖向填筑，上层水平分层填筑，使上部填土经分层压实获得需要的压实度。此方法适用于因地形限制或填筑堤身较高，不宜采用水平分层法和竖向填筑法自始至终进行填筑的情况。在深谷陡坡地段填筑路堤，尽量采用混合填筑法。施工时可以单机作业，也可多机作业，一般沿线路分段进行，每段间距以20~40m为宜，多在地势平坦或两侧有可利用的山地土场的场合采用。

（三）施工要点

1.地基表层处理应符合下列规定：

（1）二级及二级以上公路路堤基底的压实度应不小于90%，三、四级公路应不小于85%。路基填土高度小于路面和路床总厚度时，基底应按设计要求处理。

（2）原地面坑、洞、穴等，应在清除沉积物后，用合格填料分层回填分层压实。

（3）泉眼或露头地下水，应按设计要求，采取有效导排措施后方可填筑路堤。

（4）地基为耕地、松散土、水稻田、湖塘、软土、高液限土等时，应按设计要求进行处理，局部软弱的部分也应采取有效的处理措施。

（5）地下水位较高时，应按设计要求进行处理。

（6）陡坡地段、土石混合地基、填挖界面、高填方地基等都应按设计要求进行处理。

2. 路堤填筑应符合下列规定：

（1）性质不同的填料，应水平分层、分段填筑，分层压实。同一水平层路基的全宽应采用同一种填料，不得混合填筑。每种填料的填筑层压实后的连续厚度不宜小于500mm。填筑路床顶最后一层时，压实后的厚度应不小于100mm。

（2）潮湿或冻融敏感性小的填料应填筑在路基上层，强度较小的填料应填筑在下层。在有地下水的路段或临水路基范围内，填筑透水性好的填料。

（3）在透水性不好的压实层上填筑透水性较好的填料前，应在其表面设2%~4%的双向横坡，并采取相应的防水措施。不得在由透水性较好的填料所填筑的路堤边坡上覆盖透水性不好的填料。

（4）每种填料的松铺厚度应通过试验确定。

（5）每一填筑层压实后的宽度不得小于设计宽度。

（6）路堤填筑时，应从最低处起分层填筑，逐层压实；当原地面纵坡大于12%或横坡陡于1 : 5时，应按设计要求挖台阶，或设置坡度向内并大于4%、宽度大于2m的台阶。

（7）填方分几个作业段施工时，接头部位如不能交替填筑，则先填路段，按1 : 1坡度分层留台阶。如能交替填筑，则应分层相互交替搭接，搭接长度不小于2m。

3. 选择施工机械：应考虑工程特点、土石种类及数量、地形、填挖高度、运距、气候条件、工期等因素经济合理地确定。填方压实应配备专用碾压机具。

4. 压实度检测应符合以下规定：

（1）用灌砂法、灌水（水袋）法检测压实度时，取土样的底面位置为每一压实层底部；用环力法试验时，环刀中部处于压实层厚的1/2深度；用核子仪试验时，应根据其类型，按说明书要求办理。

（2）施工过程中，每一压实层均应检验压实度，检测频率为每1000㎡至少检验2点，不足1000㎡时检验2点，必要时可根据需要增加检验点。

二、填石路堤施工

1. 填料要求

路堤填料粒径应不大于 500mm，并不宜超过层厚的 2/3，不均匀系数宜为 15~20。路床底面以下 400mm 范围内，填料粒径应小于 150mm；路床填料粒径应小于 100mm。膨胀岩石、易溶性岩石不宜直接用于路堤填筑，强风化石料、崩解性岩石和盐化岩石不得直接用于路堤填筑。

2. 填筑方法

填石路堤的填筑施工方式有倾填（含抛填）和逐层填筑、分层压实两种。倾填又可分为石块从岩面爆破后直接散落在准备填筑的路堤内和用推土机将爆破后堆置在半路堑上的石块以及用自卸汽车从远处运来的爆破石块推入路堤两种情况。高速公路、一级公路和铺设高级路面的其他等级公路的填石路堤不宜采用倾填式施工，而应采用分层填筑、分层压实的方法。二级及二级以下且铺设低级路面的公路在陡峻山坡段施工特别困难或大量爆破以挖作填时，可采用倾填方式将石料填筑于路堤下部，但倾填路堤在路床底面下不小于 1.0m 范围内仍应分层填筑压实。

采用分层填筑方式施工，又可分为机械作业和人工作业两种方法。机械施工分层填筑时，高速公路及一级公路分层松铺厚度一般为 50cm，其他公路为 100cm。施工中应安排好石料运行路线，专人指挥，按水平分层，先低后高、先两侧后中央卸料。由于每层填筑厚度较大，故摊铺平整工作必须采用大型推土机进行，个别不平处应配合人工用细石块、石屑找平，如果石块级配较差、粒径较大、填层较厚，石块间的空隙较大时，可于每层表面的空隙里扫入石渣、石屑、中砂、粗砂，再以压力水将砂冲入下部，反复数次，使空隙填满。人工摊铺、填筑填石路堤，当铺填粒径 25cm 以上石料时，应先铺填大块石料，大面向下，小面向上，摆平放稳，再用小石块找平，石屑塞填，最后压实；铺填粒径 25cm 以下石料时，可直接分层摊铺，分层碾压。

3. 施工要点

（1）基层处理时：其承载力应满足设计要求；在非岩石地基上填筑填石路堤前，应按设计要求设过渡层。

（2）路堤施工前：应先修筑试验路段，确定满足孔隙率标准的松铺厚度、压实机械型号及组合、压实速度及压实遍数、沉降差等参数。

（3）路床施工前：应先修筑试验路段，确定能达到最大压实干密度的松铺厚度、压实机械型号及组合、压实速度及压实遍数、沉降差等参数。

（4）岩性相差较大的填料应分层或分段填筑：严禁将软质石料与硬质石料混合使用。

（5）中硬、硬质石料填筑路堤时：应进行边坡码砌。码砌边坡的石料强度、尺寸及码砌厚度应符合设计要求。边坡码砌与路基填筑宜基本同步进行。

（6）压实机械宜选用自重不小于18t的振动压路机。

（7）在填石路堤顶面与细粒土填土层之间应按设计要求设过渡层。

4. 质量检验

（1）上、下路堤的压实质量标准。

（2）填石路堤施工过程中的每一压实层，可用试验路段确定的工艺流程和工艺参数，控制压实过程；用试验路段确定的沉降差指标检测压实质量。

（3）填石路堤填筑至设计标高并整修完成后，其施工质量应符合规定。

（4）填石路堤成型后的外观质量标准：路堤表面无明显孔洞；大粒径石料不松动，铁锹挖动困难；边坡码砌紧贴、密实，无明显孔洞、松动，砌块间承接面向内倾斜，坡面平顺。

三、土石路堤施工

土石路堤是指石料含量占总质量30%~70%的土石混合材料填筑的路堤。

1. 填料要求

（1）膨胀岩石、易溶性岩石等，不宜直接用于路堤填筑，崩解性岩石和盐化岩石等不得直接用于路堤填筑。

（2）天然土石混合填料中，中硬、硬质石料的最大粒径不得大于压实层厚的2/3，石料最大粒径不得大于压实层厚。

2. 填筑方法

土石路堤不得采用倾填方法，只能采用分层填筑，分层压实。

当土石混合料中石料含量超过70%时，宜采用人工铺填，即先铺填大块石料，且大面向下，放置平衡，再铺小块石料、石渣或石屑嵌缝找平，然后碾压。当土石混合料中石料含量小于70%时，可用推土机将土石混合料铺填，每层铺填厚度应根据压实机械类型和规格确定，不宜超过40cm。用机械铺填时应注意避免硬质石块，特别是集中在一起的尺寸大的硬质石块。

3. 施工要点

（1）在陡、斜坡地段，土石路堤靠山一侧应按设计要求做好排水和防渗处理。

（2）压实机械宜选用自重不小于18t的振动压路机。

（3）施工前应根据土石混合材料的类别分别进行试验路段施工，确定能达到最大压实干密度的松铺厚度、压实机械型号及组合、压实速度及压实遍数沉降差等参数。

（4）碾压前应使大粒径石料均匀分散在填料中，石料间孔隙应填充小粒径石料、土和石渣。

（5）压实后透水性差异大的土石混合材料，应分层或分段填筑，不宜纵向分幅填筑。如确需纵向分幅填筑，应将压实后渗水良好的土石混合材料填筑于路堤两侧。

（6）土石混合材料来自不同料场，其岩性或土石比例相差较大时，宜分层或分段填筑。

（7）填料由土石混合材料变化为其他填料时，土石混合材料最后一层的压实厚度应小于300mm，该层填料最大粒径宜小于150mm。压实后，该层表面应无孔洞。

（8）中硬、硬质石料的土石路堤，应进行边坡码砌。码砌边坡的石料强度、尺寸及码砌厚度应符合设计要求。边坡码砌与路堤填筑宜基本同步进行。软质石料土石路堤的边坡按土质路堤边坡处理。

4.质量检验

（1）中硬、硬质石料土石路堤在施工过程中的每一次压实层，可用试验路段确定的工艺流程和工艺参数，控制压实过程；用试验路段确定的沉降差指标，检测压实质量。路基成型后质量应符合规定。

（2）软质石料填筑的土石路堤应符合地基表层处理的规定。

（3）土石路堤的外观质量标准包括路基表面无明显孔洞；大粒径填石无松动，铁锹挖动困难；中硬、硬质石料土石路基边坡码砌紧贴、密实，无明显孔洞、松动，砌块间承接面应向内倾斜，坡面平顺。

第四节　特殊路基施工

一、软土路基施工

淤泥、淤泥质土以及天然强度低、压缩性高、透水性小的一般黏性土统称为软土。软土路基天然含水率大于等于35%与液限，天然孔隙比大于等于1m，十字板抗剪强度小于35kPa，压缩系数宜大于 $0.5MPa^{-1}$。

高速公路路基的软土系指：标准贯击数小于4，无侧限抗压强度小于50kPa，含水量大于50%的黏性土和标准贯击数小于10，含水量大于30%的砂性土。软土无论是按沉积成因还是按土质划分，它们都有共同的工程性质，即颜色以深色为主，粒度成分以细颗粒为主，有机质含量高。天然含水量高，容重小，天然含水量大于液限，超过 30%；相对含水量大于 10；软土的饱和度高达 100%，甚至更大，天然重力密度为 1.5~19km³。天然孔隙比大，一般大于 1m。渗透系数小，一般小于 10^{-6}cm/s 数量级，沉降速度慢，固结完成所需时间较长。黏粒含量高，塑性指数大。高压缩性，压缩系数大，基础沉降量大，一般压缩系数大于 0.5MPa。强度指标小，软土的黏聚力小于 10kPa，快剪内摩擦角小于 5°。固结快剪黏聚力小于 10kPa，快剪内摩擦角小于 5°。固结快剪的强度指标略高，黏聚力小于 15kPa，内摩擦角小于 10°。软土的灵敏度高，灵敏度一般在 2~10，有时大于 10，具有显著的流变特性。软土路基应进行路基处理并观测路堤沉降，按图纸或经监理工程师批准的处理方法进行施工。

（一）软土路基处理方法

1.换填法：将原路基一定深度和范围内的淤泥挖除，换填符合规定要求的材料，使之达到规定压实度的方法。换填时，应选用水稳性或透水性好的材料，分层铺筑，逐层压实。

2.抛石挤淤法：在路基底从中部向两侧抛投一定数量的碎石，将淤泥挤出路基范围，以提高路基强度。所用碎石宜采用不易风化的大石块，尺寸一般不小于 0.15m。抛石挤淤法施工简单、迅速、方便。适用于常年积水的洼地，排水困难，泥炭呈流动状态，厚度较薄，表层无硬壳，片石能沉达底部的泥沼或厚度为 3~4m 的软土；适用于在特别软的地面上施工由于机械无法进入，或是表面存在大量积水无法排出时；适用于石料丰富，运距较短的情况。

3.排水固结法：堆载预压法、真空预压法、降水预压法、电渗排水法，适用于处理厚度较大的饱和软土和充填土路基，但对于较厚的泥炭层要慎重选择。

4.胶结法

（1）水泥搅拌桩：水泥搅拌桩的适用范围为淤泥、淤泥质土、含水量较高的地层、地基承载力不大于 120kPa 的黏性土、粉土等软土路基。在有较厚泥炭土层的软土路基上，宜通过试验确定其适用性，并可适量添加磷石膏以提高搅拌桩桩身强度。当地下水中含有大量硫酸盐时，应选用抗硫酸盐硅酸盐水泥。冬期施工时，应注意负温。注意十字板剪切强度（Su）为 35kPa 所对应的静力触探总贯入阻力（PR）约为 750kPa 对处理效果的影响。

（2）高压喷射注浆法：高压喷射注浆法的适用范围为淤泥、淤泥质土、黏性土、黄土、砂土、人工填土和碎石土等路基，尤其适用于软弱路基的加固。湿陷性黄土以及土中含有较多的大粒径块石、坚硬性黏性土、大量植物根茎或过多有机质时，应根据现场试验结果确定其适用程度。对地下水流速较大或涌水工程以及对水泥有严重侵蚀的路基应慎用。

（3）灌浆法：灌浆法适用于处理淤泥、淤泥质土、粉土和含水量较高且路基承载力标准值不大于 120kPa 的黏性土等地基。当用于处理泥炭土或地下水具有侵蚀性时，宜通过试验以确定其适用性。

（4）水泥土夯实桩法：水泥土夯实桩法适用于地下水位以上的素填土、淤泥质土和粉土等。

5.加筋土法：适用范围为人工填土、砂土的路堤、挡墙、桥台等；土工织物适用于砂土、黏性土和软土的加固，或用于反滤、排水和隔离的材料；树根桩适用于各类土，主要用于既有建筑物的加固及稳定土坡、支挡结构物；锚固法能可靠地锚固土层和岩层。对软弱黏土宜通过重复高压灌浆或采用多段扩体或端头扩体以提高锚固段锚固力。对液限大于 50% 的黏性土，相对密度小于 0.3 的松散砂土以及有机质含量较高的土层，均不得作为永久性锚固地层。

6.振冲置换法：适用于不排水剪切强度 20kPa≤CU≤50kPa 的饱和软黏土、饱和黄土及冲填土。对不排水剪切强度小于 20kPa 的地基应慎重选择。此法能使天然路基承载力提高 20%~60%。

7.水泥粉煤灰碎石桩（简称 CFG 桩）法：CFG 桩法适用于淤泥、淤泥质土、杂填土、饱和及非饱和的黏性土、粉土，能使天然路基承载力提高 70% 以上。

8.钢渣桩法：适用于淤泥、淤泥质土、饱和及非饱和的黏性土、粉土。

9.石灰桩法：适用于渗透系数适中的软黏土、杂填土、膨胀土、红黏土、湿陷性黄土；不适合地下水位以下的渗透系数较大的土层。当渗透系数较小时，软土脱水加固效果不好的土层慎用。

10.强夯置换法：适用于饱和软黏土，一般适合于 3~6m 的浅层处理。

11.砂桩法：适用于软弱黏性土，但应慎用，且需要较长的时间，对不排水剪切强度小于 15kPa 的软土应采用袋装砂井桩。

12.夯坑基础法：适用于软黏土、非饱和的黏性土、夯填土、湿陷性黄土。

13.强夯法：适用于碎石、砂土、杂填土、素填土、湿陷性黄土及低饱和度的粉土和黏性土。对于高饱和度的粉土和黏性土，须经试验论证后方可使用，且应设置竖向排水通道。该法处理深度可达十多米，但强夯的震动可能会对周围环境造成不良影响，因此，使用时要求考虑周围环境因素。

14.振冲法：振冲法是一种不添加砂石材料的振冲挤密法，一般宜用于 0.75mm 以上颗粒占土体 20% 以上的砂土，而添加砂石材料的振冲挤密法宜用于粒径小于 0.005mm 的黏粒含量不超过 10% 的粉土和砂土。

15.挤密碎石桩法：适用于松散的非饱和黏性土、杂填土、湿陷性黄土、疏松的砂性土。对饱和软黏土应慎重使用。

（二）软土路基施工方法

1. 抛石挤淤施工

（1）抛石挤淤应按设计要求或监理工程师的要求进行。

（2）应选用不易风化的片石，片石厚度或直径不宜小于 300mm。

（3）当软土地层平坦，软土呈流动状时，填土应沿路基中线向前呈三角形方式投放片石，再渐次向两侧全宽范围扩展，使泥沼或软土向两侧挤出。当软土地层横坡陡于 1：10 时应自高侧向低侧抛投，并在低侧边部多抛填，使低侧边部约有 2m 的平台。

（4）片石抛出软土面或抛出水面后，应用较小石块填塞垫平，用重型压路机压实。

2. 垫层施工

垫层处置施工通常用于松软过湿的表面，采用排水、铺设填料或以掺加剂加固使地表层强度增加，防止地基局部剪切变形，从而保证重型机械通行，又使填土荷载均匀分布在地基上。

垫层材料宜采用无杂物的中粗砂，含泥量应不小于 5%；也可采用天然级配型砾料，其最大粒径应小于 50mm，砾石强度应不低于四级。垫层应分层摊铺压实，碾压到规定的压实度。垫层宽度应宽出路基边脚 500~1000mm，两侧宜用片石护砌或采用其他方式防护。垫层采用沙砾料时，应避免粒料离析。在软、湿路基上铺以 0.3~0.5m 厚度的排水层，有利于软湿表层的固结，并形成填土的底层排水，在一定程度上能提高地基强度，使施工机械可以通行。碎石、岩渣垫层的一般厚度为 0.4m 左右，并铺设单层或双层土工织物或土工网格，有利于均匀支承填土荷载，提高地基承载力，减少地基的沉降量。掺合料垫层是利用掺合料（石灰、水泥、土、加固剂）以一定剂量混合在填料土中，可改变地基的压缩性和强度特性，从而保证施工机械的通行，垫层大部分松散，应进行大部或全部防护。

3. 袋装砂井施工

（1）袋装砂井施工工艺流程为：施工设备的准备—沉入套管—袋装砂沉入—就地填砂或井—预制砂袋沉放。

（2）袋装砂浆的成孔方法可根据机械设备条件进行比较选择：专用的施工设备一般为导管式的振动打设机械，只是在进行方式上有差异。成孔的施工方法有五种，即锤击沉入法、射水法、压入法、钻孔法及振动贯入法。

（3）施工要点

①中、粗砂中大于 0.6mm 颗粒的含量宜占总质量的 50% 以土，含泥量小于 3%，渗透系数大于 5×10^{-2}mm/S。砂袋的渗透系数应不小于砂的渗透系数。

②袋装砂井施工应符合以下规定：砂袋露天堆放时，应有遮盖，不得长时间暴晒；

砂袋应垂直下井，不得扭结缩颈、断裂、磨损；拔钢套管时，如将沙袋带出或损坏，应在原孔位边缘重打；连续两次将沙袋带出时，应停止施工，查明原因并处理后方可施工；沙袋在孔口外的长度，应能顺直伸入砂垫层至少 300mm。

③袋装砂井施工质量应符合规定。

4. **塑料排水板施工**

（1）塑料排水板

①芯板是由聚乙烯或聚丙烯加工而成的多孔管道或其他形式的板带，应具有足够的抗拉强度和垂直排水能力。其抗拉强度不应小于 130N/cm；当周围土体压力在 15m 深度范围内不大于 250kPa 或在大于 15m 范围不大于 350kPa 条件下，其排水能力应不低于 30cm³/s。芯板应具有耐腐性和足够的柔性，保证塑料排水板在地下的耐久性并在土体板结变形时不会被折断或破裂。

②滤套一般由无纺织物制成，应具有一定的隔离土颗粒和渗透功能，应等效于 0.025mm 孔隙，其最小自由透水表面积宜为 1500c ㎡ /m，渗透系数应不小于 5×10^{-3}cm/s。

（2）施工机械：主要机具是插板机，基本上可与袋装砂井打设机具共用，只是将圆形套管换成矩形套管。对振动打设工艺、锤击振力大小，可根据每次打设根数、导管断面大小、入土长度和地基均匀程度确定。

（3）塑料排水板加固软土地基，施工工艺流程为：整平原地面—摊铺下层砂垫层—机具就位—塑料排水板穿靴—插入套管—拔出套管—割断塑料排水板—机具移位—摊铺上层砂垫层。

（4）施工质量要求

①施工现场堆放的塑料排水板盘带应加以适当覆盖，以防暴露在空气中老化。

②插入过程中导轨应垂直，钢套管不得弯曲，透水滤套不应被撕破和污染；排水板底部应有可靠的锚固措施，以免拔出套管时将芯板带出。

③塑料排水板留出孔口长度应保证深入砂垫层不小于 50cm，使其与砂垫层贯通，并将其保护好，以防机械、车辆进出时受损，影响排水效果。

④塑料排水板搭接应采用滤套内平接的方法，芯板对扣，凹凸对齐，搭接长度不少于 20cm；滤套包裹，用可靠措施固定。

⑤施工中防止泥土等杂物进入套管中，一旦发现须及时清除。

⑥塑料排水板施工允许偏差。

5. **碎石柱（砂桩）施工**

（1）材料要求：采用中、粗砂，大于 0.6mm 颗粒含量宜占总重的 50% 以上，含泥量应小于 3%，渗透系数大于 5×10^{-2}mm/s。也可使用砂砾混合料，含泥量应小于 5%。

未风化碎石或砾石，粒径宜为 19~63mm，含泥量应小于 10%。

（2）如果对砂桩质量要求较为严格或采用小直径管打大直径砂桩时，可以采用双管冲击法或单管振动重复压拨法成桩。

（3）施工前应按规定要求进行成桩试验：详细记录冲孔、清孔、制桩时间和深度、水压、冲水量、压入碎石用量及工作电流的变化等。通过试桩确定水压、工作电流等变化的幅值和规律（主要指土层变化与水压、工作电流的相应变化），并验证设计参数和施工控制的有关参数，作为振冲碎石桩成桩的施工控制指标。

（4）填料方式：采用"先护壁，后制桩"的办法施工。成孔时先达到软土层上部2m 范围内，将振冲器提出孔口加一批填料；下降振冲器使这批填料挤入孔壁，把这段孔壁加强以防塌孔；然后使振冲器下降至下一段软土中，用同样方法加料护壁。如此重复进行，直达设计深度。孔壁护好后，就可按常规步骤制桩了。

（5）桩的施工：桩的施工顺序一般采用由里向外、由一边推向另一边，或间隙跳打的方式。制桩操作步骤：先用振冲器成孔，而后借循环水清孔，最后倒入填料，再用振冲器沉至填料进行振实成型。

（6）施工要点：

①采用单管冲击法、一次打桩管成桩法或复打成桩法施工时，应使用饱和砂；采用双管冲击法、重复压拨法施工时，可使用含水量为 7%~9% 的砂；饱和土中施工可用天然湿砂。

②地面下 1~2m 土层应超量投砂，通过压挤提高表层砂的密实程度。

③成桩过程应连续。

④实际灌砂量未达到设计用量时，应进行处理。

（7）碎石（砂）桩施工质量应符合相关规定。

6. 加固土桩施工

（1）材料要求：

①生石灰粒径应小于 2.36mm，无杂质，氧化镁和氧化钙总量应不小于 85%，其中氧化钙含量应不小于 80%。

②粉煤灰中二氧化硅和三氧化二铝含量应大于 70%，烧失量应小于 10%。

③水泥宜用普通或矿渣水泥。

（2）成桩试验：加固土桩施工前必须进行成桩试验，桩数不宜少于 5 根，且满足以下要求：

①应取得满足设计喷入量的各种技术参数，如钻进速度、提升中速度、搅拌速度喷气压力、单位时间喷入量等。

②应确定能保证胶结料与加固软土拌和均匀性的工艺。

③掌握下钻和提升的阻力情况，选择合理的技术措施。

④根据地层、地质情况确定复喷范围。

（3）应根据固化剂喷入的形态（浆液或粉体），采用不同的施工机械组合。

（4）采用浆液固化剂时，制备好的浆液不得离析，不得停置过长。超过 2 小时的浆液应降低等级使用。浆液拌和均匀，不得有结块，供浆应连续。

（5）采用粉体固化剂时，应符合以下规定：

①严格控制喷粉标高和停粉标高，不得中断喷粉，确保桩体长度；严格控制喷粉时间、停粉时间和喷入量；应采取措施防止桩体上下喷粉不匀、下部剂量不足、上下部强度差异大等问题；应按设计要求的深度复搅。

②当钻头提升到地面以下小于 500mm 时，送灰器停止送灰，用同剂量的混合土回填。钻头直径的磨损量不得大于 10mm。如喷粉量不足，应整桩复打，复打的喷粉量不小于设计用量。因故喷粉中断时，必须复打，复打重叠长度应大于 1m。

③施工设备必须配有自动记录的计量系统。

（6）加固土桩施工质量应符合相关规定。

7.CFG 桩施工

（1）材料要求：

①集料：应根据施工方法，选择合理的集料：级配和最大粒径。

②水泥：宜选用普通硅酸盐水泥。

③粉煤灰：宜选用袋装 Ⅱ、Ⅰ 级粉煤灰。

（2）成桩试验：施工前应进行成桩试验，试桩数量宜为 5~7 根。CFG 桩试桩成功，经监理验收合格后，方可开始施工。

（3）CFG 桩施工要求：

①桩体施工应选择合理的施打顺序，一般应隔行隔桩跳打，相邻桩之间施工间隔时间应大于 7 天，避免对已成桩造成损害。

②成桩过程中，应对已打桩的桩顶进行位移监测。

③混合料应拌和均匀：在施工中，每台机械每天应做 1 组（3 块）试块（试块为边长 150mm 的立方体），经标准养生，测定其立方体抗压强度，应符合图纸规定。

④CFG 桩沉管时间宜短，拔管速度控制在 1.2~1.5m/min，不允许反插，以防止桩缩颈、断桩及桩身强度不均。

⑤桩顶设 500mm 保护桩长，CFG 桩施工完成 7 天后，开挖至设计高程，截去保护桩长。

CFG 桩施工完成 28 天后，方可填筑路基。

⑥冬季施工时混合料入孔温度不得低于 5℃，对桩头和桩间土应采取保温措施。

8. 铺设土工合成材料

（1）土工合成材料的质量应符合设计要求及规范要求，在采用土工合成材料加筋的路堤填筑正式开工前，应结合工程先修筑试验路段，以指导施工。

（2）铺设土工合成材料应按图纸施工，在平整的下承层上全断面铺设，铺设时，土工织物应拉直平顺，紧贴下承层，不得扭曲、折皱。在斜坡上摊铺时，应保持一定松紧度。可采用插钉等措施固定土工合成材料于填土下承层表面。

（3）土工合成材料在铺设时，应将强度高的方向置于垂直于路堤轴线方向。

（4）应保证土工合成材料的整体性，当采用搭接法连接时，搭接长度宜为 300~600mm；采用缝接法时，接缝宽度应不小于 50mm；采用黏结法时，黏结宽度不应小于 50mm，黏合强度应不低于土工合成材料的抗拉强度。

（5）铺设土工合成材料的土层表面应平整，表面严禁有碎、块石等坚硬凸出物；在距土工合成材料层 80mm 以内的路堤填料，其最大粒径不得大于 60mm。

（6）土工合成材料摊铺以后，应及时填筑填料，以避免其受到阳光过长时间的暴晒，一般情况下，间隔时间不应超过 48 小时。填料应分层摊铺、分层碾压，所选填料及其压实度应符合规范的要求。与土工合成材料直接接触的填料中严禁含强酸性、强碱性物质。

（7）土工合成材料上的第一层填土摊铺宜采用轻型推土机或前置式装载机，一切车辆、施工机械只容许沿路堤的轴线方向行驶。

（8）对于软土地基，应采用后卸式货车沿加筋材料两侧边缘倾卸填料，以形成运土的交通便道，并将土工合成材料张紧。填料不允许直接卸在土工合成材料上面，必须卸在已摊铺完毕的土面上；卸土高度以不大于 1m 为宜，以免造成局部承载能力不足。卸土后应立即摊铺，以免出现局部下陷。

（9）填成施工便道后，再由两侧向中心平行于路堤中线对称填筑，第一层填料宜采用推土机或其他轻型压实机具进行压实；只有当已填筑压实的垫层厚度大于 600mm 后，才能采用重型压实机械压实。

（10）双层土工合成材料上、下层接缝应交替错开，错开长度不应小于 500mm。

（11）施工过程中土工织物不应出现任何损坏，以保证工程质量。

二、黄土地区路基施工

1. 黄土路基的特点

湿陷性黄土一般呈黄色或黄褐色，粉土含量常占 60% 以上，含有大量的碳酸盐、硫酸盐等可溶盐类，天然孔隙比在 1 左右，肉眼可见大孔隙。在自重压力或自重压力与附加压力共同作用下，受水浸湿后土的结构迅速破坏而发生显著附加下沉。

2. 施工准备工作

黄土地区路基施工，应做好施工期排水，将水迅速引离路基。在填挖交界处引出边沟时，应做好出水口的加固，排水设施接缝处应坚固不渗漏。

3. 湿陷性黄土地基的处理方法

湿陷性黄土地基应采取拦截、排除地表水的措施，防止地表水下渗，减少地基地层湿陷下沉。其地下排水构造物与地面排水沟渠必须采取防渗措施。

当地基土层有强湿陷性或较高的压缩性，且容许承载力低于路堤自重压力时，应考虑地基在路堤自重和过载作用下所产生的压缩下沉。除采用防止地表水下渗的措施外，可根据湿陷性黄土工程特性和工程要求，因地制宜采取换填土、重锤夯实、强夯法、预浸法、挤密法、化学加固法等措施对地基进行处理。

4. 黄土填筑路堤要求

（1）路床填料不得使用老黄土，路堤填料不得含有粒径大于 100mm 的块料。

（2）在填筑横跨沟壑的路基土方时，应做好纵横向界面的处理。

（3）黄土路堤边坡应拍实，并应及时予以防护，防止路表水冲刷。

（4）浸水路堤不得用黄土填筑。

5. 黄土路堑施工要求

（1）路堑路床土质应符合设计要求，密实度不足时，应采取措施碾压至要求的压实度。

（2）路堑施工前，应做好堑顶地表排水导流工程，路堑施工期间，开挖作业面应保持干燥。

（3）路堑施工中，如边坡地质与设计不符，可提出修改边坡坡度。

6. 地基陷穴处理方法

陷穴表面的防渗处理层厚度不宜小于 300mm，并将流向陷穴的附近地表水引离。对现有的陷穴、暗穴，可以采用灌砂、灌浆、开挖回填等措施，开挖的方法可以采用导洞、竖井和明挖等。

挖方边坡坡顶以外 50m 范围内、路堤坡脚以外 20m 范围内的黄土陷穴宜进行处理。挖方边坡坡顶以外的陷穴,若倾向路基,应做适当处理。对串珠状陷穴应彻底进行处置。

三、滑坡地段路基施工

1. 对于滑坡的处置,应分析滑坡的外表地形滑动面,滑坡体的构造、滑动体的土质及饱水情况,以了解滑坡体的形式和形成的原因,根据公路路基通过滑坡体的位置、水文、地质等条件,充分考虑路基稳定的施工措施。

2. 路基滑坡直接影响到公路路基稳定时,不论采用何种方法处理,都必须做好地表水及地下水的处理。

3. 对于滑坡顶面的地表水,应采取截水沟等措施处理,不让地表水流入滑动面内,必须在滑动面以外修筑 1~2 条截水沟;对于滑坡体下部的地下水源应截断或排出。

4. 在滑坡体未处置之前,禁止在滑坡体上增加荷载(如停放机械、堆放材料、弃土等)。

5. 对于挖方路基上边坡发生的滑坡,应修筑一条或数条环形水沟,但最近一条必须离滑动裂缝面最小 5m 以外,以截断流向滑动面的水流。截水沟可采用砂浆封面浆或砌片(块)石修筑,滑坡上面出现裂缝须填土进行夯实,避免地表水继续渗入,或结合地形,修建树枝形及相互平行的渗水沟与支撑渗沟,将地表水及渗水迅速排走。

6. 当挖方路基上边坡发生的滑坡不大时,可采用(台阶)减重、打桩或修建挡土墙进行处理以达到路基边坡稳定。采用打桩时,桩身必须深入到滑动面以下设计要求的深度;采用修建挡土墙时,挡土墙基础必须置于滑动面以下的硬岩层上。同时,宜修统一排水沟、暗沟(或渗沟)排出地下水。滑坡较大时,可采用修建挡土墙、钢筋混凝土锚固桩或预应力锚索等方法处理。不论采用何种方法处理,其基础都必须置于滑动面以下的硬岩层上或达到设计要求的深度。同时宜修筑渗沟、排水涵洞(管)或集水井。

7. 填方路堤发生的滑坡,可采用反压土方或修建挡土墙等方法处理。

8. 沿河路基发生的滑坡,可修建河流调治构造物(堤坝、丁坝、稳定河床等)及挡土墙等处理。

9. 滑坡表面处置可采用整平夯实山坡,填筑积水坑,堵塞裂隙或进行山坡绿化固定表土。

四、岩溶地区路基施工

以地下水为主、地表水为辅,以化学过程(溶解和沉淀)为主、机械过程(流水侵蚀和沉积、重力崩塌和堆积)为辅的石灰岩等可溶性岩石的破坏和改造作用称岩溶作用。岩溶作用所造成的地表形态和地下形态称岩溶地貌,岩溶作用及其产生的特殊地貌形态和水文地质现象统称为岩溶。

中国西南地区岩溶现象分布比较普遍，在广西、贵州、云南及川东、鄂西、湘西、粤北一带连成一片，石灰岩分布面积达 56 万平方千米；全国石灰岩分布面积约 130 万平方千米，是岩溶比较发育的国家。

1. 岩溶地区公路路基工程的主要病害

（1）由于地下岩溶水的活动，或因地面水的消水洞穴阻塞，导致路基基底冒水、水淹路基、水冲路基以及隧道冒水、冒泥等病害。

（2）由于地下岩溶洞穴顶板的坍塌，引起位于其上的路基及其附属构造物发生坍陷、下沉或开裂。

（3）由于溶沟、溶槽、石芽等的存在造成地基不稳定，影响路基及其构筑物的稳定性或安全问题。

（4）某些岩溶形态的利用问题，如利用天生桥跨越地表河流，利用暗河溶洞扩建隧道等。

此外，岩石地区除了石灰岩类岩溶外，分布着各类危及路基的崩坍、岩堆，这类岩石多数属于炭质泥岩、页岩、麻岩、云母岩。还有煤田、矿区、油田及地下水过量开采和利用形成的采空区，往往引起路基沉陷、变形或开裂。这些地区修筑的路基具有相似处，把它们一并论述。

因此，在岩溶地区建造公路，应全面了解路线通过地带岩溶发育的程度和岩溶形态的空间分布规律，以便充分利用某些可以利用的岩溶形态，避让或防治影响路基稳定的岩溶病害。

2. 岩溶形态及岩溶类型

岩溶地区岩溶的形态类型很多：石芽和溶沟（槽）、溶蚀裂隙、漏斗、溶蚀洼地、坡立谷和溶蚀平原、溶蚀残丘、孤峰和峰林、槽谷、落水洞、竖井、溶洞、暗河、天生桥、岩溶湖、岩溶泉以及土洞等。比较常见的岩溶形态有：

（1）漏斗：常见的地表岩溶形态之一，由地表层的溶蚀和侵蚀作用伴随塌陷作用而成，呈碟状或倒锥状，平面上呈圆形或椭圆形，直径和深度一般由数米至数十米。

（2）溶蚀洼地：许多相邻的漏斗经流水溶蚀不断扩大汇合而成溶蚀洼地，平面上呈圆形或椭圆形，但规模比漏斗更大，直径由数百米至一两千米。溶蚀洼地周围有溶蚀残丘或峰丛峰林，底部常有落水洞和漏斗。

（3）坡立谷和溶蚀平原：溶蚀洼地充分发育，相邻的洼地彼此连通，发展成坡立谷。坡立谷长度、宽度从几十米至数千米不等，四周山坡陡峻，谷底宽平，覆盖着溶蚀残余的黄色、棕色或红色的黏性土，有时还有河流冲积层。常有河流纵贯坡立谷，河水从一端流入，于另一端被落水洞吸收，转入地下成暗河。有些坡立谷还耸立着孤峰。坡立谷进一步发展，即形成开阔宽广的溶蚀平原，溶蚀平原上还有许多其他岩溶形态。

（4）槽谷：岩溶山区比较常见的一种长条形的槽状谷地，谷底平坦，谷坡陡峻，主要是由水流长期溶蚀而形成的。由于河谷底部发育有一系列漏斗、落水洞等，地表水流不断漏失，使原来的河谷失去排水作用，即成干谷。槽谷在大部分时间是干涸的，但在暴雨季节和排水不畅时，则会出现暂时的水流。

（5）落水洞、竖井：落水洞和竖井多由岩石裂隙经流水长期溶蚀扩大或由岩层坍陷而成，呈垂直或稍倾斜状，下部多与溶洞或暗河连通，是地表通向地下的流水通道。在广西所见到的，直径多在10m以下，深度多在10~30m。落水洞常产生在漏斗、槽谷、溶蚀洼地和坡立谷的底部，或河床的边缘，多呈串珠状分布。在雨季，由于落水洞排水不畅，常使槽谷、溶蚀洼地和坡立谷产生暂时性的积水，甚至发生淹水现象。

（6）溶洞：一种近于水平方向发育的岩溶形态，常由溶水对岩层的长期溶蚀和塌陷作用而形成，是早期岩溶水活动的通道。规模较大的水平溶洞系统，主要是在岩溶水的水平循环带中产生的。溶洞系统比较复杂，规模、形态变化很大，除少部分洞身比较顺直，断面比较规则外，大部分是忽高忽低，忽宽忽窄，洞身曲折起伏很大。洞内普遍分布各种堆积物，有时还有河流流痕及砂砾、卵石冲积物，支洞多，常有丰富的岩溶水。

（7）暗河、天生桥：暗河是地下岩溶水汇集、排泄的主要通道，在岩溶发育地区，地下大部分都有暗河存在。其中部分暗河常与地面的槽谷伴随存在，通过槽谷底部的一系列漏斗、落水洞使两者互相连通。因此，可以根据这些地表岩溶形态的分布位置，概略地估计暗河在地下的发展方向。地下的暗河河道或溶洞塌陷，在局部地段有时会形成横跨水流的天生桥。

（8）岩溶泉：岩溶水流出地面即成岩溶泉。它是岩溶发育地区分布最广泛的一种岩溶现象，其中以下降泉居多，上升泉较少。岩溶泉有经常性和间歇性之分。间歇性泉旱季干涸，雨季流水。

当暗河流向非岩溶地区时，在可溶岩层与非可溶岩层接触带的边缘，经常是岩溶泉最发育的地方。

（9）岩溶湖：由于槽谷、溶蚀洼地、坡立谷中的大型强斗底部的消水通道堵塞，或溶蚀平原局部洼地集水而成的湖泊。在溶洞中也常有小型的地下岩溶湖存在。

（10）土洞：在槽谷、坡立谷底部和溶蚀平原上，可溶性岩层常为第四纪的松散土层所覆盖，由于地下水位降低或水动力条件的改变，在岩溶水的淋滤、潜蚀、搬运作用下，使上部土层下落，流失或坍塌，形成大小不一、形态不同的土洞。如广西、贵州和粤北等地土层覆盖的岩溶地区（埋藏岩溶地区），由于人为抽水、排水引起地下水位的变动，常形成土洞，直接危害路基的稳定。

3.岩溶路基施工技术要点

岩溶地区路基常见病害主要表现为地下水位高而侵蚀路基路面，导致土基软化，路面开裂；暴雨时节冲垮路基，路床地面以下潜伏洞穴而产生凹陷。一般公路受造价的制约，当地往往又缺乏路基用土，故而采用矮路堤。矮路堤所固有的排水不畅、地基强度不足等病源在此得到充分暴露。因此，岩溶地区地基处理的措施是排水、填洞、跨越、利用。

岩溶地下水应因势利导，采用疏导、排除、降低地下水位的方法，消除对路床软化的影响，保证路基处于干燥或中湿状态。所有冒水的溶洞在施工中均不能堵塞水的出路。一般的做法是在与地下水道相连的漏斗、消水洞处一律修建涵洞。疏导建筑物一般可采用明沟、泄水洞、渗沟、涵洞等。

4.崩坍、岩堆地区路基基底处理概要

在陡峭的山坡上，由于人工开挖、自然营力、风化、爆破的作用，岩（土）体从陡峭斜坡上向下倾倒、崩落、翻滚，破坏过程急剧、短促而猛烈，这个过程称崩坍。崩坍后的岩（土）体原来结构完全被打乱，互无联系，大石块抛落较远，土体集中，堆积而成倒石堆或岩堆。崩坍、岩堆地区路基处理的关键是边坡整治。路线应尽量避免通过原有的崩坍、岩堆地段。确有必要通过时，应探明其深度、范围、工程数量，采取清挖至原状土、设支挡结构物、桩基顶面打钢筋混凝土盖板、桩基与岩堆共同组成复合地基等措施。之后，按填土或填石路基施工。

五、冻土地区路基施工

（一）多年冻土地区路基施工

1.冻土的定义及特征

凡温度为负温或零温并含有冰的各种土均称为冻土。如果土中只有负温而不含冰则称为寒土。冬季冻结、夏季全部融化的土层称为季节冻土，季节冻结层又称季节作用层、活动层。冬季冻结，一两年内不融化的土层称为隔年冻层。冻结状态持续 3 年以上的土层称为多年冻土。

季节冻土地区的表层土夏季融化，冬季冻结，所以是季节冻土。根据其与下伏多年冻土的关系又可分为季节冻结层和季节融化层。其中，季节冻结层夏季融化，冬季冻结时不与多年冻土层衔接或其下为融土层；季节融化层是夏季融化，冬季冻结时与多年冻土完全衔接的土层。不衔接多年冻土属于前者，衔接多年冻土属于后者。

（1）多年冻土上限、下限及冻土厚度：在多年冻土地区，地表以下的一定深度内，每年夏季融化，冬季冻结，该层称为季节融化层。在该深度以下的土终年处于冻结状态，称为多年冻土。这一深度称为季节融化层底板或多年冻土上限。从地表到达这一深度的距离即为季节融化层厚度或多年冻土上限的埋深。

多年冻土层的底部称作多年冻土下限。下限处的地温值为0℃。下限以上为多年冻土，以下为融土。上限和下限之间的距离称为多年冻土厚度。

多年冻土厚度是多年冻土的重要标志之一，它反映着冻土的发育程度；冻土层的厚度对评价建筑物地基稳定性有着重要意义，是进行各类型建筑地层基础设计不可缺少的依据。多年冻土薄的在10m以下，最厚的多年冻土在大小兴安岭可超过100m。

（2）多年冻土分类：多年冻土按照含冰量可分为少冰冻土、多冰冻土、富冰冻土、饱冰冻土和含土冰层五类。

（3）多年冻土上限的类别及用途：多年冻土上限有天然上限和人为上限两种。天然状态的多年冻土，上限为其天然上限。因受人类活动影响改变了地温与气温的热交换条件，坏了天然条件下的热平衡状态导致多年冻土上限发生变化，变化后的多年冻土上限即为人为上限。

人为多年冻土上限决定了多年冻土融化下沉计算的下部界限，而天然上限往往是厚层地下冰的埋藏深度。在建筑物地基的融沉计算中应包括融沉和压密下沉两部分。

2.冻土地区的不良地质现象

多年冻土地区的不良地质对公路建设会产生多种病害。因此，有必要了解冻土地区不良地质现象的形成和发展，以便采取预防措施。多年冻土地区之所以会形成不良地质现象，在于多年冻土地区不仅气候严寒，而且有多年冻土层作为底板使地表水的下渗和多年冻土层上水的活动受到约束，这是冻土地区不良地质现象发生和存在的基本条件。多年冻土地区的不良地质现象主要有冰丘、冰锥、地下冰和冻土沼泽等。

3.冻土地区公路路基的主要病害

（1）融沉

融沉多发生在含冰量大的黏质土地段。当路基基底的多年冻土上部或路堑边坡上分布有较厚的地下冰层时，由于地下冰层埋藏较浅，在施工及使用过程中，因原来的自然环境条件发生变化，多年冻土局部融化，上覆土层在土体自重力及外力的作用下产生沉陷，造成路基变形。融沉主要表现在路堤向阳侧路肩及边坡开裂、下滑，路堑边坡溜坍等。

融沉现象一般以较慢的速度下沉，但有时也会经过一段时间的慢速下沉后，突发大量的沉陷，并使两侧部分地基土隆起。产生的原因是路基基底由于含冰量大的黏质土融化后处于过饱和状态，几乎没有承载能力，又因路堤两侧融化深度不同，使得基底形成一个倾斜的冻结滑动面。在外荷载的作用下，过饱和的黏质土顺着冻结面挤出，路堤瞬间产生大幅度的沉陷，通常称为突陷。这样的突陷危及行车的安全。

（2）冻胀

冻胀多发生在季节性冻结深度较大的地区及多年冻土地区，以多年冻土地区较严重。

其原因是地基土及填土中的水冻结时体积膨胀。水分的来源是地表水或地下水对路基土的浸湿。冻胀的程度与土质及土中的含水量高低有关。

（3）冰害

冰害主要是指在路堤上方出露地表的泉水，或开挖路堑后地下水自边坡流出，在隆冬季节随流随冻，形成积冰掩埋路基或边坡挂冰、堑内积冰等病害。冰害在严寒的多年冻土地区尤为严重。对路基工程来说，路堑地段较路堤地段冰害要多，其发生在浅层地下水发育的低填浅挖及零填挖地段的冰害危害程度更大。

（二）季节性冻融翻浆地区路基施工

季节性冻融地区的路基在冰冻过程中，土中的水分不断地向上移动，使路基上部的水分含量大大增加。春融期间，由于土基含水量过多，强度急剧降低，再加上行车的作用，路面会发生裂缝、鼓包、冒泥等现象，形成翻浆。翻浆主要发生在中国北方各省及南方的季节性冰冻地区。

翻浆的发生，不仅会破坏路面，妨碍行车，严重的还会中断交通。因此，在翻浆地区修筑公路，对水文及水文地质不良地段，要注意详细调查沿线地表水、地下水、路基土和筑路材料的情况，以便采取相应的处理措施。从设计与施工两方面综合考虑，防止翻浆的发生。

1. 防止翻浆的工程措施

（1）做好路基排水、提高路基：施工前应根据设计文件对翻浆地段进行现场详细调查，按水文、地质情况做好场地排水工作。施工中要切实做好排水设施，防止地表水或地下水浸入路基，使路基土体保持干燥，从而减轻冻结时水分聚流的来源。这是预防和处理地表水类和地下水类翻浆的首要措施。

提高路基，增大路基边缘至地下水或地面水位间的距离，使路基上部土层保持干燥，在冻结过程中不致因过分聚冰而失去稳定，是一种效果显著、简便易行、比较经济的常用措施，主要适用于取土方便的地段。在路线穿过农田地段，为了少占农田，则应与路面结构综合考虑，以确定合理的填土高度。

在有些中、重冰冻地区及粉性土地段，亦不能单靠提高路基保证道路的稳定性，要与其他措施配合应用。如在路堤填土高度受限制时，可在底槽做 1%~3% 的横坡，上铺 15~30cm 厚的砂垫层（砂的质量以不含粉砂和杂质泥土的粗砂为宜，不宜用细砂）进行处理。

（2）铺设隔离层：隔离层设在路基中一定深度（一般设在土基 80cm 左右）处，其目的在于防止水分进入上部路基，从而保持上部土基干燥，防止翻浆发生。隔离层按使用材料可分为透水性及不透水性隔离层两类。①透水性隔离层一般由碎石、砾石或细砂等做成，铺在聚冰层之下，其厚度为 10~20cm，并在其上面、下面反铺草皮，防止隔离层被淤塞。隔离层的底部应高出地表水面 25cm 以上，并向路基两侧做 3% 的横坡排水。②不透水隔离层分不封闭式（仅隔断毛细水）和封闭式（隔断毛细水和横向渗水）两种。

不透水隔离层，可用两层油毡中间涂沥青铺成，也可在压实整平的土基上直接喷洒一层厚度为 0.2~0.5cm 的沥青或渣油（用油量为 2~3kg/m）或在土基上铺筑 8%~10% 的沥青土或 6%~8% 的沥青砂（厚 2.5~3cm）；还可以在土基上直接铺塑料薄膜等。施工中严防石块及其他尖物刺穿不透水隔离层。隔离层在应用中应注意两点：①不透水隔离层适用于不透水路面的路基中，在透水路面下只能设透水隔离层。②在盐渍土地区的翻浆路段，隔离层深度应同时考虑防止盐胀和次生盐渍化等要求。

（3）设路基盲沟。①横向盲沟：公路纵坡大于 3% 的翻浆路段，当中级路基（岔道、辅道等）基层采用透水性材料时，为了及时排出透水层内的纵向水流和春融期土基化冻时的多余水分，可在路槽下设置横向盲沟。横向盲沟可设成人字形，纵向间距 10m 左右，深度 20~40cm，易淤塞，使用中应予注意。②排水渗沟：为了降低路基附近的地下水位，可采用有管渗沟。为了拦截并排除流向路基的层间水，可采用排水渗沟。

（4）换土处理。采用水稳性好、冰冻稳定性好、强度高的粗颗粒土换填路基上部，可以提高土基的强度和稳定性，这是高等级公路中常用的处理方法。换土主要适用于因路基标高限制，不允许提高路基，且附近有砂石材料可利用的路段及原有路基土质不良路段。换填厚度根据地区情况、强度要求及换填材料等因素确定，一般换填 40~60cm 路基就可以基本稳定。

（5）改善路面结构层。①铺设砂（砾）垫层。砂（砾）垫层对防治翻浆主要有以下三方面的作用：能隔断毛细水上升；融期具有蓄水（汇积从路基化冻土层中渗出的水量）、排水（利用暗管式路肩盲沟砂垫层中汇积的水排出去，以疏干土基）作用；在冻结和融化时，砂（砾）垫层可减轻路面冻胀和融沉。排除砂垫层中水分的方法，有整体式砂垫层和砂垫层与纵向或横向排水暗管配合的形式。暗管一般用石棉水泥管或陶瓷管。纵向暗沟中的水宜在纵断最低处，或在一定距离处设横向暗管排除。砂（砾）垫层适用于盛产砂石地区，可选用砂砾、粗砂或中砂为材料，要求砂中不含杂质、泥土。砂垫层路段两端，要用不透水的黏性土封闭，以防止翻浆的蔓延。施工时要洒适量水，用履带式拖拉机碾压，效果较好。透水性很差的黏性土路基一般不宜使用蓄水的砂（砾）垫层。②石灰土防治翻浆主要有两方面的作用：由于石灰土具有一定板体性，可使行车荷载传至土基上的应力分布均匀，并逐渐扩散减小；石灰土水稳性和冰冻稳定性均较好，力学强度也较高。③煤渣石灰土结构层：煤渣石灰土结构层防治翻浆的作用，与石灰土大致相同，水稳定性则比石灰土好。煤渣石灰土结构层厚度可根据地区经验确定，也可按现行路面设计方法计算确定，一般应不小于 15cm，配合比一般为：石灰：土：煤渣 =（8~10）：（37~20）：（55~70），做基层时用高限，做垫层时用低限。采用煤渣石灰土时应注意以下几点：煤渣石灰土可处理轻、中、重冰冻地区的各种翻浆，特别适于做基层，也适于做垫层；煤渣石灰土所用的土石灰的要求与石灰土相同，煤渣选用烧透的碎块，其中大于 2mm 烧结块的含量应超过 75%，大颗粒不得超过 3.5cm，细粉末不宜过多，施工要求与石灰土相同；煤渣石灰土不耐磨耗，其上必须加铺面层或沥青磨耗层。④防冻层：在冰冻地区，对高级或次高级路面除按强度设计路面结构层的厚度外，还需按允许冻胀值核算路面总厚度，使之不小于防冻层的厚度。当填土高度不能满足规范要求时，均需按允许冻胀值对路面结构层厚度进行核算。防冻层材料要求冰冻稳定性良好，在潮湿状态下冻结时也不产生明显冻胀。除路面面层外，还可采用炉渣、矿渣、加固土、砾石、碎石、贝壳和砂等。⑤水泥稳定砂砾结构层：水泥稳定砂砾结构层防治翻浆的作用与石灰土、煤渣石灰土类似，但其强度和水稳定性则较石灰土和煤渣石灰土均高。

2. 季节性冻融翻浆路基施工要点

（1）排水。在施工前应认真了解地形及水文地质情况，凡是可能危害路基强度稳定性的地表水和地下水，均应采取有效的临时性或永久性措施，使水能迅速排出路基之外。路床面应保持良好的排水状态。从路堑到路堤必须修建过渡边沟并无阻塞现象。各层填土应有路拱，表面无积水。施工后，各式沟、管、井、涵等能形成完整有效的排水系统。

（2）路堤。①原地面处理：水文地质不良和湿软地段，可视情况在地表铺填厚度不小于 30cm 的砂砾，或做局部挖除换填处理。当路堤高度低于 20cm 时（包括挖方土质路段）应翻松 30~50cm 并分层整形压实，其压实度为 93%~95%，高速公路、一级公路取高限，其他公路取低限。②填料：宜选用水稳性良好的土填筑路基。路基上部受冰冻影响部位，应选用水稳性和冻稳性均较好的粗粒土。冻土、非渗水性过湿土、腐殖土禁止用于填筑各层路堤。压实时的含水量应控制在最佳含水量 ±2% 范围内。③取土场：宜设置集中取土场，排水困难地段更宜集中取土。④碾压：各层表面碾压前应用平地机进行整平和修整路拱，切实控制松铺厚度以及填料的均匀性。压实后各层表面的平整度，用 3m 直尺测量，其间隙高度不宜大于 20mm，成形后路床顶面应进行弯沉检查或用不小于 20t 的压路机碾压检验有无软弹现象。⑤路堤高度：应满足路基能全年处于干燥或中湿状态。填筑低路堤时，应根据具体情况采取相应技术措施。⑥为使路基预拱度和稳定性满足设计要求，施工中各类冻融翻浆防治方法可综合选用。

（3）路堑。①石方段超挖回填部位应选用符合要求的石渣，压实度不得低于95%，禁止使用劣质开山料或覆盖土回填或找平。超挖部分不规则或超挖不超过 8cm 时，可用混凝土修补找平。整平层宜采用级配碎石或水泥稳定碎石、二灰稳定碎石类等半刚性材料。②土质路或遇水崩解软化的风化泥质页岩等类路堑的路床压实度如不符合规定要求，应翻松压实或根据土质情况，换填符合路床强度并满足压实度要求的足够厚度的好土，然后加强排水措施，如封闭路肩浆砌边沟等。③有裂隙水、层间水、潜水层、泉眼等路段，应分别采取切断、拦截、降低等措施，如加深边沟和设置渗沟、渗管、渗井等。

第五节　路基防护与支挡设施

一、路基防护与支挡

（一）路基防护与支挡工程类型

路基防护与支挡工程中，一般把防止风化和冲刷，主要起隔离、封闭作用的措施称为防护工程。防护工程不能承受外力作用，所以要求路基本身必须是稳定的。把防止路基或山体因重力作用而滑移，地基承载力不足而沉陷，主要起支撑和加固作用的结构物称为支挡工程。它们当中有些措施往往兼有防护与加固作用。路基防护与支挡工程设施，按其作用不同可分为边坡坡面防护、冲刷防护及支挡建筑物三大类。

1. 坡面防护

坡面防护主要是保护路基边坡表面，免受雨水冲刷，减缓温差及温度变化的影响，防止和延缓软弱岩土表面的风化、碎裂、剥蚀演变进程，从而保护路基边坡的整体稳定性，在一定程度上还可美化路容，协调自然环境。常用类型有植物防护、浆（干）砌片石及混凝土预制块、坡面处置及综合防护等。

2. 冲刷防护

冲刷防护用于防护水流对路基的冲刷与淘涮，可分为直接防护和间接防护等。直接防护类型有植物防护、砌石防护与加固等。间接防护主要指设置导流结构物，如丁坝、顺坝、防洪堤、拦水坝等，必要时进行疏浚河床改变河道，以改变水流方向，避免或减缓水流对路基的直接破坏作用。

3. 支挡建筑物

支挡建筑物用以防止路基变形或支挡路基本身或山体的位移，以保证其稳定性，常用的类型有挡土墙、土垛、石垛及浸水挡土墙等。

（二）植物防护施工

进行公路边坡坡面防护，必须考虑当地的气候特点、边坡类型和工程经济特点。植物的选择应根据植物学特性，考虑公路结构、护管条件、环境条件等。优先选择本地区的绿化植物、乡土植物和园林植物等；注重种类和生态习性的多样性；与附近的植物和风景等诸多条件相适应；兼顾近期和远期的植物规划，慢生和速生种类相结合；花、枝、叶形态美观的植物。植物的配置应考虑如下条件：根据季节的变化要求，使用不同季节相变化的植物，丰富公路景观。南方一般地区植物防护种类宜做到花常开、叶常绿；北方有条件地区宜做到三季有花、四季常绿；有条件地区植物防护的空间配置在平面和立面的基础上，可采用自然式和规则式；草地与周围植物应根据景观、功能要求，利用对比等手法进行配置。

边坡的植物防护配比一般应通过种子发芽率试验和种植试验确定，种植试验一般分路堤边坡和路堑边坡。其中路堑边坡又可分为阳坡土质、阴坡土质、阳坡土夹石、阴坡土夹石、缀花边坡及纯石质边坡进行不同配比的试验，根据试验边坡植物的生长情况确定施工配比。

1. 植物防护的技术要求

（1）公路边坡植物防护应与主体工程相互协调。①路堤或路堑边坡，考虑高度和坡度，利用护坡道、平台、碎落台，在满足土壤和灌木条件的前提下，进行植物防护。②一般坡度缓于1：1.5的路基边坡可种植乔木，大乔木种植坡度缓于1：4，中乔木种植坡度缓于1：3。③坡度较陡、土质不佳时，可设计支架或砌筑植树坑，混凝土、砌石或喷射砂浆的边坡，可在边坡脚挖筑种植坑、槽填客土或坡面预留坑、槽填客土种植。

（2）土质或以土质为主的边坡，宜用灌木或混播抗逆性强的草种，并可多选用豆科植物进行植物防护，通过管护逐步稳定。

（3）种植香根草防护的路堤边坡，边坡平台宜选择灌木或小乔木植物防护。

（4）混凝土、砌石或喷射砂浆的边坡，可选择攀缘或悬垂的植物以及抗逆性强的灌木或小乔木植物防护。

（5）土夹石边坡，应结合防护工程，改善水肥条件后，用灌木或草本植物防护。

2. 植物防护施工时间的选择

（1）边坡植物防护需在土建工程完成后进行：在土建施工完成并清除场地废物和其他有碍植物生长的杂物，边坡平整后开始边坡植物防护施工，上边坡植物防护应在边坡工程治理稳定后进行。

（2）施工季节宜在春季、雨季、秋季：春季在3~4月；雨季在5~9月；秋季在10~11月。

（3）植物防护施工应根据植物特性适时种植。①耐寒树种秋季落叶后种植为宜；耐寒性较差或珍贵的边缘树种宜在春季种植。②常绿树种、针叶树类宜在春季或雨季种植；常绿阔叶树类在春季、雨季种植效果好。③草地建植：采用营养体繁殖的，适宜时间是春末、夏初和深秋，以雨季为好。播种的时间，一般冷季型草以秋季为好，暖季型草宜在春末夏初。

3. 植物防护的施工流程和施工方法

（1）公路边坡播种植物防护的施工流程及施工方法。公路边坡喷播播种防护的工艺流程为：①坡面整理：进行喷播的场地废物和其他有碍植物生长的杂物清除和边坡平整，填平低洼。草地种植前，宜打碎土块至30mm以下，不得超过60mm。施用底肥以用有机肥为主，均匀撒布或条施、穴施，并与土壤充分拌和。对土壤较硬、节理发育差、种子着床困难的边坡，采用挖沟、挖槽、打孔等技术进行处理，以保证种子的附着及生长；对较贫瘠的坡面施以底肥，提高植物对贫瘠土壤的适应能力。对拱形（或人字形）护坡工程的坡面需做成行距 15~20cm、深 5~8cm 的横沟，六角空心砖坡面只松土不做槽。对不适应植物生长的边坡土壤，进行换土处理，所换土壤必须符合植物防护技术规范中对土壤的要求。对于可能产生径流冲刷的坡面，应采取截排水措施，避免径流对种植坡面的冲刷，影响种植效果。②种子处理：种子的处理是影响植物生长最直接的因素。根据各种种子生长特性，采取不同的处理方法。如白三叶，提前 24 小时进行根瘤接种，使根瘤的复活及附着繁殖较为充分；对部分苗木种子，如车桑子、刺槐等要提前用温水（一般为 50℃ 左右的温水）或 5% 的氢氧化钠溶液浸泡 12 小时，做催芽处理；如苗木种子壳较硬难以出苗，应进行种子的破壳处理，以保证灌木的正常出苗。③施工：由于在初期，树苗出芽、生长一般较草的出芽、生长速度慢，如果树、草同时播种，出苗初期的阳光、养分等被草吸收，树苗生长速度慢，甚至死亡。为此，对于树草混播的植物防护应采用两步施工，即先点播，后喷播。采用点播法种植树种，采用喷播法种植草种。对于土质松散，急需快速植物防护的边坡，可采取先喷播、后补播的工艺流程。无论采用哪一种施工方法，都需施足底肥。

点播：种子种植一般每㎡ 4~6 穴，穴深 3~5cm，穴宽肥料与种子以 2∶1 的体积充分混合后，一次点播到穴位内，每穴点播种子 5~10 粒后立即覆土，等小苗长到 2~3cm 高后，即可实施喷播。

喷播：公路边坡坡面一般采用液压喷播法进行植物防护施工，喷播的配比按设计和试验结果（发芽率试验、喷播试验的植物生长情况）进行，种子配备应按两天施工用量提前一天配备好，并挂好标签，以免混用。

喷播程序如下：配料—注水—搅拌—喷播—覆盖。

配料是在喷播车料箱注水的同时，首先加入复合肥和纤维材料（如锯木面等），在注水到约 3/5 时加种子、黏结剂（如胶粉）、保水剂（如纸浆等）以及土壤防蚀剂，注满水后搅拌 15min 即可用高压水把混合好的液体均匀喷播在坡面上。喷播施工后及时覆盖无纺布，用 U 形铁丝、铁钉、木（竹）钉间隔 60~100cm 把无纺布固定在坡面上。如果是一次施工法，即树种和草种同时一次喷播，由于灌木种子的种皮较厚，应在喷播前用 50℃ 温水浸泡 12 小时（或进行破壳处理，或在 5% 的氢氧化钠溶液中浸泡 12 小时）后再与其他种子拌和，以提高发芽率。但应注意出芽不宜过长，否则在喷播时幼芽易损伤，反而影响成苗率。

（2）公路边坡直播播种防护的施工流程及施工方法。①应采用新鲜的种子，其纯度、重量、含水量、净度和发芽率等应合格。②发芽困难需处理后播种的草种，应进行催芽处理。常用的处理方法有：冷水浸种、机械处理、药物催芽、高温催芽等。

③播种以撒播为主，还可以采用开沟条播、穴播等方法。播种均匀，播种后应及时覆土滚压，或用齿耙拉松表土，埋没种子1~2cm。④设计的播种量应根据现场情况适当调整。种子发芽率高，填土湿润、疏松、建坪时间充足的，播种量可适当减少；相反，则相应增加。⑤播种后，为保持土壤水分、调节土温和抑制其他杂草，宜覆盖无纺布，苗高6~8cm后可适时揭布。⑥出苗前后应重点进行水肥管理，出苗一周内，尤其要保持土壤水分，并可采用复合肥追肥增加苗势。

（3）三维植被网垫植草施工流程及施工方法。三维植被网垫植草法，种子均匀且用量省，降雨或浇水时不易被冲刷、流失，防止水土流失效果明显。三维植被网垫植草可按以下步骤施工：清理边坡—整平坡面—润湿坡面—铺网垫—用竹（木）钉固定网垫—撒细土—播种—撒土覆盖—浇水养护—后期管理。

4. 植物防护的施工质量控制

（1）确定施工质量控制点。①喷播的施工气候；配比、称量的准确性，搅拌的均匀性，灌木种子的催芽率，喷播的均匀性、覆盖固定的牢固性。②栽植的树苗质量（树根的完整性、分级情况）；运输对树苗的损伤保护；坑距、坑的尺寸，风大地段的树苗固定情况，底肥施作情况。③葡萄茎繁殖法的根茎长度、种植时的出露情况。④两步施工法的施工间隔。⑤揭布时机。⑥施肥量施肥时的气候。⑦浇水的时机。

（2）公路边坡植物护坡质量检测要求。①成活率的指标。②边坡喷播植物、灌木成活率指标。③覆盖率的指标。

（三）圬工防护施工

1. 喷浆、喷射混凝土防护

喷浆、喷射混凝土防护适用于易风化和坡面不平的岩石挖方边坡。喷浆、喷射混凝土的水泥用量较大，可用于重点工程或重点防护地段。根据实践经验，比较经济的砂浆是用水泥、石灰、河沙及水四种原材料，厚度一般为1~3cm（喷浆）或7~15cm（喷射混凝土）。对较陡或易风化的坡面，可以在喷射混凝土防护之前先铺设加筋材料，加筋材料可以用铁丝网或土工格栅。喷浆、喷射混凝土坡面应设置泄水孔，一般按2~3m间距和排距设置。

（1）喷浆、喷射混凝土防护的施工流程：喷浆、喷射混凝土防护一般按下列工序和步骤进行：施工前准备—测量放样—清理坡面—准备水泥浆或喷射混凝土—预留泄水孔—（打锚孔—清孔—插锚杆—压力灌浆—检查锚杆抗拔力—挂网）—（预留伸缩缝）—喷浆或喷射混凝土—（切缝机切缝—封缝）。

（2）喷浆、喷射混凝土防护的施工方法：①施工前，要清除坡面的活岩、虚渣、浮土、草根等杂物，坡面如有较大的裂缝、凹坑，应先嵌补牢实，使坡面平顺整齐；岩体表面要冲洗干净，土体表面要平整、密实、湿润；对坡面渗水进行处理。②材料要符合设计规定，不得使用三无产品；钢筋不得有污锈。③泄水孔通常采用预留的方法形成，即在喷浆、喷射混凝土之前将硬塑料管或PVC管或钢管或其他地方性材料做成的管子（如竹筒等）放置在泄水孔设计位置，泄水管应外倾、固定，用纸团或木桩堵孔，然后进行喷浆施工，施工完毕后，除掉堵塞排水管的纸团或木桩就可以形成泄水孔。也可以在坡面喷浆、喷射混凝土之后采用风钻钻凿泄水孔。④每10~15m设置一条伸缩缝，用浸沥青木板或塑料泡沫放置在伸缩缝位置并加以固定，然后进行喷射施工形成伸缩缝；也可以在喷射施工完成后用切割机切割形成伸缩缝。等混凝土凝固后用熔化沥青浇筑封闭伸缩缝。⑤在伸缩缝的下三角位置，可用边长为30~50cm的木板形成木模，在这个三角形木模内，不喷浆、喷射混凝土，用作排水，填土后即可进行绿化。⑥喷射应自下而上进行，喷嘴要垂直坡面，并经常保持1m左右的距离。当混凝土厚度大于7cm时，宜分两层喷射，⑦混凝土C15或C20，配合比（水泥∶沙∶碎石）为1∶2∶2~1∶2∶3，水灰比1∶0.45~1∶0.55。速凝剂用量视品牌，经试验确定。⑧喷射厚度应均匀，喷射次数及厚度应根据岩体风化、表面破碎情况而定；一般喷2~3次即可，厚度为1~3cm（喷浆）或7~15cm（喷射混凝土）。⑨喷射告一段落后，要进行全面检查，如发现空白点或薄层处，应进行补喷。⑩应采取多种方法保证喷层厚度，如用预嵌标钉、刻槽和激光断面仪等方法检查，每50m长度的边坡，至少应抽检一个断面的上、中、下三处厚度，看其是否符合设计，误差不得大于10%。

（3）喷浆、喷射混凝土防护施工的质量控制与检查：①喷浆、喷射混凝土施工前，坡面应稳定、平整，并清理干净和处理好坡面渗水，否则不得进行施工；②使用规定的原材料和按规定的方法准备材料；③喷浆或喷射混凝土前，应按2~3m间距和排距放置排水管形成排水孔，或喷射施工完毕后钻凿排水孔；④检查伸缩缝模板的位置准确到位后，才能进行喷射施工；⑤材料配比应符合设计要求，并随时检查配比称量和留足试件进行强度试验；⑥喷射施工中，用预嵌标钉、喷层凿取试件等方法标示检查、控制喷层的厚度并不得有漏喷；⑦喷浆、喷射混凝土防护施工的质量检查内容及方法。

2. 勾缝与灌浆防护

勾缝适用于比较坚硬，且裂缝多而细的岩石边坡，防止水分浸入岩层内造成病害。灌浆防护适用于坚硬，但裂缝较宽和较深的岩石边坡，借砂浆的胶结力，使坡面表层成为一个整体的防水层。

（1）勾缝与灌浆防护的施工流程。勾缝或灌浆施工可以按以下步骤进行: 清理坡面—拌制砂浆或混凝土—冲洗裂缝—勾缝或灌浆—打磨、抹平—养生。

（2）勾缝与灌浆防护的施工方法有以下三种。①施工前应清除坡面的活岩、虚渣、浮土、草根等杂物，将缝内冲洗干净，并依缝宽和缝深分别按下列要求施工：岩体较坚硬，不容易风化，节理多而细者，宜用勾缝，砂浆应嵌入缝中与岩体牢固结合；节理、裂缝宽度较大者，宜用砂浆灌缝，可用1∶4或1∶5（质量比）的水泥砂浆捣插密实，必要时可用压浆机灌注，灌浆应灌满至缝口抹平；缝宽大而深时，宜用水泥混凝土灌注，可按体积比为 1：3：6 或 1：4：6 配合比配料灌注振捣密实，灌满至缝口抹平。②在坡面有渗水、泉水的位置应留排水口，在每台坡脚每 2~3m 处也应留一个排水口。排水口的施工是先留一条或几条节理面，长 5cm 左右，不进行灌浆或勾缝。③补缝后 3~5min 进行打磨、抹平，使表面光滑，并用麻袋或青草将缝覆盖，洒水养生。

（3）勾缝与灌浆防护施工的质量控制与检查：①施工前坡面应稳定、平整，并清理干净和处理好地下水，否则不得进行勾缝或灌浆施工；②使用规定的原材料和按规定的方法准备材料；③灌浆施工过程中，应检查控制灌浆孔的间距、深度和浆液配比、灌浆压力；④注意预留排水口；⑤施工完毕后，必须注意养护；⑥勾缝、灌浆施工的质量检查内容及方法。

3.护面墙

在各种软质岩层和较破碎岩石的挖方边坡，为免受大气、降雨因素影响而修建的护墙，称为护面墙。施工方法有干砌和浆砌两种，多用于易风化的片岩、绿泥片岩、泥质页岩、千枚岩及其他风化严重的软岩挖方边坡防护。

（1）护面墙的构造与布置：护面墙除自重外，还能承担部分墙后土体压力，一般要求挖方边坡能自身稳定。护面墙每 10m 长设置一道伸缩缝（或沉降缝），缝宽 2cm，嵌以沥青麻絮（如果不是浸水护面墙，可不进行封缝处理），并每隔 2~3m 设置 5cm×5cm 或 10cm×10cm 或 5cm×10cm 的泄水孔。公路用地紧张时，护面墙通常与边沟直接相连。当采用梯形断面边沟时，护面墙的面墙可作为边沟的外侧沟帮；当采用带盖板的矩形断面边沟时，边沟外侧沟帮仅 17cm 宽，且与护面墙相连，这种护面墙有时又叫带边沟的护面墙。护面墙基础应置于稳定的地基上，埋深应根据地质条件确定，在冰冻地区应埋置在冰冻线以下不小于 0.25m。护面墙的前趾低于边沟底面。墙背顶应用浆砌石或砂浆或黏土填埋密实，以防止雨水渗入墙后引起墙体破坏。护面墙多采用浆砌片石结构，在缺乏石料的地区，也可采用现浇混凝土或预制混凝土块砌筑。混凝土不应低于 C15，砌筑用砂浆不应低于 M5，寒冷地区不应低于 M7.5。在石质较好的路段，护面墙墙身中间可以不铺砌，留出拱形、圆形、方格形等空隙，以节省浆砌施工，并可以用作排水、绿化等。

（2）护面墙的施工流程。护面墙可按下面的工序和步骤进行施工：施工前准备—刷坡—测量放样—基坑开挖—基坑检查—基础砌筑—基础检查—墙身砌筑（预留泄水孔）—墙顶抹面—墙身勾缝—墙背回填（泄水孔处设置反滤层）—交工验收。

（3）护面墙的施工方法有以下 6 种。①浸水路基处的墙体应选择在枯水季节施工。②护面墙施工前，应清除表面松动岩石、浮渣，边坡能够自稳。③护面墙应挂线砌筑施工，墙背要紧贴坡面，不得干填或乱填碎石块。④护面墙每 10m 长或基础土质有变化时应设置伸缩缝（或沉降缝），缝宽 2cm，施工时可在伸缩缝（或沉降缝）处放置厚

2cm 塑料泡沫；有过水要求的护面墙，应用沥青麻丝填缝，以防挡墙外面的水进入坡体内。⑤护面墙每隔 2~3m 设 5cm×5cm 或 10cm×10cm 或 5cm×10cm 的方形泄水孔，或直径为 5cm 的圆形泄水孔，泄水孔必须高于原地面线 20cm（或在洪水位以上 30cm），泄水孔必须向外倾斜、直顺、无堵塞、无孔洞漏水现象，泄水孔进水口要设置反滤结构。⑥泄水孔的反滤结构可以采用如下 3 种形式：粒料反滤层；反滤土工布包裹砂反滤层；无砂混凝土反滤层。砂做反滤层施工时，以进水口为中心，形成边长为 30cm 的进水口集料反滤层；反滤土工布包裹砂施工，是用土工布做成外形比泄水孔稍大的口袋，用 2~5mm 的砂填装后，塞进泄水孔就可以形成反滤结构；无砂混凝土反滤施工是采用规定的砂粒按《公路路基施工技术规范》的规定拌和后，用无砂混凝土封堵泄水孔的进水口，封闭长度为 5~10cm，即可形成无砂混凝土反滤结构。

对于严重潮湿或严重冻害的土质边坡，在未进行排水前，不宜直接砌筑护面墙，而应该先排水。排水方法可采用塑料管、PVC 管、竹筒等将坡体水导出，然后再砌筑护面墙。在护面墙达到坡体出水处时，应该设置泄水孔，等该泄水孔的砌筑砂浆和抹面砂浆凝固后才可用泄水孔导水，或直接把排水管砌筑在墙体中，排水管就作为泄水孔。

泄水孔的施工方法是：砌筑护面墙时，在泄水孔位置处的墙体上先留 5cm 宽或 10cm 宽的沟槽，并进行抹面或勾缝，在槽上方盖上较平整的片石，然后将编织袋或水泥包装袋（可防止砂浆漏入预留沟槽内）铺在片石上，再抹砂浆，接着砌筑上面的墙体。这种方法能保证排水孔不堵塞。在护面墙上设置泄水孔，也可在砌筑时直接将塑料管、PVC 管、竹筒埋置在泄水孔位置处作为泄水孔。

4. 干砌片石护坡

干砌片石护坡适用于土质、软岩及易风化、破坏较严重的填挖方路基边坡，以防止雨、雪水冲刷。在砌面防护中，宜首选干砌片石结构，这不仅节省投资，而且可以适应较大的边坡变形。如在冻胀严重的路段，干砌片石就显得特别优越。对土质填方路段也能适应路基边坡沉陷变形。但干砌片石护坡受水流冲击时，细小土颗粒易被流水冲刷带走，而引起较大的沉陷。

（1）干砌片石护坡的构造与布置：常用的干砌片石结构分单层铺砌和双层铺砌两种，单层铺砌结构厚 0.25~0.35m，双层铺砌下层厚 0.15~0.25m，上层厚 0.25~0.35m。为防止坡面土层被水流冲出和减轻漂浮物的撞击力，应在干砌防护下面设置碎石或砂砾构成的垫层（反滤层）。垫层一般厚度为 0.1~0.2m，在一定条件下，也可以用反滤土工布代替。干砌片石护坡坡脚应视土质情况，设置不同埋深的基础。基础的砌筑有两种：蝮石铺砌基础和抛石、堆石基础。被防护的边坡自身应符合稳定性的要求，一般坡率应大于 1∶1~1.0∶1.5。

（2）干砌片石护坡的施工流程：干砌片石护坡可按下列工序及步骤进行施工：施工前准备—刷坡—测量放样—基坑开挖—基坑验收—基础砌筑—基础检查—墙身砌筑—

墙顶封面—交工验收。

（3）干砌片石护坡的施工方法：①尽量安排在枯水季节施工。②石料应为新鲜或微风化、坚硬、有棱角和不会冻结而破裂的岩石，其重力密度不应小于 $24kN/m^3$，在经常浸水的部位，用不易风化岩石。③在防护的边坡上铺石应设垫层，垫层材料最好为碎石或砾石。当边坡材料符合垫层要求时可不设垫层。④铺砌应设置基础，在冲刷情况比较严重时，应设浆砌片石脚墙基础。⑤铺砌应自下而上进行，不损坏垫层；石块应栽砌，大面与坡面垂直，厚度与坡面平行，各石块应彼此镶紧，各砌层间应错缝砌筑。⑥铺石护坡最好在新筑路堤沉实或经可靠的夯实以后再施工。⑦在受水后易发生湿陷而引起较大变形的黄土、石膏地区不宜采用干砌片石防护。

（4）干砌片石护坡施工的质量控制与检查：①施工前，坡面应稳定、平整，并清理干净和处理好地下水，否则不得进行施工；②使用规定的原材料，规格尺寸和强度不符合要求的石料不得用作砌筑；③基础开挖必须到位，验收合格后方可进行墙体砌筑，否则不得进行墙体的砌筑，严禁超挖回填虚土；④石块应栽砌，大面与坡面垂直，厚度与坡面平行，各石块应彼此镶紧，错缝砌筑；⑤随时监督检测砌筑厚度，保证护坡厚度；⑥干砌片石的质量检测项目和方法。

5.浆砌片石护坡

浆砌片石护坡是公路建设，特别是高速公路建设中常用的工程防护方法。浆砌片石护坡是用水泥砂浆将片石空隙填满，使砌石成为一个整体，以保护坡面不受外界因素（水、大气等）的侵蚀，所以比干砌片石有更高的强度和稳定性。

（1）浆砌片石护坡的构造与布置：浆砌片石护坡采用的水泥砂浆一般为 M5，受水流冲刷或寒冷地区应采用 M7.5 或 M10；浆砌片石护坡所使用的石料应是不易风化的坚硬岩石或大块卵石，厚度为 0.25~0.5m；护坡底面铺设厚的碎石或砂砾组成的垫层，在一定条件下，也可以采用与垫层等效的反滤土工布代替；浆砌片石护坡应视土质情况设置砌石基础，其埋深应为护坡厚度的 1.5 倍以上（在冰冻地区设置在冰冻线以下 0.25m）；浆砌片石护坡应每隔 10~15m 或地质条件发生变化处设置宽 2cm 的伸缩缝（或沉降缝），并按 2~3m 间距预留泄水孔。

（2）浆砌片石护坡的施工流程。浆砌片石护坡可按下列工序及步骤进行施工：施工前准备—刷坡—测量放样—基坑开挖—基坑验收—基础砌筑—基础检查—护坡铺砌—护坡勾缝—墙顶封面—交工验收。

（3）浆砌片石护坡的施工方法有以下四种。①采用人工或机械开挖基础，基础应埋入冲刷线以下 0.5~1.0m，否则须有防止冲刷基础措施；在寒冷地区应埋入冰冻线以下 0.25m。②墙身部分每隔 2~3m，设 5cm×5cm 或 10cm×10cm 或 5cm×10cm 的方形泄水孔或孔径为 5cm、10cm 的圆形泄水孔一个，上下两排错位布置，最好呈梅花形分布。泄水孔施工可以采用如下方法：在泄水孔位置处先砌成 5cm×5cm、10cm×10cm 或 5cm×10cm，向外倾斜 3% 的沟槽，并用砂浆抹平，然后干砌沟槽顶面，用水泥袋、塑料布等工地废旧薄层材料盖住沟槽顶的干砌片石后，接着砌筑上面的墙体；在泄水孔位置处放置直径为 5~10cm 的 PVC 管、竹筒等材料，并向外倾斜 3% 的泄水管，然后继续砌筑上面的护坡。如果需要节省材料，重复利用 PVC 管、竹筒，应该在砂浆初凝后慢慢抽出 PVC 管、竹筒等材料，并用清水冲洗干净，以备后面的泄水孔施工之用。③泄水孔的进水口需设置反滤结构，其施工方法同护面墙反滤层。④沿护坡及墙身长度每隔 10~15m 设沉降缝一道；基底土质有变化处，亦需设置沉降缝，缝宽 2cm。在施工过程中可在沉降缝设计位置处先放置 2cm 厚的泡沫板，以保证沉降缝的直顺度。当边坡为浸水坡面时，缝内应填塞沥青麻絮，防止河水倒灌入路基内，使路基湿软而降低强度和产生淘刷。

6. 拱形骨架植草护坡

拱形骨架植草护坡多用于稳定的土质挖方路基边坡的防护。土质边坡一般采用液压喷播植草进行绿化施工；对风化严重的石质边坡，可在骨架中间透空部分填土后再进行种草、种树等植物防护工作。根据拱形骨架所采用的材料不同，又可分为浆砌片石拱形骨架植草护坡、现浇混凝土拱形骨架植草护坡、预制混凝土块拱形骨架植草护坡等类型。

（1）拱形骨架植草护坡的构造与布置：护坡坡度与路基边坡坡度一致，一般在 1：1 左右，每一台护坡垂直高度为 8~10m，沿坡长每隔 10~15m 设置一条伸缩缝（沉降缝），缝宽 2cm 左右，一般设置在拱肋的拱顶处，伸缩缝（沉降缝）上下对齐。拱形护坡的拱肋通常设计成 L 形断面，通过肋条上的拦水场拦截汇集坡面径流，以减少雨水对坡面的冲刷。在路堤坡面的防护中，为了克服拦水带设置在路面容易形成积水的问题，取消拦水带，采用在最高一道护坡肋上的空格用砂浆或浆砌封面。

（2）拱形骨架植草护坡的施工工艺。①浆砌片石拱形骨架植草护坡的施工流程：施工前准备—刷坡—全站仪定位放样，拱形模放样—人工开挖竖肋和拱肋沟槽—验槽—铺砌竖肋沟底—铺砌竖肋沟帮—支拱形铁皮模—砌筑拱肋—竖肋和拱肋抹面—骨架中间回填客土—植草绿化。②预制混凝土块拱形骨架植草护坡的施工流程：预制混凝土块拱形骨架植草护坡的施工流程及步骤同浆砌片石拱形骨架植草护坡。

（四）沿河路基防护施工

沿河路基防护包括坡岸防护、导流构造物防护和其他防护。各种防护都必须加强基础处理和圬工质量，防止水流冲刷，保证路基稳定。沿河路基防护工程基础应埋设在局部冲刷线以下不小于 1m 或嵌入基岩内；导流构造物施工前，根据现场具体情况采取相应措施，避免冲刷农田、村庄、公路和下游路基。

1. 抛石防护

当水流流速为 3.0~5.0m/s 时，宜采用抛石防护。抛石防护类似于陡坡路堤在坡脚处设置石垛。抛石体边坡坡度和石料粒径应根据水深、流速和波浪情况确定，石料粒径应大于 300mm，宜用大小不同的石块掺杂抛投；坡度应不陡于抛石石料浸水后的天然休止角。抛石厚度宜为粒径的 3~4 倍，用大粒径时，不得小于 2 倍。流速大、水很深、波浪高的路段，抛石应采用粒径较大的石块。抛石石料应选用质地坚硬、耐冻且不易风化崩解的石块。

2. 石笼防护

当水流流速大于 5.1m/s 或过多压缩河床，造成上游壅水时，宜用石笼防护或设置驳岸、浸水挡土墙等支挡结构物。石笼防护主要用于缺乏大石块的地区，它是用铁丝编织成长方体或圆柱体框架，内装石料，设置在坡脚处。石笼形状根据设计要求或不同情况和用途选用，笼内填石选用浸水不崩解和不易风化的石料，粒径不小于 4cm，一般为 5~20cm；外层石料要求有棱角，内层用较小石块填充。编制石笼时，应注意各部分尺寸正确，以利于石笼与石笼之间紧密连接。安置石笼时，用于防止冲刷淘底的石笼，应与坡脚线垂直，且堤岸一端固定；用于防止堤岸边坡冲刷时，则垒码平铺成梯形，单个石笼的大小以不被相应速度的水流冲动为宜，铺设时须用厚 0.2~0.4m 的碎（砾）石垫层铺平，底层各角可用铁棒固定于基底。

3. 浸水挡土墙和土工膜袋防护

（1）浸水挡土墙施工应符合下列规定：①浸水挡土墙应选用坚硬未风化且浸水不崩解的石块；②应注意浸水挡土墙与岸坡的衔接。

（2）土工膜袋防护施工应符合下列规定：①按设计要求整平坡面，放线定位，挖好边界处理沟；②膜袋铺展后应拉紧固定，防止充填时下滑；③充填材料应根据设计要求和实际情况合理选用，充填应连续；④需要排水的边坡，应适时开孔设置排水管；⑤膜袋顶部宜采用浆砌块石固定，有地面径流处，坡顶应采取防护措施，防止地表水侵蚀膜袋底部；⑥岸坡膜袋底端应设压脚或护脚棱体，有冲刷处应采取防冲措施；⑦膜袋护坡的侧翼宜设压袋沟；⑧膜袋与坡面间应按设计要求铺设好土工织物滤层。

二、路基排水设施施工

路基排水设施可以及时排出地表径流，降低土基湿度，保持路基常年处于干燥和中湿状态，使路基工作区内的土基含水量降低到一定的范围内，确保路基路面具有足够的强度与稳定性。

（一）路基排水的一般要求

路基内的水源来自地表水和地下水。地表水主要是由降水形成的地面径流，地下水是从地面渗入并滞留于上层的滞留水和地下含水层内的潜水。路基排水的目的是通过采取有效措施，使路基内含水量保持在允许范围内，保证路基经常处于稳定状态，满足使用要求。

1. 流向路基的地表水和地下水，需在路基范围以外的地点设置截水沟与排水沟或渗沟进行拦截，并引离至指定地点，路基范围内的水源，分别采用边沟、渗沟、渗井和排水沟予以排除。路基排水一般向低洼一侧排除，必须横跨路基时，尽量利用拟设的桥涵，必要时设置涵洞、倒虹吸或渡槽；水流落差较大时，应在较短段落上设置跌水或急流槽。

2. 对于明显的天然沟槽，一般宜依沟设涵，不必勉强改沟与合并。对于沟槽不明显的漫流，应在上游设置束流设施加以调节，尽量汇集成沟导流排出。对于较大水流，注意因势利导，不可轻易改变流向，必要时配以防护加固工程，进行分流或束流。为了提高截流效果，减少工程量，地面沟渠宜大体沿等高线布置，尽可能使沟渠垂直于流水方向，且应力求短捷、水流通畅。沟渠转弯处要求以圆曲线相接，以减小水流的阻力。排水沟的出水口应设置急流槽将水流引出路基或引入排水系统。

3. 各种排水设备必须地基稳固，不得渗漏或滞留，并具有适当纵坡，以控制与保持适当的流速。沟槽的基底与沟底沟壁，必要时予以加固，不得溢水渗水，防止损害路基和引起水土流失。

4. 施工前，应校核全线排水设计是否完善、合理，必要时应提出补充和修改意见，使全线的沟渠、管道、桥涵组合成完整的排水系统，完成临时排水设施。临时排水设施应尽量与永久排水设施相结合，排水方案应因地制宜、经济实用。施工期间，应经常维护临时排水设施，保证水流畅通。

5. 路堤施工中，各施工作业层面应设 2%~4% 的排水横坡，层面上不得有积水，并采取措施防止水流冲刷边坡。

6. 路堑施工中，应及时将地表水排走。

（二）常规排水设施

路基路面排水设施可分为地上的排水设施和地下的排水设施。地面排水设施有边沟、截水沟、排水沟、跌水、急流槽、倒虹吸、渡水槽、蒸发池等，它们分别设置在路基的不同部位，共同形成完整的路基地面排水系统。各类地表排水设施的沟槽顶面应当高出设计水位 0.1~0.2m，地表排水设施的断面形状和尺寸应满足排泄设计流量的要求，不产生冲刷和淤积。地表排水沟渠宜短不宜长，以使水位不过于汇集，做到及时疏散，就近分流，同时，也应兼做其他流水的用途。

1. 边沟

挖方路基以及填土高度低于路基设计要求的临界高度的路堤，在路肩外缘均应设置纵向人工沟渠，称为边沟。其主要功能在于排除路基用地范围内的地表水，包括路面、路肩和边坡的流水。边沟断面形式主要有梯形、矩形、三角形、流线型等，按公路等级、所需排水设计流量、位置和土质或岩质选定。

2. 截水沟

截水沟是设置在挖方路基边坡坡顶以外或山坡路堤上方的适当位置，用以拦截路基上方流向路基的地表水，减轻边沟的水流负担，保护挖方边坡和填方坡脚不受流水冲刷和损害的人工沟渠。它是多雨地区、山岭和丘陵地区路基排水的重要设施之一。截水沟设在路堑坡顶或路堤坡脚外侧，要结合地形和地质条件沿等高线布置，将拦截的水顺畅地排向自然沟谷或水道。降水量较少或坡面坚硬和边坡较低以致冲刷影响不大的地段，可以不设截水沟；反之，若降雨量较大，且暴雨频率高，山坡覆盖层松软，坡面较高，水土流失较严重的地段，必要时可设置两道或多道截水沟。截水沟的横断面形式一般为梯形，沟壁边坡坡度因土质条件而异，一般采用 1∶1~1∶1.5。沟底宽度和深度不小于 0.5m，地质或土质条件差，有可能产生渗流或变形时，应采取相应的防护措施。截水沟下游应有急流槽，把路堑或路堤坡面截水沟汇集的雨水导入天然水沟或排水沟。

3. 排水沟

排水沟主要用于排除来自边沟、截水沟或其他水源的水流，并将其引至路基范围以外的指定地点。当路线受到多段沟渠或水道影响时，为保证路基不受水害，可以设置排水沟或改移渠道，以调节水流、整治水道。排水沟的横断面形式一般采用梯形，尺寸大小应经过水力水文计算而定。排水沟的布置，必须结合地形等条件，离路基尽可能远些，转向时，尽可能采用较大半径（10~20m 以上），缓慢改变方向，距路基坡脚的距离一般不宜小于 3~4m；排水沟长度一般不超过 500m；纵坡大于 7% 时，应设置跌水或急流槽。

4. 跌水与急流槽

跌水与急流槽均用于陡坡地段，沟底纵坡可达 100%。由于纵坡大、水流湍急、冲刷作用严重，所以跌水与急流槽必须用浆砌石块或水泥混凝土砌筑，且应埋设牢固。在陡坡地段设置跌水结构物，可在短距离内降低水流流速、消减水流能量，避免出水口下游的桥涵结构物、自然水道或农田受到冲刷。跌水呈台阶式，有单级跌水和多级跌水之分。跌水两端的土质沟渠，应注意加固，保持水流畅通，不致产生水流冲刷和淤积，以充分发挥跌水的排水效能。急流槽的纵坡，比跌水的平均纵坡更陡，结构的坚固稳定性要求更高，是山区公路、回头曲线沟通上下线路基排水及沟渠出水口的一种常见排水设施。急流槽主体部分的纵坡依地形而定，一般可达 67%，如果地质条件良好，需要时还可以更陡，但结构要求更严，造价亦相应提高，设计时应通过比较确定。按水力计算特点，急流槽由进水口、槽身和出水口三部分组成。

若沟槽横断面不同，为了能平顺衔接，可在急流槽的进、出水口与槽身连接处设过渡段，出水口部分设消力池。各部分的尺寸根据水力计算确定。急流槽的基础必须稳固，端部及槽身每隔 2~5m 在槽底设耳墙埋入地面以下，以防止滑动。当槽身较长时宜分段砌筑每段 5~10m 的预留伸缩缝，并用防水材料填塞。在开挖坡面的急流槽与边沟交会处，应在边沟设置沉淤池或消能池，一方面可以沉积泥沙，另一方面可以起到消能作用，避免泥沙堵塞边沟和水流冲刷边沟，导致边沟遭到破坏。

5. 盲沟与渗沟

设在路基边沟下面的暗沟称为盲沟，其目的是拦截或降低地下水。盲沟造价通常高于明沟，发生淤塞时，疏通困难，甚至需要开挖重建。设置在路基两侧边沟下的盲沟，主要作用是降低地下水位，防止毛细水上升至路基工作范围内，形成水分积聚而造成冻胀和翻浆，或土基过湿而降低强度等。路基在挖方与填方交界处的横向盲沟，用以拦截和排除路堑下面的层间水或小股泉水，保持路堤填土不受水害。盲沟设置在地面以下起引排、集中水流的作用，无排渗水和汇水的作用。简易的盲沟结构主要由粗粒碎石、细粒碎石及不透水层组成。采用渗透方式将路基工作区或以下较浅的大面积地下水汇集于沟内，并沿沟把水排到指定地点，此种地下排水设施统称为渗沟。渗沟有填石渗沟、管式渗沟、洞式渗沟三种形式。三种渗沟均应设置排水层（或管、洞）、反滤层、封闭层。由于渗沟具有汇集水流的功能，渗沟沿程必须是"开放的"。

6. 渗井

当路基附近的地表水或浅层地下水无法排除，影响路基稳定时，可设置渗井，将地表水或地下水经渗井通过下透水层中的钻孔流入下层透水层中排出，渗井直径 50~60cm，井内填充料含泥量应小于 5%，按单一粒径分层填筑，不得将粗细材料混杂填塞。在下层透水层范围内填碎石或卵石，上层不透水层范围内填砂或砾石，填充料应采用筛洗过的不同粒径的材料，井壁和填充料之间应设反滤层。渗井离路堤坡脚不应小于 10m，渗井顶部四周用黏土填筑围护，井顶应加筑混凝土盖，严防渗井淤塞。渗井开挖应根据土质选用合理的支撑形式，并应随挖随支撑，及时回填。

7. 检查井

为检查维修渗沟，每隔 30~50m 或在平面转折和坡度由陡变缓处设置检查井。检查井一般采用圆形，内径不小于 1.0m，在井壁处的渗沟底应高出井底 0.3~0.4m，井底铺一层厚 0.1~0.2m 的混凝土，混凝土强度必须达到 5MPa，井基如遇不良土质，应采取换填、夯实等措施。兼起渗井作用的检查井的井壁，应在含水层范围设置渗水孔和反滤层。深度大于 20m 的检查井，蹬出梯要牢固。井口顶部应高出附近地面 0.3~0.5m，并设井盖、井框，井盖应平稳，进口周围无积水。

（三）边沟、截水沟与排水沟的施工

通常把边沟、截水沟与排水沟笼统地称为"水沟"，其施工工艺和施工方法非常相似。水沟的施工流程为：施工准备（清理现场、核查设计布置是否合理、组织施工人员及施工机械材料准备）—测量放样—撒石灰线（机械开挖）或挂线（人工开挖）—沟槽开挖—人工修整—验槽—水沟加固（水沟沟底纵坡大于3%时、土质水沟采用矩形断面时、需要防止水沟水流下渗时）。

当公路用地比较紧张时，边沟、排水沟和碎落台截水沟多采用矩形断面形式，需要结合其他防护工程进行加固处理。高等级公路为了行车安全和增加路面视觉宽度，常在边沟顶面加带槽孔的混凝土盖板。

混凝土盖板的高等级公路边沟施工流程为：全站仪定位放样—撒石灰线—挖机（或人工）开挖沟槽—人工修整—验槽—砌筑沟底—砌筑沟帮—检查沟底、沟帮—沟帮、沟底抹面或勾缝—运输盖板—清除边沟淤积及沉降缝封缝—安装盖板—找平外露边沟顶面。

1. 土质水沟的施工方法

根据设计图纸尺寸，利用经纬仪及钢尺或皮尺从中桩引测，或利用全站仪从测量控制点引测，放样点间距直线段一般为10m一点，曲线段根据转弯半径大小为2~5m一点。放样时，应核查水沟设计位置的合理性，是否与公路设施及建筑物位置发生冲突；坡降是否过大或过小，过大是否需要采取加固措施，过小是否会产生积水或漫流现象；与其他防排水措施交接处是否会发生错位或冲刷，是否需要进行防冲加固；出水口水流是否顺畅，是否会发生冲刷危害，是否应采取消能或提高抗冲刷的加固措施；边沟转弯半径是否符合有关要求，是否应在外侧加高和加固。设计存在不合理的地方或存在需要完善的地方，需及时向有关单位进行汇报，并对设计进行修改和完善。放样之后，应进行现场清理，清除杂草、灌木、有机质土及覆土等杂物，平整场地及进行施工临时排水。低等级道路或降水量较少的地区，水沟设计尺寸亦较小，通常采用人工开挖沟槽；反之，高等级道路或降水量较大的地区，水沟设计尺寸亦较大，为了保证施工质量和工期，大多采用人工配合挖掘机开挖。在纵向，一般应从下游向上游开挖。当采用人工开挖作业时，测量放样后，挂线施工。施工时一般采用分段开挖的方法，每一段可以分层开挖，从上至下，逐渐成形；也可以全断面开挖，先开辟出一个工作面，修整成设计断面，然后往前推进，每一个断面都一次成型。当采用机械开挖作业时，应该先放样，然后撒石灰线，挖土机开始工作。开挖过程中，最好欠挖，人工修整到位，不能超挖。如果出现超挖，超挖部分用浆砌片石或其他加固材料找补。开挖时尽量不扰动原状土，当采用机械开挖时，可适当欠挖，边挖边测量控制，沟底高程用水准仪实测控制，最后用人工修整。修整时以一定长度（直线段一般为10m，曲线段按半径大小为 2~5m），按设计尺寸定标准断面，在两标准断面间拉线，按线修整；也可用断面样板或皮尺或钢尺逐段检查，反复修整，直到符合设计要求为止。雨季施工时基坑开挖必须采取防止坑外雨水流入基坑的措施，坑内雨水应及时排出。

2. 石质水沟的施工方法

石质水沟的开挖，无论采用人工还是机械施工，均需爆破，使石方松动后再开挖成型，这样很容易超挖，应控制炮孔位置和爆破药量，超挖部分用浆砌片石、混凝土或砂浆找补。石质水沟其他工序的施工方法与土质水沟相同。

3. 水沟加固的施工方法

为防止水流对水沟的冲刷与渗漏，对边沟、截水沟和排水沟等地面排水设施的沟底和沟壁应进行加固。

第三章 公路工程路面施工技术

第一节 路面施工准备

一、路面施工准备工作

1.组织准备

组织准备包括建立健全施工组织机构和组建施工队伍。

（1）建立健全施工组织机构

我国与国际施工惯例接轨，工程建设已全部按照 FIDIC 合同条件进行施工与监理，因此对一个施工单位来讲，主要是实行项目经理负责制，即项目经理全面负责的目标责任制。

（2）组建施工队伍

根据所承担的工程量的大小和工期要求，安排出总进度计划网络图，进一步估算全部工程用工日数，平均日出工人数，施工高峰期日出工人数，以及技术工种、机械操作工种、普通工种等用工比例，选择能够适应其工程质量、工期进度要求的作业队伍，并与施工劳动作业单位签订劳务合同，实行合同管理。

考虑到所担负工程的具体情况，结合施工队伍施工特点、技术装备情况、技术熟练程度和施工能力，应进行施工队伍培训，以满足工程施工的要求。

2.物资准备

（1）机械及工具准备

根据工程需要、工程量大小及施工进度，配备足够数量且有效的施工机械、设备及工具。机械设备要配套选择，以便充分发挥机械设备的性能，保证机械设备的正常操作使用。

（2）材料准备

1）编制材料预算，提出材料的需用量计划及加工计划。

2）根据施工平面图安排和落实材料的堆放与临时仓库设施。

3）组织材料的分批进场。

4）组织材料的加工准备，尽可能集中加工。

5）生活设施准备，包括工地人员的食宿位置、办公地点、房舍区域及生活必需设备，安全及劳动防护用品等的准备。

6）安全防护准备。安全工作要以预防为主，消除事故隐患。

3．技术准备

（1）熟悉设计文件

领会文件精神，注意设计文件中所采用的各项技术指标，考虑其技术经济的合理性和施工的可能性。

（2）编制施工方案

1）根据设计路面的类型，进行料场勘查与选择，确定材料供应范围及加工方法。

2）选择施工方法和设计工序。

3）计算工作量。

4）编制流水作业图，布置工地，组织施工队伍。

5）编制工程进度日程图。

6）计算所需资源（劳动力、机械、材料）及各阶段的需要量，编制材料运输日程计划。

（3）技术交底

技术交底即把设计对施工的要求、施工方案及措施传达到基层甚至每个工人，这是落实技术责任制的前提。施工前应向参加施工的技术人员进行施工技术和操作规程的技术交底。

在每一单位工程或分部（分项）工程开工前，均应进行技术交底，以保证严格按照施工图、施工组织设计、施工操作规程、安全生产规程、工程施工及验收规程和其他技术规程进行施工作业。

技术交底应按工程情况分级进行。重要工程应先由项目经理部向施工队交底，施工队向班组交底；一般工程由施工队的单位工程技术负责人向班组长和工人交底。其内容主要包括：

1）说明有关工程的各项技术要求。

2）指出图样上必须注意的尺寸、轴线、标高，构造物的位置、规格和数量。

3）使用材料的品种、规格等级、配合比和质量要求。

4）施工方法、施工顺序，各班组及各工种之间交叉配合注意事项。

5）工程质量要求和安全操作要求，设计变更情况等。

上述各项交底一般用口头方式，辅以图表，必要时可做示范操作或建立质量样板，以使上岗人员充分掌握要领。

（4）施工测量

工程开工前，要对业主及设计单位提供的现场控制桩等进行现场复核，确认无误后才能使用。

（5）清理现场

根据施工放样所确定的位置，清理施工现场，为施工作好充分的准备。

4.铺筑试验路段

高速公路和一级公路或采用新工艺、新技术、新方法或缺乏施工经验的路面，在大面积施工前，应采用计划使用的机械设备和混合料配合比铺筑试验路段。通过试验路段修筑，优化拌和、运输、摊铺、碾压等施工机械设备的组合和施工工序；提出验证混合料生产配合比；明确人员的岗位职责；最后提出标准施工方法。

二、路面施工安全与环境保护措施

公路工程施工中，为保障施工人员的人身安全、工程的安全，以及避免工程施工对周围环境的干扰，加强环境保护，应严格遵守国家的安全生产法规和环境保护法令，自觉保护劳动者生命安全，保护自然生态环境，展示生产管理的现代化综合水平。

具体做好以下几点：

（1）工程项目施工的安全管理。加强现场管理，搞好工程的保卫、防盗，搞好永久工程和临时工程安全，防止发生安全事故。在每一个工程项目中，制定安全生产的组织措施，并制定严密的安全生产规程；留有足够的安全生产费用，购置安全生产的设备和器件，保证施工生产现场的紧急事故处理的开支。

（2）加强安全生产教育和预防措施，为施工人员办理保险，并制订以下预防措施，以保证员工的安全健康：

1）施工现场及其周围的高压电线、变压器等应有醒目的安全标识；对开挖地段处于交通要道处的，应派专人看守，或有明显的标志，防止过往行人或车辆大意而发生事故。

2）对于基础工程或上方开挖施工，要注意预防塌方发生，及时采取防护措施。

3）对材料和设备储存的库房或堆放点，施工人员生活区，特别注意防火安全，设置足够数量的灭火器具、消防水管和消防栓等，以备急需。

（3）加强工程中的环境保护管理，促使安全生产，随时清除施工场地不必要的障碍物、设备、材料；各类存储物品安全堆放，井井有条，既可保持施工现场环境的清洁整齐，又对安全生产有利。自觉遵守有关机构对卫生及劳动保护的要求，及时清洁地上的废物、垃圾、水泥袋、废弃的模板等，在全部工程竣工移交之前，将所有场地或地表面恢复原状。减少由于不符合环境规定而导致的罚款和经济损失，创造良好的文明施工环境。

第二节　水泥路面施工

一、水泥稳定材料基层施工设备

必须配备齐全的施工机械和配件，开工前做好保养、试机工作，并保证在施工期间不发生有碍施工进度和质量的故障。路面底基层、基层施工，采用集中厂拌、摊铺机摊铺、分层施工，要求各施工单位配备足够的拌和、运输、摊铺、压实机械。每层最大压实厚度不大于20cm。底基层、基层的施工按单幅梯队摊铺作业，因而每个作业面必须配备以下主要机械（见表3-1）：

表3-1　主要机械

机械名称	主要内容
摊铺机	应根据设计路面的宽度、厚度，选用合适的摊铺机械。底基层、基层施工应采用两台摊铺机梯队作业，要求两台摊铺机功能一致，最好为同一机型，而且机型较新，功能较全，以保证路面底基层、基层厚度一致，完整无缝，平整度好
拌和机	应配置产量大于400t/h的拌和机，要保证其实际出料（生产量的80%）能力超过实际摊铺能力的10%~15%。至少要有5个进料斗，料斗上口必须安装钢筋网盖（筛孔可设为60mm×60mm规格），筛除超出粒径规格的集料及杂物拌和机的用水应配有大容量的储水箱。料斗、水箱、罐仓都要求装配高精度电子动态计量器。拌和站电力系统必须根据拌和站总体用电增建设并略有富余，以保证施工的连续性
自卸汽车	载重20t以上，数量应与拌和设备、摊铺设备、压路机相匹配
压路机	12t以上双钢轮压路机1~2台以上，单钢轮重型压路机2台，20t以上胶轮压路机1台。压路机的吨位和台数必须与拌和机及摊铺机生产能力相匹配，使从加水拌和到碾压终了的时间不超过水泥初凝时间，保证施工正常进行
洒水车	根据生产和养护需要合理配置
装载机	根据生产需要合理配置
水泥钢制罐仓	由拌和机生产能力决定其容量，罐仓内应配有水泥破拱器，以免水泥起拱停流

以上机械数量至少应满足每个工点、每日连续正常生产及工期要求。

二、水泥稳定材料基层原材料

1. 水泥

水泥稳定类结构层使用的水泥应符合国家技术标准的要求，宜采用 42.5 级的普通硅酸盐水泥等。所用水泥的初凝时间应大于 3h，终凝时间应大于 6h 且小于 10h。不应使用快硬水泥、早强水泥以及已受潮变质的水泥。掺加缓凝剂或早强剂时，应对混合料进行试验验证。

2. 集料

（1）粗集料

用作被稳定材料的粗集料宜采用各种硬质岩石或砾石加工成的碎石，也可直接采用天然砾石。

高速、一级公路极重、特重交通荷载等级基层的 4.75mm 以上粗集料应采用单一粒径的规格料。

天然砾石材料作为高速、一级公路底基层和二级及二级以下公路基层、底基层的被稳定材料，其技术要求应满足相关的要求，并应级配稳定、塑性指数不大于 9。

应选择适当的碎石加工工艺，用于破碎的原石粒径为破碎后碎石公程最大粒径的 3 倍以上。高速公路基层用碎石，应采用反击破碎的加工工艺。碎石加工时，根据筛网放置的倾斜角度和工程经验，应选择合理的筛孔尺寸。

（2）细集料

细集料应洁净、干燥、无风化、无杂质，并有适当的颗粒级配。细集料的规格应符合相关规定，且有机质含量小于 2%，硫酸盐含量不大于 0.25%，塑性指数（0.075mm 以下颗粒的）不大于 17。

对 0~3mm 和 0~5mm 的细集料应分别严格控制大于 2.36mm 和 4.75mm 的颗粒含量。对 3~5mm 的细集料应严格控制小于 2.36mm 的颗粒含量。高速、一级公路，细集料中小于 0.075mm 的颗粒含量应不大于 15%；二级以及二级以下公路，细集料中小于 0.075mm 的颗粒含量应不大于 20%。

（3）混合料推荐级配

1）采用水泥稳定时，被稳定材料的液限应不大于 40%，塑性指数应不大于 17。塑性指数大于 17 时，宜采用石灰稳定或水泥和石灰综合稳定。

2）采用水泥稳定时，被稳定材料中含有一定量的碎石或砾石，且小于 0.6mm 的颗粒含量在 30% 以下时，塑性指数可大于 17，且土的不均匀系数应大于 5。

3）采用水泥稳定，被稳定材料为粒径较均匀的砂时，宜在砂中添加适量塑性指数小于 10 的黏性土、石灰土或粉煤灰，加入比例通过击实试验确定。

3. 水

凡是饮用水（含牲畜饮用水）均可用于水泥稳定类结构层施工。

三、水泥稳定材料基层混合料组成设计

1. 一般规定

（1）无机结合料材料组成设计的内容包括原材料检验、混合料的目标配合比设计、混合料的生产配合比设计和施工参数确定四部分。

原材料检验应包括结合料、被稳定材料及其他相关材料的试验。所有检测指标均应满足相关技术标准或技术文件的要求。

目标配合比设计应包括下列技术内容：选择级配范围；确定结合料类型及掺配比例；验证混合料相关的设计及施工技术指标。

生产配合比设计应包括下列技术内容：确定料仓供料比例；确定水泥稳定材料的容许延迟时间；确定结合料剂量的标定曲线；确定混合料的最佳含水率与最大干密度。

无机结合料稳定材料组成设计中的施工参数确定应包含下列技术内容：确定施工中的结合料剂量；确定施工合理含水率及最大干密度；验证混合料强度技术指标。

（2）确定无机结合料稳定材料最大干密度指标时，宜采用重型击实方法，也可采用振动压实方法。

（3）应根据材料特点和混合料设计要求，通过配合比设计选择最优的工程级配。

（4）用于基层的无机结合料稳定材料，强度满足要求时，还应检验其抗冲刷和抗裂性能。

（5）施工过程中，材料品质或规格发生变化、结合料品种发生变化时，应重新进行材料组成设计。

2. 强度与压实度要求

应采用 7d 龄期无侧限抗压强度作为无机结合料稳定材料施工质量控制的主要指标。高速、一级公路应验证所用材料 7d 龄期无侧限抗压强度与 90d 或 180d 龄期弯拉强度的关系。

水泥稳定材料的 7d 龄期无侧限抗压强度标准应符合表 3-2 的规定。压实度标准见表 3-3。

表3-2 水泥稳定材料的7d无侧限抗压强度标准Rd（MPa）

结构层	公路等级	极重、特重事故	重交通	中、轻交通
基层	高泡、一级公路	5.0~7.0	4.0~6.0	3.0~5.0
	二级及二级以下公路	4.0~6.0	3.0~5.0	2.0~4.0
底基层	高速、一级公路	3.0~5.0	2.5~4.5	2.0~4.0
	二级及二级以下公路	2.5~4.5	2.0~4.0	1.0~3.0

表3-3 水泥稳定材料的压实度标准（%）

公路等级	基层		底基层
高速公路和一级公路	稳定中、粗粒材料	≥98	≥97
	稳定细粒材料	—	≥95
二级及二级以下公路	稳定中、粗粒材料	≥97	≥95
	稳定细粒材料	≥95	≥93

3.目标配合比设计

（1）方法步骤

1）确定目标级配曲线和合理的变化范围。

2）选择不少于5个混合料剂量，分别确定各剂量条件下混合料的最大干密度和最佳含水率。

3）根据试验确定的最佳含水率、最大干密度和压实度要求静压法成型标准试件，验证不同结合料剂量条件下混合料的技术性能（90d或180d龄期弯拉强度和抗压回弹模量、7d无侧限抗压强度），确定满足设计要求的最佳剂量。

（2）强度试验

1）试件的径高比应为1∶1。无机结合料稳定细粒材料的直径应为100mm，无机结合料稳定中、粗粒材料的试件直径应为150mm。

2）强度试验时，平行试验的最少试件数量应符合表3-4的规定。试验结果的变异系数大于表中的规定时，应重做试验或增加试件数量。

表3-4 平行试验最少试件数量

材料类型	变异系数		
	<10%	10%~15%	15%~20%
细粒材料	6	9	—
中粒材料	6	9	13
粗粒材料	—	9	13

4.生产配合比设计

生产配合比设计是指根据目标配合比确定的各档材料比例，对拌和设备进行调试和标定，确定合理的生产参数。实际上分两个阶段：

第一阶段：进行拌和设备的调试和标定。包括料斗称量精度的标定、结合料剂量的标定、拌和设备加水量的控制等内容，并应符合下列规定：

（1）绘制不少于 5 个点的结合料剂量标定曲线。

（2）按各档材料的比例关系，设定相应的称量装置，调整拌和设备各个料仓的进料速度。

（3）按设定好的施工参数进行第一阶段试生产，验证生产级配。不满足要求时，应进一步调整施工参数。

对水泥稳定材料，应进行不同成型试件条件下的混合料强度试验，绘制相应的延迟时间曲线，并根据设计要求确定容许延迟时间（在满足强度标准的前提下，水泥稳定材料拌和后至碾压成型之前所容许的最大时间间隔）。

第二阶段：分别按不同结合料剂量和含水率进行混合料试拌，并取样、试验。试验应符合下列规定：

（1）通过测定混合料中的实际含水率，确定施工中水流量计的设定范围；

（2)通过测定混合料中的实际结合料剂量,确定施工中结合料掺加的相关技术参数;

（3)通过击实试验，确定结合料剂量变化、含水率变化对混合料最大干密度的影响;

（4）通过抗压强度试验，确定材料实际强度水平和拌和工艺的变异水平。

5. 混合料生产参数的确定

（1）水泥剂量：工地实际采用的水泥剂量比室内试验确定的多 0.5%~1%。集中厂拌法施工增加 0.5%，路拌法施工增加 1%。

（2）含水率：考虑施工过程中的气候条件，含水率可增加 0.5%~1.5%。

（3）最大干密度：以最终合成级配击实试验的结果为标准。

四、水泥稳定材料基层施工工艺

1. 一般规定

（1）水泥稳定碎（砾）石基层结构一般采用集中厂拌、摊铺机摊铺、压路机碾压密实的施工工艺。

（2)水泥稳定碎(砾)石基层结构压实厚度不应超过20cm; 当设计厚度超过20cm时，宜分层铺筑。

（3）在正式施工前，必须铺筑试验段，对施工工艺进行总结；试验段的质量检查频率应是正常路段的两倍。

（4）水泥稳定碎（砾）石的施工宜在气温较高季节组织施工。施工期的日最低气温应在 5℃ 以上，在有冰冻的地区，应在第一次重冰冻（-3℃ ~-5℃ ）到来的15~30d 之前完成施工。

（5）雨季施工时，应特别注意天气变化，避免水泥稳定碎（砾）石混合料遭受雨淋。降雨时，应停止施工，对已经摊铺的混合料应尽快碾压密实，并及时覆盖。禁止在雨天施工。

（6）无特殊情况，基层施工应连续作业，中午不得停工，尽量减少施工接缝，桥头施工应与正常路段一次成型。

（7）同一路段水泥稳定碎（砾）石左右幅施工应错开。当基层分层施工时，单幅两层连续施工完成并养护到位后，再开始另外单幅的施工。

2. 拌和

（1）混合料的拌和能力应与摊铺能力相匹配。

（2）拌和厂设置要求：应安置在地势相对较高的位置，并做好排水设施。拌和厂场地应平整并具有足够的承载能力。高速、一级公路的拌和厂场地应采用混凝土硬化，混凝土强度等级应不低于 C15，厚度应不小于 200mm。工程所需的原材料严禁混杂，应分档隔舱堆放，并有明显的标志。细集料、水泥等原材料应有覆盖。高速、一级公路上述材料严禁露天堆放，应放置于专门搭建的防雨棚内或库房内。开始拌和前，拌和厂的备料至少应能满足 5~7d 的摊铺用料。

（3）高速、一级公路应采用专用稳定土拌和设备拌制混合料。

（4）水泥料仓要求：应密闭、干燥，内部装"破拱"装置（防止水泥堵塞）。对高速公路，水泥料仓应配备计重装置，不宜通过电机转速计量水泥添加量。气温高于 30℃时，水泥进入拌缸温度不宜高于 50℃（控制降温时出现温缩裂缝），否则应采取降温措施（如用冰块代替水）。气温低于 15℃时，水泥进入拌缸温度不宜低于 10℃。

（5）加水量的计量：应采用流量计的方式。高速、一级公路，水的流量数值应在中央控制室的控制面板上有显示。

（6）拌和机各料仓开口大小和皮带计量精度应事先标定，并在施工过程中经常检查和调整。

（7）为保证混合料拌和的均匀性，高速公路基层的混合料拌和时，宜采用两次拌和的生产工艺，也可采用间歇式拌和生产工艺，拌和时间不少于 15%。

（8）每次开始拌和前，应检查场内各处集料的含水率，计算当天的施工配合比。天气炎热或运距较远时，对稳定中、粗粒材料，混合料的含水率可高于最佳含水率 0.5%~1%；对稳定细粒材料，含水率可高于最佳含水率 1%~2%。

（9）拌和过程中，应实时监测各料仓的生产计量。高速、一级公路，应每 10min 打印各档料仓使用量。若与设计要求相差超 10% 时，应立即停机，正常后方可继续生产。

（10）对高速、一级公路，应从拌和厂取料，每隔2h测一次含水率；每隔4h测一次水泥剂量，并做好记录。

（11）料仓的加料应有足够数量的装载机，以确保拌和楼各仓集料充足并且相互之间数量协调。拌和楼在每天结束后应清理干净，检查并进行适当维护，尤其要注意避免水泥结块而堵塞水泥下料口。

（12）拌和机出料不应采取自由跌落式的落地成堆、装载机装料运输的办法。应配备带活门漏斗的料仓，由漏斗出料直接装车运输。

3. 运输

（1）运输车辆应采用车况良好的大吨位自卸车。运输车辆数量应满足拌和、出料与摊铺需要，并略有富余。

（2）运输车辆在每天开工前，要检验其完好情况。

（3）装料前应将车厢清洗干净。

（4）装车时车辆应前后移动，分三次装料，避免混合料离析。

（5）为减少水分损失，混合料在运输过程中必须用篷布覆盖严密，直到摊铺机前准备卸料时方可掀开。

（6）发料时，应认真填写发料单：记录车号、出料时间、吨位等。运至摊铺现场，应由收料人核对查收，并注明摊铺时间，以备检查，剔除超出延迟时间的混合料。

（7）应尽快将拌和的混合料运送到铺筑现场。如运输车辆中途出现故障，应尽快排除；如车内混合料不能在初凝时间内运到工地，或预计混合料到碾压最终完成的延迟时间超过水泥初凝时间，必须予以废弃。对高速、一级公路，水泥稳定材料从装车到运至现场，时间不宜超过1h，超过2h应作为废料处置。

4. 摊铺

（1）在水泥稳定碎（砾）石基层边缘设置好高程控制线支架，根据松铺系数计算松铺厚度，决定控制线高度，挂好控制线。

（2）下承层是稳定细粒材料时，宜先将下承层顶面拉毛或采用凸块式压路机碾压，再铺上层混合料；下承层是稳定中、粗粒材料时，应先清理干净下承层，并洒铺水泥净浆，再铺上层混合料。水泥净浆按水泥质量计，应为1.0~1.5kg/㎡。水泥净浆稠度以能洒布均匀为宜，洒布长度以不大于摊铺机前40m为宜。

（3）待等候卸料的混合料运输车多于5辆后开始摊铺，并应保持连续摊铺。

（4）现场摊铺时，宜采用两台摊铺机梯队作业的方式。在单向双车道路面施工过程中，当单台大功率摊铺机抗离析效果较好时，也可采用单机全断面摊铺的摊铺方式。

（5）采用双机梯队作业时，两台摊铺机型号应相同，前后相距不大于10m。前台摊铺机采用路侧钢丝和设置在路中的铝合金导梁控制高程，后台摊铺机路侧采用钢丝、路中采用滑靴控制高程和厚度。前后两台摊铺机纵向重叠 300~400mm，中缝辅以人工修整，内侧一台摊铺机应采用宽度自动伸缩式摊铺机，以适应内侧宽度变化的需要。采用单机摊铺时，应采用两侧走钢丝的方法控制高程。

（6）机前应设专人组织自卸车卸料，避免撞击摊铺机。

（7）摊铺前及摊铺过程中，应检查摊铺机各部分的运转情况。

（8）摊铺机的摊铺速度宜控制在 lm/min 左右。摊铺过程中，应根据拌和能力和运输能力确定摊铺速度，中途不得随意变更摊铺速度，以避免出现摊铺机停机待料的情况。

（9）高速、一级公路，在摊铺过程中宜设立纵向模板。

（10）摊铺机在安装、操作时，应采取混合料防离析措施。例如，摊铺机前增设橡胶挡板（防止竖向离析），底部距下承层不大于 10cm。摊铺机的螺旋布料器应有 2/3 埋入混合料中，螺旋布料器应匀速转动，避免过快或停顿。摊铺机后应设专人消除离析现象，铲除局部粗集料集中部位，并用新拌混合料填补。

（11）结构物两侧摊铺应符合以下要求：

应在施工前对结构物两侧工作面进行清理和修整，扫除松散材料和所有杂物，处理好欠压实、不平整等问题；正交结构物两侧作为起点时，应采用相应厚度的垫块起始摊铺，并严格按照设计要求衔接路面结构层和过渡板，不得采用人工摊铺；斜交结构物两侧等摊铺机无法工作的部位应采用人工摊铺，并应控制好操作时间、松铺厚度和平整度。

5. 碾压

（1）在摊铺、修整后，压路机紧跟摊铺机在全宽范围内进行碾压。碾压应遵循"先轻后重、先慢后快、从低到高"的原则。

（2）每台摊铺机后，压路机应紧跟碾压，碾压段落长度一般为 50~80m。碾压段落必须层次分明，并设置明显的分界标志。

（3）碾压应根据施工情况配备足够数量的碾压设备，并应符合下列规定：双向四车道高速、一级公路的半幅摊铺时，应配备不少于 4 台重型压路机；双向六车道半幅摊铺时，应配备不少于 5 台重型压路机。

（4）水泥稳定材料结构层施工中，应在混合料处于或略大于最佳含水率的状态下碾压。气候炎热干燥时，碾压时的含水率可比最佳含水率大 0.5%~1.5%。

（5）压路机碾压时，应重叠 1/3 轮宽，压路机换挡要轻且平顺，不要拉动铺面。在第一遍初步稳压时，倒车后尽量原路返回；换挡位置应在已压好的段落上；在未碾压的一头换挡倒车位置应错开，呈齿状；出现个别鼓包时，应进行铲平处理。

（6）专人负责指挥碾压，严禁漏压、产生轮迹。成型后的表面应平整、无轮迹。

对稳定细粒材料，最后碾压收面可用凸块式压路机。

（7）出现软弹现象，应及时挖出混合料，换新料碾压。

（8）碾压宜在水泥初凝前及试验确定的延迟时间内完成，并达到要求的压实度。

（9）压路机停机应错开，相互间距约 3m，且停在已碾压好的路段上。严禁压路机在正在碾压的路段或刚完成的路段上掉头。除非特殊情况，应尽可能避免紧急制动。

（10）为保证水泥稳定碎（砾）石基层边缘压实度，应有 100mm 的超宽压实；对用方木或型钢模板支撑时，超宽可适当减小。

6. 接缝

（1）纵缝

摊铺时应避免纵向接缝。两台摊铺机梯队施工时的纵向接缝应采用斜接缝，压路机跨缝碾压时一次碾压密实。

无法避免存在纵向接缝时，纵缝应垂直相接，严禁斜接，并应符合下列规定：在前一幅摊铺时，宜在靠中央的一侧用方木或钢模板做支撑，方木或钢模板的高度应与稳定材料层的压实厚度相同。摊铺另一幅前拆除支撑。

（2）横缝

1）混合料摊铺时，应连续作业。若因故中断时间超过 2h，则应设横向接缝。

2）每天收工之后，第二天开工的接头断面也应设置横向接缝。具体做法：压路机碾压完，沿端头斜面行驶至下卧层上停机过夜。第二天将压路机沿斜面行驶至前一天施工的结构层上，并将已压实且高程和平整度符合要求的末端作为接缝位置，沿横向断面垂直挖除该位置至斜面下端头部分的混合料，摊铺机从接缝处起步摊铺。压路机沿接缝横向碾压，由之前的压实层逐渐推向新铺层，碾压完毕后再正常碾压。碾压完毕，接缝处纵向平整度应符合规范要求。

7. 养护及交通管制

（1）无机结合料稳定材料碾压完毕，经质量检查合格后，应及时养护。

（2）养护期应不少于 7d，宜延长至上层结构开始施工的前 2d。

（3）养护可采取洒水养护、薄膜覆盖养护、土工布覆盖养护、铺设湿砂养护、草帘覆盖养护、洒铺乳化沥青养护等方式。

（4）洒水养护时，每天洒水次数应视气候而定。高温期上、下午各 1 次。养护期应保持表面湿润。

（5）薄膜覆盖养护时，薄膜厚度应不小于 1mm。薄膜之间应搭接完整。薄膜覆盖后应用砂土堆填，养护至上层施工前 1~2d 方可掀开。对蒸发量大的地区或养护时间大于 15d 的工程应适当补水。

（6）养护期间，应封闭交通。除洒水车和小型通勤车外，严禁其他车辆通行；过冬时应采取必要的保护措施，如覆盖10~20cm砂土保护层，以防止低温损伤。

第三节　沥青路面施工技术

一、沥青路面施工设备

现今的沥青路面施工不再是以前的人工加铁锹的原始作业方式，随着科学技术的发展，大量高科技设备也应用到沥青路面施工过程中，有力地保证了沥青路面施工的高质量水平。沥青路面施工用到的主要设备有以下几类：

1. 拌和设备

沥青混合料拌和设备采用自动控制的3000型以上间歇式拌和机，并满足以下要求：

（1）拌和机的计量系统、控温系统及沥青加入量系统必须通过严格的标定校核，各系统的误差应在容许误差范围之内。施工单位必须向业主和监理单位提出机械设备的配套情况、技术性能、传感器计量精度的检查、标定报告。

1）计量系统应进行动、静态的加载、卸载的全量程检测，标定时的显示误差不应超过称量度的1%；

2）温度计应在100℃、150℃、200℃的油浴中分别与标准温度计比较，误差不得超过5℃；

3）沥青加入量，采用已知容量的容器检查，用实际接收量与设定时间的一次喷入量比较，连续检查的数量不宜少于1000kg，误差不超过1%。

（2）混合料拌和机必须配有计算机自动打印设备，能逐盘打印集料和沥青的加热温度、混合料的拌和温度、材料用量和每盘混合料的重量等资料。

（3）除尘装置具有二级除尘设备，除尘一律不准回收利用，并定期检查及清理除尘管道和布袋，以防堵塞。

（4）宜有一个80t以上的成品储料仓，并具有良好的保温性能。

（5）有4个以上的沥青罐，不小于380cm^{3}能保温储存和加热；改性沥青应配备搅拌装置，确保改性沥青处于搅拌状态。

2. 摊铺设备

若双机联铺则配置2台摊铺机，非接触式平衡梁2套（4只）；若用单机全幅摊铺则配置1台摊铺机，非接触式平衡梁1套（2只）。

3. 压路机

12t 以上双钢轮带振动压路机 3 台，30t 以上胶轮压路机 3 台。

4. 运输车

为了保证施工过程中混合料的连续供应，保证连续施工，必须配备足够数量的 20t 以上大吨位双桥自卸卡车。

5. 装载机

装载机 4 台以上。

6. 小型器具

（1）导线钢丝、导梁不少于 1000m；

（2）夜间照明设备；

（3）手推车等。

二、沥青路面施工原材料

1. 沥青

（1）基质沥青的选择

沥青路面采用的基质沥青的标号，宜按照公路等级、气候条件、交通条件、路面类型及在结构层中的层位及受力特点、施工方法等，结合当地的使用经验，经技术论证后确定。对高速公路、一级公路，夏季温度高、高温持续时间长、重载交通路段，宜采用稠度大、60℃黏度大的沥青，也可提高高温气候分区的温度水平选用沥青等级；对冬季寒冷的地区或交通量小的公路、旅游公路宜选用稠度小、低温延度大的沥青；对温度日温差、年温差大的地区宜注意选用针入度指数大的沥青。当高温要求与低温要求发生矛盾时应优先考虑满足高温性能的要求。

（2）改性沥青的选择

改性剂与基质沥青具有配伍性和相容性两种性能。

配伍性反映聚合物改性剂改性效果的好坏，相容性反映改性沥青保持改性效果的稳定性，两者既有所区别，又有必然的联系。很显然，某种改性剂的改性效果不仅与剂量有关，还受改性剂品种与基质沥青品种的配伍性的影响。所以配伍性往往直接从改性效果的大小进行评价和判别。这对于不经过存放阶段的现场加工、现场使用的改性工艺，尤其重要。大部分聚合物改性剂与基质沥青并没有发生明显的化学反应，而是均匀地分散在沥青中，改性剂与基质沥青表面仅仅以物理吸附的方式联结，共存共荣。所以对需要存放的改性沥青产品来说，不仅要改性效果好，还必须保持不离析，这就要求配伍性和相容性都要好。

相容性是指改性剂以微细的颗粒均匀、稳定地分散在基质沥青介质中，不发生分层、凝聚或者相互分离现象的性质。它取决于改性剂和沥青两种物质的界面上的相互作用，聚合物的溶解度参数或者分子结构越是接近的相容性就越好。相容性好，改性剂分散均匀，或者成为均匀连续的网状结构；反之，就凝聚成絮状、块状、团状，当改性沥青冷却时，改性剂便析出、分层。由于配伍性和相容性的必然联系，所以在使用上往往对配伍性和相容性并不严格区分，而统称为相容性。

改性剂有很多种，主要分为以下三大类：

1）热塑性橡胶类（橡胶树脂类）：苯乙烯-丁二烯-苯乙烯（SBS），苯乙烯-异戊二烯-苯乙烯（SIS）、苯乙烯-聚乙烯（SB）。

2）橡胶类：天然橡胶（NR）、丁苯橡胶（SBR）、氯丁橡胶（CR）、丁二烯橡胶（BR）。

3）树脂类：聚乙烯（PE）、乙烯-乙酸乙烯（EVA）、聚氯乙烯（PVC）。

其中SBS改性沥青具有良好的配伍性和相容性，以及良好的高、低温性能，且具有良好的弹性恢复性能，因而在公路工程中得到广泛应用。

2. 粗集料

粗集料应采用石质坚硬、清洁、不含风化颗粒、近立方体颗粒的碎石，粒径大于2.36mm，宜采用碱性或中性石料加工。沥青面层碎石生产线按以下筛网规格组装筛分装置：

AC-13：3mm，6mm，11mm，16mm；

上面层AC-16：3mm，6mm，11mm，18mm；

中面层AC-20：3mm，6mm，11mm，18mm，24mm；

下面层AC-25：3mm，6mm，11mm，18mm，30mm（拌和站只有5个冷料仓采用）；

下面层AC-25：3mm，6mm，11mm，18mm，24mm，30mm（拌和站有6个冷料仓采用）。

3. 细集料

细集料应采用坚硬、洁净、干燥、无风化、无杂质并有适当级配的石料机制砂或石屑，细集料规格和细集料的质量标准见表3-5和表3-6。

表3-5　沥青面层用细集料规格

规格	公称粒径（mm）							
		4.75	2.36	1.18	0.6	0.3	0.15	0.075
S16	0~3	100	80~100	50~100	25~60	8~45	0~25	0~15

表3-6　沥青混合料用细集料质量要求

项目	单位	技术要求
表观相对密度　不小于	—	2.60
砂含量　不小于	%	60
亚甲蓝值　不小于	g/kg	25
棱色性（流动时间）　不小于	s	30
坚固性（＞0.3mm部分）不小于	%	12

4. 矿粉

矿粉应采用强基性岩石等憎水性石料经磨细加工得到，原石料中的泥土杂质应清除干净，必要时检验矿粉的塑性指数。沥青混凝土拌和站除尘装置回收的粉尘不得作为填料使用。若集料与沥青的黏附性不足4级，可在混合料中掺加消石灰，用量为矿料总量的1%~2%，具体用量按试验确定。

三、沥青混合料配合比设计

1. 配合比设计取样

配合比设计时取样一定要有代表性：目标配合比设计阶段取样一定不能在料堆边取样，因为这都是从料堆上离析下的粗料，应该在料堆顶部不同部位，并刨除表面约10cm后取样。生产配合比设计取样必须取第三锅以后的材料，而且必须用装载机接料再混合均匀后四分法取料，装载机接料过程中应特别注意细集料的飞散。生产配合比检验阶段应该在摊铺机后但未碾压前取样。

沥青混合料配合比设计分三个阶段，即目标配合比设计阶段、生产配合比设计阶段、生产配合比验证阶段。

2. 目标配合比设计阶段

（1）确定沥青的最佳油石比

用计算确定的矿料组成和经验采用的油石比范围，按0.5%间隔变化，取5个不同的油石比，用试验室小型拌和机拌制沥青混合料，制备5组马歇尔试件，测定试件的密度、空隙率、沥青饱和度、稳定度和流值，分别绘制各项指标的曲线。

（2）残留稳定性检验

按以上配合比制备沥青混凝土马歇尔试件，做浸水48h马歇尔试验，检验残留稳定度必须满足相关的规定。

3. 生产配合比设计阶段

（1）确定各热料仓矿料和矿粉的用量

必须从二次筛分后进入各热料仓的矿料取样进行筛分，根据筛分结果，通过计算，使矿质混合料的级配接近目标配合比并符合相关的规定，以确定各热料仓矿料和矿粉的用料比例，供拌和机控制室使用，同时反复调整冷料仓进料比例，以达到供料均衡。

（2）确定最佳油石比

取目标配合比设计的最佳油石比 OAC 和 OAC ± 0.3%、OAC ± 0.6%5 个油石比，取以上计算的矿质混合料，用试验室的小型拌和机拌制沥青混合料进行马歇尔试验，按目标配合比设计方法绘图分析，得出 OAC1 和 OAC2 后综合确定生产配合比的最佳油石比 OAC。按以上方法确定的 OAC 可能与目标配合比的 OAC 不一致，如相差不超过 0.2%，应按生产配合比确定的 OAC 进行试件拌和试铺，或分析确定试拌试铺用油石比；如相差超过 0.2%，应找出原因，进一步试验分析后确定试拌试铺用油石比。

（3）残留稳定性检验

按以上生产配合比，用室内小型拌和机拌制沥青混合料，做浸水 48h 马歇尔试验，检验残留稳定度，必须满足相应的规定。

4. 生产配合比验证阶段（试拌试铺阶段）

（1）用生产配合比进行试拌，沥青混合料的技术指标合格后铺筑试铺段

取试铺用的沥青混合料进行马歇尔试验、沥青含量检验、筛分试验，检验标准配合比矿料合成级配中，至少应包括 0.075mm、2.36mm、4.75mm 及公称最大粒径筛孔的通过率接近目标配合比级配值，并避免在 0.3~0.6mm 处出现峰值。由此确定正常生产用的标准配合比。

（2）试拌试铺阶段

沥青各面层施工开工前，均须先做试铺路面，每个面层施工单位通过合格的沥青混合料组成设计，拟定试铺路面铺筑方案，采用重新调试的正式施工机械，铺筑试铺路面。试铺路面宜选在正线直线段，长度不少于 300m。

试铺路面施工分为试拌和试铺两个阶段，需要确定的内容包括：

1）钻心检测厚度，结合施工压实厚度与松铺厚度，确定摊铺机的松铺系数。

2）通过试验段施工确定合理的施工机械型号、数量、组合方式，落实技术培训、技术岗位及最佳工艺流程和生产效率。

3）通过试拌确定拌和机的上料速度、拌和数量与时间、拌和温度、集料变化与波动的调控手段等施工工艺。

4）通过试铺确定各种混合料的摊铺温度、摊铺速度、摊铺宽度、初步振捣夯实的方法、自动找平方式等施工工艺，梯形摊铺是两台摊铺机的摊铺厚度和宽度协调方式。

5）通过碾压确定适宜的压路机类型和数量、碾压速度、碾压顺序、碾压温度和遍数等施工工艺、施工缝处理方式等。

6）建立健全质量保证体系，探索一套有效的质量控制方法。通过对各道工序的偏差分析，提出合理的工艺控制参数和改进措施。

7）在试铺路面的铺筑过程中，检查施工工艺、技术措施是否符合要求，测温、观色、取样，并记录试验与检测结果，检查各种技术指标情况，对出现的问题提出改进意见。

5.关于沥青混凝土马歇尔室内试验中的几点统一做法

（1）进行目标配合比设计和生产配合比设计时，制备试件的混合料，需采用小型沥青混合料拌和机拌和，以模拟生产实际情况。

（2）每组试件个数一律用6个。

（3）试件成型温度：对于普通沥青，由试验室绘制的黏温曲线图来判定拌和压实温度；对于改性沥青，由改性沥青供应商提供拌和压实温度。

（4）沥青混合料试件密度试验方法：沥青混合料统一用表干法的毛体积相对密度。

（5）沥青混合料理论最大相对密度，重交通沥青混合料宜采用最大理论密度仪实测法，也可以用计算法；改性沥青混合料宜采用计算法，也可以采用最大理论密度仪实测。施工过程中，最大理论密度一律采用最大理论密度仪实测。试验过程中一定要将混合料彻底分散，特别是改性沥青，否则严重影响最大理论密度和体积指标的准确性。计算法中粗集料采用毛体积相对密度，机制砂、矿粉、沥青采用表观相对密度。

（6）试件的配料、拌和均应单个进行，以确保试验结果的一致性。

四、沥青混合料施工工艺

1.集料准备

（1）要注意粗细集料和填料的质量，从源头抓起，不合格的矿料，不准运进拌和厂。

（2）堆放各种矿料的地坪必须硬化，并具有良好的排水系统，避免材料被污染；各品种材料间应用墙体隔开，以免相互混杂。

（3）集料铲运方向应与其流动方向垂直，保证铲运材料均匀，减少集料离析。

（4）细集料及矿粉宜覆盖，细料潮湿将影响喂料数量和拌和机产量。

（5）每天开工前应检测含水率，以便调节冷料进料速度或比例，并确定集料加热时间和温度，如果集料含水率过大，不得使用。

（6）集料级配发生变化或换用新材料时，应重新进行配合比设计，确保混合料质量符合要求。

2.沥青的准备

沥青应采用导热油加热，要求沥青温度稳定，具有一定的流动性，以便使沥青混合料拌和均匀。普通沥青加热温度不应超过 165℃，改性沥青加热温度不应超过 175℃。使用改性沥青时应先搅拌或循环拌和使其均匀后，方可使用，使用过程中应不断搅拌，避免改性沥青离析。随温度变化的不同稠度的沥青结合料的喷入速率必须进行标定，每次拌和喷入沥青的时间应准确。

3. 沥青混合料的拌制

（1）严格掌握沥青和集料的加热温度以及沥青混合料的出厂温度。集料温度应比沥青高 10℃ ~15℃，热混合料成品在储料仓储存后，其温度下降不应超过 10℃。

（2）拌和站控制室要逐盘打印沥青及各种矿料的用量和拌和温度的资料，并定期对拌和站的计量和测温进行校核；没有材料用量和温度自动记录装置的拌和机不得使用。

（3）拌和时间由试拌确定。必须使所有集料颗粒全部裹覆沥青结合料，并以沥青混合料拌和均匀为度。

（4）要注意目测检查混合料的均匀性，及时分析异常现象，如混合料有无花白、冒青烟和离析等现象。如确认是质量问题，应做废料处理并及时予以纠正。在生产开始之前，有关人员要熟悉本项目所用各种混合料的外观特征，这要通过细致地观察室内试拌的混合料而取得。

（5）每台拌和机每天上午、下午各取一组混合料试样做马歇尔试验和抽提筛分试验，检验油石比、矿料级配和沥青混凝土的物理力学性质。

矿料级配与生产设计标准级配的允许差值为：

0.075mm，±2%；

≤ 2.36mm，±4%；

≥ 4.75mm，±5%。

（6）每天结束后，用拌和站打印的各料数量，进行总量控制。以各仓用量及各仓筛分结果，在线抽查矿料级配；计算平均施工级配和油石比，与设计结果进行校核；以每天产量计算平均厚度，与路面设计厚度进行校核。

4. 沥青混合料的运输

（1）根据运距、拌和产量配备足够的自卸汽车，要求运力必须大于拌和机产量，每台运料车装载量不小于 15t，汽车底板应涂一薄层防黏剂。

（2）采用数字显示插入式热电偶温度计检测沥青混合料的出厂温度和运到现场的温度。插入深度要大于 150mm，在运料卡车侧面中部设专用检测孔，孔口距车厢底面约 300mm。

（3）拌和机向运料车放料时，汽车应前后移动，分"前、后、中"装料，以减少粗集料的离析现象。

（4）沥青混合料运输车的运量应较拌和能力和摊铺速度有所富余，摊铺机前方应有 5 辆运料车等候卸料。

（5）运料车应有良好的阻燃棉篷布覆盖设施，卸料过程中继续覆盖直到卸料结束取走篷布，以起到保温或避免污染环境的作用。

（6）连续摊铺过程中，运料车在摊铺机前 10~30cm 处停住，不得撞击摊铺机，卸料过程中运料车应挂空挡，靠摊铺机推动前进。

5.沥青混合料的摊铺

（1）摊铺沥青面层前，必须撒布改性乳化沥青黏层油，黏层施工质量控制见黏层作业指导书。

（2）可采用两台摊铺机梯队摊铺施工，亦可采用一台大功率摊铺机全幅摊铺。当采用梯队摊铺施工时，两台摊铺机距离不应超过 20m。

（3）摊铺机的摊铺速度应根据拌和机的产量、施工机械配套情况及摊铺厚度、摊铺宽度，按 24m/min 予以调整选择，做到缓慢、均匀、不间断地摊铺。

（4）施工下面层时，采用挂导线钢丝施工，按每 10m 一个断面，每个断面三个点测量下承层顶面高程，根据中线和高程测量结果挂导线，导线钢丝拉力不小于 100kg。摊铺中、上面层时，采用非接触式平衡梁控制厚度。

（5）为保证路面线性的平顺，沥青混合料摊铺时，应在路面边缘立木模。

（6）用机械摊铺的混合料未压实前，施工人员不得进入踩踏，摊铺时，一般无须人工不断地整修，只有在特殊情况下，如局部离析，须在现场主管人员指导下，用人工找补或更换混合料，缺陷较严重时应予铲除，并调整摊铺机或改进摊铺工艺。

（7）摊铺机应调整到最佳工作状态，调好螺旋布料器两端的自动料位器，并使料门开度、链板送料器的速度和螺旋布料器的转速相匹配。螺旋布料器内的混合料表面略高于螺旋布料器 2/3 为度，使熨平板的挡板前混合料的高度在全宽范围内保持一致，避免摊铺层出现离析现象。

（8）检测摊铺厚度是否符合规定，以便随时进行调整。摊前熨平板应预热至规定温度。摊铺机熨平板必须拼接紧密，不许存有缝隙，防止卡入粒料将铺面拉出条痕。

（9）积极采取相应措施，尽量做到摊铺机不拢料，以减小面层离析。

（10）摊铺遇雨时，立即停止施工，并清除未压成形的混合料。遭受雨淋的混合料应废弃，不得卸入摊铺机摊铺。

6.沥青混合料的压实成形

（1）沥青混合料的压实是保证沥青面层质量的重要环节，应选择合理的压路机组合方式及碾压步骤。为保证压实度和平整度，初压应在混合料不产生推移、开裂等情况下尽量在摊铺后较高温度下进行。

（2）压路机应以缓慢而均匀的速度碾压，压路机的适宜碾压速度随初压、复压、终压及压路机的类型不同而有所区别。压路机的组合和遍数通过试验段确定，推荐采用2台双钢轮压路机初压和复压，2台胶轮压路机复压，1台双钢轮压路机和1台胶轮压路机收光。推荐的碾压工艺：钢轮加压1遍＋钢轮振压1遍＋胶轮碾压6~8遍＋钢轮收光1遍＋胶轮收光1遍。

（3）为避免碾压时混合料推挤产生壅包，碾压时应将驱动轮朝向摊铺机；碾压路线及方向不应突然改变；压路机启动、停止必须减速缓行，不准刹车制动；压路机折回不应处在同一横断面上。

（4）为防止胶轮压路机黏附沥青混合料，应尽可能地在高温下碾压，相邻碾压带重叠宽度为10~20cm。

（5）在当天碾压得尚未冷却的沥青混凝土层面上，不得停放压路机或其他车辆，并防止矿料、油料和杂物散落在沥青层面上。

（6）要对初压、复压、终压段落设置明显标志，便于司机辨认。对松铺厚度、碾压顺序、压路机组合、碾压遍数、碾压速度及碾压温度应设专岗管理和检查，使面层做到既不漏压也不超压。

（7）应向压路机轮上喷洒或涂刷含有隔离剂的水溶液，喷洒应呈雾状，量以不粘轮为度。

（8）压实完成12h后，方可允许施工车辆通行。

7. 施工接缝的处理

（1）纵向施工缝。采用两台摊铺机成梯队联合摊铺方式的纵向接缝，应采用斜接缝。在前部已摊铺混合料部分留下10~20cm宽暂不碾压作为后高程基准面，并有5~10cm的摊铺层重叠，以热接缝形式在最后做跨接缝碾压以消缝迹，上下层纵缝应错开15cm以上。

（2）横向施工缝，全部采用平接缝。用3m直尺沿纵向位置，在摊铺段端部的直尺呈悬臂状，以摊铺层与直尺脱离接触处定出接缝位置，用锯缝机割齐后铲除；继续摊铺时，应将摊铺层锯切时留下的灰浆擦洗干净，涂上少量黏层沥青，摊铺机熨平板从接缝处起步摊铺；碾压时用钢轮压路机进行横向压实，从先铺路面上跨缝逐渐移向新铺面层。

第四节 水泥混凝土路面施工

一、水泥混凝土路面结构层

1. 水泥混凝土路面结构层及其基本要求

水泥混凝土路面的结构层由混凝土面层、基层、垫层及路基组成，各结构层都应满足相关的技术要求。

（1）路基

水泥混凝土的弹性模量为 $2.5 \times 10^4 \sim 4.0 \times 10^4 MPa$，因此，水泥混凝土面板具有很高的刚度和扩散荷载的能力，通过面层板传到路基顶面的荷载压应力值很小，一般不超过 0.05MPa。因此，水泥混凝土路面并不要求强度大或承载力高的路基，只要求稳定、密实、均质，对路面结构提供均匀支承的路基，然而，如果路基的稳定性不足，产生不均匀沉陷，则将给水泥混凝土面层带来很不利的影响。由于路基不均匀支承，会使面板在受荷载时底部产生过大的弯拉应力，导致水泥混凝土路面破坏。

路基支承不均匀的原因主要是填料的土质不均匀、湿度不均匀，膨胀土冻胀，湿软地基未达充分固结，排水设施不良，压实不足或不当以及新老路基交接处、填挖交界处处理不当等多种原因。为了保证路基支承的均匀性，遇到上述情况时，宜分别采取以下相应的处理措施：

1）选择填料

根据相关的规定，高液限黏土及含有机质的细粒土不应用作高速公路和一级公路的路床填料或二级及以下公路的上路床填料；高液限粉土及塑性指数大于 16 或膨胀率大于 3% 的低液限黏土不应用作高速公路和一级公路的上路床填料。

宜选用低膨胀性土（塑性指数在 10 以下）或对冰冻不敏感的土（砂砾等）做填料；将膨胀性高或对冰冻敏感的土放在路堤的下层，而在上层用较好的填料填筑；对不同来源和性质的填料适当地进行拌和。

2）控制压实度和压实时的含水率

在多雨潮湿地区，对于高液限土及塑性指数大于 16 或膨胀率大于 3% 的低液限黏土，压实时的含水率宜略高于最佳含水率。这时的压实土渗透性、浸水后的膨胀量和冻胀都可减小，从而可提供体积变化小而支承均匀的路基。

3）加强路基排水设施

尽可能提高路基设计标高或加深边沟底部深度，以增加路面同地下水位之间的距离。

设置路基排水设施，以拦截浅透水层流向路基的渗透水或降低地下水位。

4）对路基上层土进行处理

路基上层土，特别是对于湿软土层，应采用低剂量石灰、水泥或粉煤灰等结合料做稳定处理。

（2）垫层

垫层指的是设于基层以下的结构层。其主要作用是隔水、排水、防冻以改善基层和土基的工作条件。垫层为介于基层与土基之间的结构层，在土基水稳状况不良时，用以改善土基的水稳状况，提高路面结构的水稳性和抗冻胀能力，并可扩散荷载，以减少土基变形。垫层应与路基同宽，其最小厚度为150mm。

根据相关的规定，遇下述情况时，须在基层或底基层下设置垫层：

1）季节性冰冻地区，路面结构厚度小于最小防冻厚度要求时，应设置防冻垫层，其厚度为两者之差。

2）水文地质条件不良的土质路堑，路床土湿度较大时，宜设置排水垫层。

（3）基层与底基层

基层和底基层应具有足够的抗冲刷能力和适当的刚度，抗变形能力强、坚实、平整、整体性好。

1）基层的作用：防止或减轻由于淤泥而产生板底脱空和错台等病害；与垫层共同作用，可控制或减少路基不均匀冻胀或体积变形对混凝土面层产生的不利影响；减小路基顶面的压应力，并缓和路基不均匀变形对面层的影响；为混凝土面层施工提供稳定而坚实的工作面，改善接缝的传荷能力；提高路面结构的承载能力，延长路面的使用寿命。

2）基层材料的选用原则：根据相关的规定，依据交通荷载等级、材料供应条件和结构层组合要求。

3）承受中等或轻交通荷载时，可不设底基层；未设垫层，且路基填料为细粒土、黏土质砂或级配不良砂（承受特重或重交通），或者上路床为细粒土（承受中等交通）时，应设置底基层。底基层可采用级配粒料、水泥稳定粒料或石灰、粉煤灰稳定粒料等。

4）基层的宽度应根据混凝土面层施工方式的不同，比混凝土面层每侧至少宽出300mm（小型机具施工时）或500mm（轨模或摊铺机施工时）或650mm（滑模或摊铺机施工时）。路肩采用混凝土面层，其厚度与行车道面层相同时，基层宜与路基同宽。

5）各类基层和底基层结构性能、施工或排水要求不同，厚度也不同。其适宜厚度，按所选集料的公称最大粒径和压实效果的要求而定。

6）为防止下渗水影响路基，排水基层下应设置由水泥稳定粒料或密级配粒料组成的不透水底基层，底基层顶面宜铺设沥青封层或防水土工织物。

（4）面层

由于水泥混凝土面层直接承受行车荷载的反复作用及环境因素的影响，因此要求水泥混凝土面层具有足够的强度、耐久性（抗冻性），表面抗滑、耐磨、平整。

1）厚度

普通混凝土、钢筋混凝土、碾压混凝土或连续配筋混凝土面层所需厚度，可依据交通荷载等级、公路等级和变异水平等级而定。

2）抗滑性

混凝土面层应具有较大的粗糙度，即应具备较高的抗滑性能，以提高行车的安全性。因此可采用刻槽、压槽、拉槽或拉毛等方法形成一定的构造深度。

2. 水泥混凝土路面其他主要构造

（1）接缝

为了防止温度变化引起的胀缩应力、翘曲应力以及符合施工要求，在水泥混凝土路面面板层应设置接缝。

1）纵向接缝

根据路面宽度和施工铺筑宽度设置。一次铺筑宽度小于路面宽度时，应设置带拉杆的平缝形式的纵向施工缝。一次铺筑宽度大于4.5m时，应设置带拉杆的假缝形式的纵向缩缝，纵缝应与线路中线平行。

2）横向接缝

横向施工缝尽可能选在缩缝或胀缝处。前者采用加传力杆的平缝形式，后者同胀缝形式。特殊情况下，采用设拉杆的企口缝形式。

3）胀缝

除夏季施工的板，且板厚大于或等于200mm时可不设胀缝外，其他季节施工时均应设胀缝。胀缝间距一般为100~200m。混凝土板边与邻近桥梁等其他结构物相接触或板厚有变化或有竖曲线时，一般也要设胀缝。横向缩缝为假缝时，可等间距或变间距布置，一般不设传力杆。

对于特重及重交通等级的混凝土路面，横向胀缝、缩缝均设置传力杆。当混凝土板的自由边不能设置传力杆时，应增设边缘钢筋，自由板角上部增设角隅钢筋。

（2）路肩

路肩给路面结构提供侧向支承，供车辆紧急或临时停靠，在车行道进行修补时可作为临时车道使用，因而路肩应具有一定的承受车辆荷载的能力。路肩的层次结构和材料选择，除了考虑承载能力外，还应结合路面排水系统的布置和要求，使渗入路面的水分能由排水通道迅速排离出路面结构，为铺筑出符合质量标准的水泥混凝土路面提供基本保证。

路肩的铺面结构可选用水泥混凝土面层或沥青面层。高速公路和一级公路的水泥混凝土路肩的铺面结构和厚度应与行车道一致。路肩与行车道之间的纵缝应设置拉杆。

（3）路面排水

高速公路和一级公路的路面排水一般由路肩排水（一般设置2%~3%横向坡度）、中央分隔带排水和路面表面渗入水的排除等组成。路肩必须设置边坡与板底连通的排水盲沟，以利于将路面板接缝处的渗水排出路肩。

3. 水泥混凝土路面的特点

水泥混凝土路面是一种刚度较大、扩散荷载应力能力强、稳定性好和使用寿命长的路面结构，它与其他路面相比，具有以下优缺点：

（1）水泥混凝土路面的优点

稳定性好：水泥混凝土路面的水稳性、热稳性均较好，特别是它的强度能随着时间的延长而逐渐提高，既不存在沥青路面的那种"老化"现象，也不会像砂石路面那样出现"衰退"现象。抗油类侵蚀能力强，不会因受油类污染而损坏，抗洪能力也远比沥青路面强。

强度高：水泥混凝土路面具有较高的抗压强度、抗弯拉强度以及抗磨耗能力。

养护费用少、经济效益高：与沥青混凝土路面相比，水泥混凝土路面的养护工作量和养护费用仅为沥青路面的1/4~1/3。它的建筑投资虽较大，但使用年限长，因此所分摊于每年的工程费用较少。

耐久性好：由于混凝土路面的强度和稳定性好，所以它经久耐用，一般能使用20~40年，而且它能通行包括履带式车辆等在内的各种运输工具。

有利于夜间行车：混凝土路面色泽鲜明，能见度好，反光能力强，对夜间行车有利。

抗滑性能好：水泥混凝土路面表面粗糙度好，车辆在潮湿路面行驶不打滑，行驶安全。

（2）水泥混凝土路面的缺点

1）对水泥和水的需要量大

对水泥供应不足和缺水地区的路面施工带来较大困难。

2）有接缝

一般水泥混凝土路面要建造许多接缝，这些接缝不但会增加施工和养护的复杂性，而且容易引起行车跳动。

3）开放交通较迟

一般水泥混凝土路面完工后，要经过15~20d的养护，才能开放交通。

4）修复困难

水泥混凝土路面损坏后，开挖很困难，修补工程量大，费用高，且影响交通。

由于水泥混凝土路面的强度高，耐久性好，能适应重载、高速而繁密的汽车运输的要求，在我国一些城市道路、工矿道路、停车场和机场跑道上使用较多。由于它的水稳性及能见度好，特别适用于修筑隧道内的路面，但是修筑混凝土路面要耗费大量的水泥和一定数量的钢材，因此，在我国公路路面上目前采用得还不是很多。随着我国公路运输事业的发展，行车车载质量和速度日益提高，特别是水泥工业的进一步发展，今后，水泥混凝土路面在我国必然会得到越来越广泛的应用。

二、水泥混凝土路面施工方式的选择

水泥混凝土路面的施工方法主要有小型机具施工、三辊轴机组施工、轨道式摊铺机施工和滑模式摊铺机施工四种方式。

1. 小型机具施工

小型机具施工是一种传统的路面施工方法。它是采用固定模板，人工布料，手持振捣棒、振动板或振捣梁振实，滚杠、修整尺、抹平刀整平的混凝土路面施工工艺。

由机械拌和水泥混凝土，人工摊铺，辅助配备一些机具进行的路面施工的方式，不需要大型设备，施工便捷，技术简单成熟；但是对劳动力数量的需求较大，因此在县级、乡镇村道路施工及中、轻交通等级路面中应用广泛。

2. 三辊轴机组施工

三辊轴机组施工是由三辊轴摊铺整平机、振捣器等机组铺筑水泥混凝土路面的施工工艺。该种施工方法适用于二、三、四级公路及县乡级公路水泥混凝土路面的施工。三辊轴机组施工技术，由于设备投入少，技术容易掌握，在还没有相应的施工技术规范前，不少地方已在使用。

三辊轴摊铺整平机以轴的直径划分型号，以轴的长度划分规格。从摊平拌和物考虑，轴的直径大比较有利；从有效密实深度考虑，轴的直径较小比较有利。目前市场上的三辊轴摊铺整平机，轴的直径有168mm、219mm和240mm等几种。根据摊铺路面的厚度选用型号，厚200mm以上的路面宜采用轴的直径为168mm，桥面铺装或厚度较小的路面可采用轴的直径为219mm。根据摊铺宽度确定规格，轴长宜比路面宽度大600~1200mm。

振捣机有振动梁式和内部振动式两种。振动梁式振捣机适合于摊铺厚度较小的路面，振动频率为50~100Hz，振动加速度为40~50m/s^2。内部振动式振捣机适合于摊铺厚度较大的路面，宜采用电机内装插入式振动器，振动频率为150~200Hz，振动棒的直径为

50~70mm。振动棒的间距不大于其有效作用半径的 1.5 倍，并应不大于 500mm。

水泥混凝土路面施工中常用内部振动式振捣机振捣。振动棒以棒的直径划分型号，直径越大，有效作用半径也越大，有效作用半径一般为振动棒直径的 4~10 倍，混凝土的坍落度越大，有效作用半径越大。在路面施工中，采用较密的振动棒间距，适合振捣坍落度较小的拌和物，通过调节振动时间或振捣机的移动速度，也可用于振捣坍落度较大的拌和物。

3. 碾压混凝土路面施工

碾压水泥混凝土是一种通过振动碾压施工工艺达到高密度、高强度的刚硬性水泥混凝土，具有节约水泥、收缩小、施工速度快、强度高、开放交通早等技术经济上的优势。

施工时，采用沥青混凝土路面的主要施工机械将单位用水量较少的干硬性水泥混凝土摊铺、碾压成形。根据其材料和工艺特点，碾压混凝土路面施工的技术难点是如何实现压实度与平整度的协调统一。大量试验研究表明，碾压混凝土路面施工的技术关键可概括为稠度稳定、摊铺均匀、碾压密实、养生充分。为了实现这一目标，重点是在做好施工机械选型与配套的基础上，合理选择拌和、摊铺、碾压及养生等关键工序的工艺参数。

4. 滑模式摊铺机施工

滑模式摊铺机施工是一种采用滑模式摊铺机摊铺水泥混凝土路面的机械化施工方式，其特征是不架设边缘固定模板，将布料、松方控制、高频振捣棒组、挤压成形滑动模板、拉杆插入、抹面等安装在一台可自行控制的机械上，通过基准线控制，能够摊铺出密实度高、动态平整度优良、外观几何形状准确的水泥混凝土路面。

滑模式施工利用成套机械设备，使路面施工达到了一个新水平，每个台班修筑路面可达 1km。特别是水泥混凝土搅拌自动化和路面摊铺的自动化推进了施工过程控制的自动化。这不仅提高了劳动生产率，而且提高了施工工序所要求的精度，提高了施工机械的可靠性和延长了使用寿命，降低了劳动强度，保证了施工安全，从而提高了路面产品的质量。

滑模式施工主要使用带滑动模板的混凝土摊铺机，该机器在牢固路基上自行并沿着样线自动转向和自动找平，一次性完成布料、振动密实、外部成型和表面抹光等工序，最终水泥混凝土路面在固定于机器上的滑动模板中生成滑出。而固模式施工是摊铺设备沿轨道模板运行，轨道模板不仅作为机器行走转向和路面找平的基准，而且作为水泥混凝土混合料的固定模板使用。滑模式施工和固模式施工在路面成型方式和机器找平和转向原理上都不同，两者施工方式相比较，具有以下特点：

（1）滑模式施工最初机械投资较大，但节省了轨道模板及其安装拆卸人工作业。在路面工程规模大于 10km 时，工程量越大，费用节省越多，滑模式施工的经济效益越好。因此，小规模的路面工程采用固模式施工较经济。

（2）滑模式施工由于消除了繁重且费时的轨道模板安装、基准调整和拆卸，故而降低了施工工作强度，大大提高了水泥混凝土路面施工的效率，其平均昼夜施工进度是固模式施工的3~5倍。目前国内日施工最快可达15500㎡，正常情况下可施工10000㎡。

（3）由于轨道安装误差和轨道模板下路基发生变形，固模式施工会导致路面平整度差，轨道模板在路面弯道处的适应性和连续性都较差。滑模式施工依靠自动找平和自动转向系统，摊铺路面的路拱、纵坡、横坡和弯道均可通过调整摊铺装置控制机构自动实现。两、三车道的路面可以全幅施工，一次成形，提高了路面平整度和路面几何尺寸精度，能够满足更高的路面质量要求。

（4）滑模式施工与固模式施工相比，对水泥混凝土混合料的稠度和黏聚性、搅拌质量的均匀性、供料的连续性、机器的适应性、施工技术水平和管理水平要求较高，对施工工序控制的精度要求也高。

从经济技术角度看，滑模式施工适合于大规模的高速公路水泥混凝土路面工程，而固模式施工适合于中小规模的低等级公路水泥混凝土路面工程。

三、水泥混凝土路面施工的材料准备

水泥混凝土面层直接与行车荷载、各种大气因素接触，在荷载的重复作用和环境因素的影响下，混凝土必须要有足够的强度和耐久性，还要有耐磨、平整、抗滑的表面以确保行车的舒适和安全。因此要求水泥混凝土有合格的材料和合理的配合比。道路路面用水泥混凝土由适当级配的粗细集料、水泥、外加剂和水混合而成，其组成材料的技术要求如下：

1. 水泥混凝土原材料的技术要求

（1）水泥

特重、重交通路面宜采用旋窑道路硅酸盐水泥，也可采用旋窑硅酸盐水泥或普通硅酸盐水泥；中、轻交通的路面可采用矿渣硅酸盐水泥；低温天气施工或有快通要求的路段可采用R型（快硬型）水泥，此外宜采用普通型水泥。采用机械化铺筑时，宜选用散装水泥。散装水泥的夏季出厂温度：南方不宜高于65℃，北方不宜高于55℃；混凝土搅拌时的水泥温度：南方不宜高于60℃，北方不宜高于50℃，且不宜低于10℃。

（2）粗集料

粗集料应使用质地坚硬、耐久、洁净的碎石、碎卵石和卵石，并应符合相应的规定。高速公路、一级公路、二级公路及有抗盐（冻）要求的三、四级公路混凝土路面使用的粗集料级别应不低于Ⅱ级，无抗盐（冻）要求的三、四级公路混凝土路面、碾压混凝土及贫混凝土基层可使用Ⅲ级粗集料。碎石的强度可以用岩石的抗压强度和压碎指标表示。

粗集料的最大公称粒径，碎卵石不应大于 26.5mm，碎石不应大于 31.5mm，卵石不宜大于 19.0mm。

（3）细集料

水泥混凝土中细集料一般为粒径范围在 0.15~0.75mm 之间的质地坚硬、耐久、洁净的天然砂或机制砂，不宜使用再生细集料。细集料按照技术要求分为Ⅰ、Ⅱ、Ⅲ级，其各项技术指标及颗粒级配应符合设计和规范要求。

面层水泥混凝土使用的天然砂细度模数宜在 2.0~3.7 之间。路面和桥面用天然砂宜为中砂，也可使用细度模数在 2.0~3.5 之间的砂。同一配合比用砂的细度模数变化范围不应超过 0.3；否则，应分别堆放，并调整配合比中的砂率后使用。

（4）水

饮用水可直接作为混凝土搅拌和养护用水。未经处理的工业及生活废水、污水、沼泽水以及 pH 值小于 4.5 的酸性水均不能使用。

（5）外加剂

为了改善混凝土的技术性质，可在混凝土中加入一定数量的外加剂。常用的外加剂有减水剂、早强剂、引气剂、缓凝剂、阻锈剂等。在公路路面工程建设中，掺用外加剂，可按照以下规定选用：

1）各交通等级路面、桥面混凝土宜选用减水率大、坍落度损失小、可调控凝结时间的复合型减水剂。高温施工宜使用引气缓凝（保塑、高效）减水剂；低温施工宜使用引气早强（高效）减水剂。选定减水剂品种前，必须与所用的水泥进行适应性检验。

2）引气剂应选用表面张力降低值大、水泥稀浆中起泡容量多而细密、泡沫稳定时间长、不溶残渣少的产品。有抗盐（冻）要求地区，各交通等级路面、桥面、路缘石、路肩及贫混凝土基层必须使用引气剂；无抗盐（冻）要求地区，二级及二级以上公路路面混凝土中应使用引气剂。

3）处在海水、海风、氯离子、硫酸根离子环境或冬季须除冰（盐）的路面或桥面钢筋混凝土、钢纤维混凝土中宜掺阻锈剂。

（6）接缝材料

为了控制温度变化在混凝土路面内引起的收缩和翘曲应力，须在面层内设置各种类型的接缝。接缝材料常用的有接缝板和填缝料两类。

1）接缝板有杉木板、纤维板、泡沫橡胶板、泡沫树脂板等类型。应选用能适应混凝土面板膨胀和收缩、施工时不变形、弹性复原率高、耐久性好的胀缝板。高速公路、一级公路宜采用塑胶板、橡胶泡沫板或沥青纤维板；其他公路可采用各种胀缝板。

2）填缝料应具有与混凝土板壁黏结牢固，回弹性好，不溶于水，不渗水，高温时不挤出，不流淌，抗嵌入能力强，耐老化龟裂，负温拉伸量大，低温时不脆裂，耐久性好等性能。填缝料有常温施工式和加热施工式两种。常温施工式填缝料主要有聚（氨）酯、硅树脂类，氯丁橡胶、沥青橡胶类等。加热施工式填缝料主要有沥青玛蹄脂类、聚氯乙烯胶泥类、改性沥青类等。高速公路、一级公路应优先使用树脂类、橡胶类或改性沥青类填缝料，并宜在填缝料中加入耐老化剂。

2. 混凝土配合比设计

路面水泥混凝土配合比设计在兼顾经济性的同时应满足工作性、弯拉强度（抗折强度）、耐久性三项基本性能的要求。混凝土配合比设计要根据工程的设计要求、材料的品质、施工工艺、操作水平及工地环境等方面，通过选择、计算和试验来确定水、水泥、细集料、粗集料、外加剂等相互之间的比例关系。配合比设计步骤如下：

（1）计算初步配合比

1）按照设计要求强度等级计算混凝土的配置强度。

2）计算水灰比，并按照耐久性要求校核是否满足最大水灰比规定。

3）根据混凝土拌和物的坍落度及粗集料最大粒径，查相关表选定混凝土的单位用水量。

4）按照强度要求计算单位水泥用量，并按照耐久性校核是否满足最小水泥用量的规定。

5）选定砂率。

6）计算粗、细集料的单位用量，可采用质量法或体积法计算；最后得出混凝土的初步配合比。

（2）试拌调整，确定基准配合比

按照初步配合比试拌 15L 的混凝土拌和物，检查拌和物的和易性。若不满足施工坍落度的要求，应在保持水灰比不变的条件下相应调整水泥浆用量或者砂率，反复试验，直至施工工作性满足要求为止。由此得到供混凝土强度试验用的基准配合比。

（3）检验强度，确定试验室配合比

按照基准配合比，同时配置工作性满足设计要求的、较基准配合比水灰比增大 0.03 或减小 0.03 的共三组混凝土试件，经标准养护 28d，测定其抗弯拉强度。得到工作性和强度均满足要求的配合比后，还应按照混凝土的实测密度再进行必要的校正，而后得到试验室配合比。

（4）换算工地施工配合比

在路面铺筑前，应进行大型搅拌站配合比试验检验，检验通过，其配合比方可用于摊铺。再根据施工现场材料性质、砂石材料含水率，对试验室配合比进行换算，包括微调外加剂掺量及微调加水量，得到工地施工配合比。

四、水泥混凝土拌和物的搅拌与运输

水泥混凝土依照具体要求进行搅拌，必须采用机械拌和，可以采用在工地上由混凝土搅拌机拌制，或在中心搅拌站集中拌制。混凝土的运输则一般采用自卸汽车或混凝土搅拌运输车运送至工地。

1. 混凝土的搅拌

（1）现场搅拌站

搅拌站地点的设立应具备供水、供电、排水、运输道路等基本条件。搅拌站应合理布置搅拌机和砂石、水泥等材料的堆放地点，力求提高搅拌机生产率。搅拌机的容量应根据工程量的大小和施工进度配置，同时，施工工地宜有备用的搅拌机和发电机组。

拌制混凝土的供料系统应尽量采用配有电子秤的自动计量设备，有困难时，最低限度也要采用集料箱加地磅的计量方法，而体积计量法难以达到计量准确的要求，应停止使用。用自动计量设备时，在每天开始拌和前，应按混凝土配合比要求，对水泥、水和各种集料的用量准确调试后（特别应根据天气变化情况，测定砂石材料的含水率，以调整拌制时的实际使用量），输入自动计量的控制存储器中，经试拌检验无误，再正式拌和生产。量配的精确度为：水和水泥：±1%；粗细集料：±3%；外加剂应单独计量，精确度为 ±2%。每一工班至少应检查两次材料量配的精确度，每半天检查两次混合料的坍落度。

搅拌机的装料顺序宜为砂、水泥、碎（砾）石，或碎（砾）石、水泥、砂。进料后，边搅拌边加水。搅拌时间应根据搅拌机的性能和拌和物的和易性确定。混凝土拌和物的最短搅拌时间，自材料全部进入搅拌鼓起，至拌和物开始出料为止的连续搅拌时间应符合相关规定。搅拌最长时间不得超过最短时间的 3 倍。

（2）中心搅拌站

中心搅拌站主要由搅拌主机、物料称量系统、物料输送系统、物料储存系统和控制系统等五大系统和其他附属设施组成。拌和设备按照生产方式可分为间歇式搅拌楼和连续式搅拌楼。由于间歇式搅拌楼是每锅单独称料的，搅拌精度高于连续式的，宜优先选择。连续式搅拌楼亦能够达到滑模摊铺高速公路水泥混凝土路面的要求，也可用于公路工程建设。

1）配料精度

不同摊铺方式所要求的搅拌楼最小生产容量应满足相关规定。一般可配备 2~3 台搅拌楼，最多不超过 4 台。

每台搅拌楼在投入生产前，必须进行标定和试拌。在标定有效期满或搅拌楼搬迁安装后，均应重新标定。施工中应每15d校验一次搅拌楼计量精确度。搅拌楼配料计量偏差不得超过相应规定。不满足时，应分析原因，排除故障，确保拌和计量精确度。采用计算机自动控制系统的搅拌楼时，应使用自动配料生产，并按需要打印每天（周、旬、月）对应路面摊铺桩号的混凝土配料统计数据及偏差。

2）搅拌时间

应根据拌和物的黏聚性、均质性及强度稳定性试拌确定最佳拌和时间。一般情况下，单立轴式搅拌机总拌和时间宜为80~120s，全部原材料到齐后的最短纯拌和时间不宜短于40s；行星立轴和双卧轴式搅拌机总拌和时间为60~90s，最短纯拌和时间不宜短于35s；连续双卧轴搅拌楼的最短拌和时间不宜短于40s。最长总拌和时间不应超过高限值的2倍。

3）外加剂的使用

外加剂应以稀释溶液加入，其稀释用水和原液中的水量，应从拌和加水量中扣除。使用间歇式搅拌楼时，外加剂溶液浓度应根据外加剂掺量、每盘外加剂溶液筒的容量和水泥用量计算得出。连续式搅拌楼应按流量比例控制加入外加剂。加入搅拌锅的外加剂溶液应充分溶解，并搅拌均匀。有沉淀的外加剂溶液，应每天清除一次稀释池中的沉淀物。

4）拌和质量控制

施工开始及搅拌过程中都应按规定的频率检验坍落度、坍落度损失、含气量、泌水量、混凝土凝结时间、砂石料含水率及混凝土容重等。按标准方法预留规定数量的弯拉强度试件。在寒冷或炎热气候下施工，混凝土拌和机出料时的温度应分别控制在10℃~35℃之间，并应加测原材料温度、拌和物的温度、切落度损失率和凝结时间等。

混凝土拌和物应均匀一致，不得有未加水的干料、未拌匀的生料和离析等现象，干料和生料禁止用于路面摊铺。一台搅拌楼每盘之间和其他搅拌楼之间，混凝土拌和物的坍落度允许误差为±1cm。试拌及滑模摊铺时的坍落度，应按最适宜滑模摊铺的坍落度值加上当时气温下运料所耗时间的坍落度损失值确定。在雨天或阵雨后，应按砂石料实际含水率及时微调加水量。

2. 混凝土的运输

应根据施工进度、运量、运距及路况，选配运输混凝土的车型和车辆总数。总运力应比总拌和能力略有富余，确保新拌和混凝土在规定时间内运到摊铺现场。

通常采用自卸汽车运输混凝土拌和物，拌和物坍落度大于5cm时应采用搅拌车运输，运输到现场的拌和物必须具有适宜摊铺的工作性。不掺加缓凝剂的混凝土拌和物从搅拌机出料到运抵现场的允许最长时间应符合相关规定。若运输时间超过规定时间限制或在夏季浇筑时，拌和过程中应加入适量的缓凝剂。运输时间过长，混凝土拌和物的水分蒸发和离析现象会增加，因此应尽量缩短混凝土拌和物的运输时间，并采取措施防止水分损失和混合料离析。

混凝土拌和物的运输除应满足上述规定外，尚应符合下列技术要求：

（1）运送混凝土的车辆装料前，应清净厢罐，洒水润壁，排干积水。装料时，自卸车应挪动车位，防止离析。搅拌楼卸料落差不应大于2m。

（2）混凝土运输过程中应防止漏浆、漏料和污染路面，途中不得随意耽搁，自卸车运输应减小颠簸，防止拌和物离析。车辆起步和停车应平稳。

（3）烈日、大风、雨天和低温天远距离运输时，自卸车应遮盖混凝土，罐车宜加保温隔热套。

（4）使用自卸车运输混凝土最远运输半径不宜超过20km。

（5）运输车辆在模板或导线区掉头或错车时，严禁碰撞模板或基准线，一旦碰撞，应告知测量人员重新测量纠偏。

（6）车辆倒车及卸料时，应有专人指挥。卸料应到位，严禁碰撞摊铺机和前场施工设备及测量仪器。卸料完毕，车辆应迅速离开。

（7）碾压混凝土卸料时，车辆应在前一辆车离开后立即倒向摊铺机，并在机前10~30cm处停住，不得撞击摊铺机。然后换成空挡，并迅速升起料斗卸料，靠摊铺机推动前进。

五、水泥混凝土面层的铺筑

1.安装模板

公路混凝土路面板、桥面板和加铺层的施工模板应采用刚度足够的槽钢、轨模或钢制边侧模板，不应使用木模板、塑料模板等其他易变形的模板。采用人工摊铺混凝土，无钢模时，也可采用木模，但厚度宜在5cm以上。

（1）测量放样

支立模板前在垫层或基层上进行模板安装及摊铺位置的测量放样，每20m布设中桩和边桩，每100m布设临时水准点，核对路面高程、面板分块、胀缝和构造物位置。测量放样的质量要求和允许偏差要符合相应测量规范的规定，且不能超出规范对模板安装精确度的规定。

（2）模板安装

1）侧模安装

模板高度应与混凝土面层板厚度相同。长度以两人能够搬动为准，一般为3~5m，在小半径弯道可使用小于 4m 的模板。

模板顶面用水准仪检查标高，不符合要求时予以调整。施工时，要经常检查模板平面和高程，并严加控制。模板两侧铁钎打入基层固定。模板的顶面与混凝土板顶面齐平，并应与设计高程一致，模板底面应与基层顶面紧贴，局部低洼处（空隙）要事先用水泥浆铺平并充分夯实。每米模板应设置一处支撑固定装置。固定的作用是防止振捣机、振捣梁、三辊轴、滚杠振动和重力作用下向外发生水平位移，立好的模板在浇筑混凝土之前，其表面应涂刷皂液、废机油等防黏剂，以便拆模。

2）端模安装

横向施工缝端模板为焊接钢制模板或槽钢模板，应按设计规定的传力杆直径和间距设置传力杆插入孔和定位套管。两边缘传力杆到自由边距离不宜小于 150mm。每米设置一个垂直固定孔套。

3）模板检查

模板应安装稳固、顺直、平整、无扭曲，相邻模板连接应紧密平顺，不得有底部漏浆、前后错茬、高低错台等现象。模板应能在承受摊铺、振实、整平设备的负载行进、冲击和振动时不发生位移。严禁在基层上挖槽，嵌入安装模板。

模板安装检验合格后，与混凝土拌和物接触的表面应涂脱模剂或隔离剂；接头应粘贴胶带或塑料薄膜等密封。

模板安装完毕后，宜再检查一次模板相接处的高差和模板内侧是否有错位和不平整等情况，高差大于 3mm 或有错位和不平整的模板应拆除重新安装。

（3）模板校正与拆除

当混凝土抗压强度不小于 8.0MPa 时方可拆模。适宜的拆模时间与当地的昼夜平均气温及所用的水泥品种有关。当路面混凝土中掺加粉煤灰时，正常气温下，一般应延长 1~d 拆模，低温条件下应延长 3~5d 拆模。达不到要求，不能拆除端模时，可空出一块面板，重新起头摊铺，空出的面板待两端均可拆模后再补做。

2. 小型机具摊铺

（1）摊铺

摊铺混凝土前，应对模板的间隔、高度、润滑、支撑稳定情况和基层的平整、润湿情况，以及钢筋的位置和传力杆装置等进行全面检查。

混凝土混合料运送车辆到达摊铺地点后，一般直接倒入安装好侧模的路槽内，并用人工找补均匀，如发现有离析现象，应用铁锹翻拌。

混凝土板厚度不大于 24cm 时，可一次摊铺；大于 24cm 时，宜分两次摊铺，下层厚度宜为总厚度的 3/5。摊铺的松料厚度，应考虑振实的影响而预留一定的高度。具体数值根据试验确定，一般可取设计厚度的 10% 左右。

用铁锹摊铺时，应用"扣锹"的方法，严禁抛掷和搂耙，以防止离析。在模板附近摊铺时，用铁锹插捣几下，使灰浆捣出，以免发生蜂窝。

（2）安放加强钢筋

1）安放钢筋网片

安放钢筋网片时，不得踩踏，应在底部先摊铺一层混凝土拌和物，摊铺高度应按钢筋网片设计位置预加一定的沉落高度。待钢筋网片安装就位后，再继续浇筑混凝土。若安放双层钢筋网片时，对厚度不大于 25cm 的板，上下两层钢筋片可事先用架立筋扎成骨架后一次安放就位。厚度大于 25cm 的，上下两层钢筋网片应分两次安放。

2）安放角隅和边缘钢筋

安放角隅钢筋时，应先在安放钢筋的角隅处摊铺一层混凝土拌和物。摊铺高度应比钢筋设计位置预加一定的沉落度。角隅钢筋就位后，用混凝土拌和物压住。

安放边缘钢筋时，应先沿边缘铺筑一条混凝土拌和物，拍实至钢筋设置高度，然后安放边缘钢筋，在两端弯起处用混凝土拌和物压住。

（3）振捣

摊铺好的混凝土混合料，应迅即用平板振捣器和插入式振捣器均匀地振捣。平板振捣器的有效作用深度一般为 22cm。不采用真空脱水工艺施工时，宜采用 2.2kW 的平板振捣器；采用真空脱水工艺施工时，可采用功率较小的平板振捣器。插入式振捣器主要用于振捣面板的边角部、客井、进水口附近，以及安设钢筋的部位，施工中宜先用频率 6000 次 /min 以上的振捣器。

振捣混凝土混合料时，首先应用插入式振捣器在模板边缘角隅等平板振捣器振捣不到处振一次（如面板厚度大于 22cm，则须用插入式振捣器全面顺序插振一次），同一位置不宜少于 20S。插入式振捣器移动间距不宜大于其作用半径的 1.5 倍，其至模板的距离不应大于其作用半径的 0.5 倍，并应避免碰撞模板和钢筋。分两次摊铺的，振捣上层混凝土混合料时，插入式振捣器应插入下层混凝土混合料 5cm，上层混凝土混合料的振捣必须在下层混凝土拌和物初凝之前完成。其次，再用平板振捣器全面振捣，振捣时应重叠 10~20cm。同一位置振捣时，当水灰比小于 0.45 时，振捣时间不宜少于 30s；水灰比大于 0.45 时，振捣时间不宜少于 15s，以不再冒气泡并泛出水泥浆为准。

（4）整平饰面

混凝土在全振捣后，再用振动梁进一步拖拉振实并初步整平，振动梁往返施拉 2~3 遍，使表面泛浆，赶出气泡。振动梁移动的速度要缓慢而均匀，前进速度以 1.2~1.5m/mm 为宜。对不平之处，应及时辅以人工补填找平。补填时应用较细的混合料原浆，严禁用纯砂浆填补，振动梁行进时，不允许中途停留。牵引绳不可过短，以减少振动梁底部的倾斜，振动梁底面要保持平直，当弯曲超过 2mm 时应调查或更换，下班或不用时，要清洗干净，放在平整处（必要时将振动梁朝下搁放，以使其自行校正平直度），不得暴晒或雨淋。

最后再用平直的滚杠进一步滚揉表面，使表面进一步提浆并调匀。滚杠的结构一般是挺直的、直径 75~100mm 的无缝钢管，在钢管两端加焊端头板，板内镶配轴承，管端焊有两个弯头式的推拉定位销，伸出的牵引轴上穿有推拉杆。这种结构既可滚拉又可平推提浆赶浆，使表面均匀地保持 5~6mm 的砂浆层，以利密封和作面；设有路拱时，应使用路拱成形板整平。

如发现混凝土表面与拱板仍有较大高差，应重新补填找平，重新振滚平整饰面。最后挂线检查平整度，发现不符合之处应进一步处理刮平，直到平整度符合要求为止。

3. 三辊轴机组摊铺

（1）卸料及布料

布料前应将其清扫干净，并洒水润湿。

必须有专人指挥车辆均匀卸料；在摊铺宽度范围内，宜分多堆卸料。可用人工进行布料，有条件的可配备装载机或挖掘机布料。采用人工布料时，要防止布料整平过的混凝土表面留下踩踏的脚印，还要防止将泥土踩踏入路面中。布料速度与摊铺速度相适应，且不宜低于 30~40m/h。

布料的松铺系数根据混凝土拌和物的坍落度和路面横坡大小确定，一般在 1.08~1.25 之间。坍落度大时，取低值；坍落度小时，取高值。超高路段，横坡高的一侧，取高值；横坡低的一侧，取低值。布料后混合料表面大致平整，不得有明显的凹陷。

（2）密排振实

混合物布料长度大于 10m 时，可开始振捣作业。振捣作业采用插入密排振捣棒组，间歇插入振捣，每次移动距离不宜超过振捣棒有效作用半径的 1.5 倍，并不得大于 0.5m，振捣时间宜为 15~30s。

（3）拉杆安装

面板振实后，立即安装纵缝拉杆。单车道摊铺的混凝土路面，在侧模预留孔中按设计要求插入拉杆。

（4）人工补料

在三辊轴滚压前，振实料位高度宜高于模板顶面 5~20mm，在滚压后进行观察，混凝土表面过高时人工铲除，过低时用混合料补平，使表面大致平整，无踩踏和混合料分层离析现象，严禁使用水泥浆找平。

（5）三辊轴整平

作业单元划分：三辊轴整平机按作业单元分段整平，作业单元长度宜为 20~30m，振捣机振实与三辊轴整平两道工序的时间间隔不宜超过 15min。

滚压方式与遍数：在一个作业单元长度内，采用前进振动、后退滚压的方式作业，宜分别进行 2~3 遍。滚压遍数与料位高差、坍落度、整平机的重量和振捣烈度有关，主要依靠经验和试铺确定。

料位的高、低控制：在作业时，要有人处理三辊轴前料位的高、低情况；过高时，人工铲除。三辊轴下有间隙时，应使用混合料补足。

（6）精平饰面

整平饰面：三辊轴摊铺的整平施工宜在混凝土初凝时间的 1/3 以内完成，并立即用刮尺进行第一遍饰面，一般在 25~30（温度小时）时进行，过迟均匀效果较差。在推拉过程中，调整好刮尺底面与路面的接触角度，刮尺底面前缘离开路面。用长 3~5m 的饰面刮尺，纵向摆放，从路面以外，沿横坡方向，由板的一边向另一边拉刮，使表面砂浆沿横向均匀分布。第一遍用刮尺整平饰面，推拉刮尺的速度应均匀，刮尺在推拉方向的前缘离开浆面，使刮出的浆始终被刮尺压住，刮尺推拉方向与浆面保持一定的角度。

精平饰面：第一遍刮尺饰面后留下的浆条，必须进行第二遍刮尺饰面。第二遍或最后一遍刮尺饰面以不留下明显的浆条为宜。

4. 碾压混凝土路面摊铺

（1）一般规定

碾压工艺可用于二、三、四级公路混凝土面层与高速公路、一级公路复合式路面碾压混凝土下面层施工。

碾压铺筑应按卸料进摊铺机、摊铺机摊铺、拉杆设置、钢轮压路机初压、振动压路机复压、轮胎压路机终压、抗滑处理、养生、切缝等工艺流程进行。

碾压混凝土面层摊铺，宜选用沥青混凝土摊铺机。摊铺机应具有振动压实功能，摊铺密实度不应小于 85%。

碾压混凝土面层铺筑时，边缘宜设置槽钢或方木模板。模板固定应牢固，碾压时不得推移。

（2）摊铺

采用沥青混凝土摊铺机摊铺时，松铺系数宜控制在 1.05~1.15 之间。采用基层摊铺机摊铺时，松铺系数宜控制在 1.15~1.25 之间。应通过试铺确定松铺系数。

摊铺前应洒水湿润基层。摊铺作业应均匀、连续，摊铺过程中不得随意变换速度或停顿。

螺旋分料器转速应与摊铺速度相适应，摊铺过程中应保证两边缘供料充足。

弯道及超高路段铺筑时，应及时调整左右两侧分料器的转速，保证两侧供料均衡、充足。

两台摊铺机前后紧随摊铺时，两幅摊铺间隔时间应控制在 1h 之内。

拉杆设置应与摊铺同步进行。采用打入法时，应根据设计间距设醒目的定位标记，准确打入拉杆。

摊铺后，应立即对所摊铺混凝土表面进行检查，局部缺料部分，应及时补料。局部粗集料聚集部位，应在碾压前挖除并用新混凝土填补。

（3）碾压

碾压段长度宜控制在 30~40m 之间。直线段碾压时，压路机应从外侧向路中心碾压；平曲线有超高路段，应由低侧向高侧、自内向外碾压。

碾压应紧随摊铺机碾压。碾压宜分初压、复压和终压三个阶段进行，并应符合下列规定：

1）压路机应匀速稳定、连续行进，中间不应停顿、等候和拖延，也不得相互干扰。

2）压路机起步、倒车和转向均应缓慢柔顺，碾压过程中不得中途急停、急拐、紧急起步及快速倒车。

3）初压宜采用钢轮压路机或振动压路机静碾压，重叠量宜为 1/4~1/3 钢轮宽度。

4）复压宜采用 10~15t 振动压路机振动碾压，重叠量宜为 1/3~1/2 振动碾宽度。复压遍数应以实测满足规定压实度值为停止复压标准。

5）终压应采用 15~25t 轮胎压路机静碾压，以弥合表面微裂纹和消除轮迹为停压标准。碾压密实后的表面应及时喷雾、洒水，并尽早覆盖养生。

施工过程中应采取措施控制碾压混凝土表面裂纹的产生。碾压终了后的面层表面不应有可见微裂纹。

5. 滑模式摊铺机摊铺

（1）设备和机具准备

高速公路、一级公路施工，宜选配能一次摊铺不少于 2 个车道宽度（7.5m）的滑模式摊铺机；二级及二级以下公路路面的最小摊铺宽度不得小于单车道设计宽度。硬路肩的摊铺宜选配可连体摊铺路缘石的中、小型多功能滑模式摊铺机。

（2）基准线设置

设置基准线的目的是为滑模摊铺建立一个标高、纵横坡、板厚、板宽、摊铺中线、弯道及连续平整度等基本几何位置的基准参考系。基准线可为滑模式摊铺机上的 4 个水平传感器和 2 个方向传感器提供一个精确的与路面平行的水平（横坡）和直线（转弯）方向平面基准参考体系，其料准度决定着路面摊铺的几何精度和平整度。因此，基准线是滑模摊铺施工的"生命线"，是保证摊铺出的面板的标高、横坡、板厚、板宽等技术指标符合规范要求的必要条件。

1）基准线横向支距：基准线桩固定位置到摊铺面板边缘的横向支距应根据滑模式摊铺机侧模别传感器的位置而定，一般履带跨中摊铺，两侧路面边缘宜不小于1m宽度，最小不得小于0.65m。基准线上的标高应为其所在位置的路面边缘高程计入支距横坡高度后，加上设定的架设高度。

2）基准线横向间距：基准线的横向间距为摊铺宽度加一侧（单线）或两侧（双线）横向支距。双线式基准线的垂直横向间距应相等，单线式基准线到摊角边缘间距应相等。

3）基准线桩纵向间距：平面直线段应小于或等于10m，圆曲线段视弯道半径大小，一般可为5~7m。在小半径弯道或山区极小半径回头弯道上，内侧宜为2.5~5m，外侧宜为3.5~7m，缓和曲线段和纵断面竖曲线段宜为5~10m。实际设置基准线桩距离可小于上述值，但不得大于给定尺寸。

4）基准线桩固定：基层顶面到夹线臂的高度宜为45~75cm，自基准线所在位置的路面边缘高程算起的基准线统一架设高度宜为25~50cm。基准线桩夹线臂夹口到桩的水平距离宜为30cm。夹线臂到桩顶垂直距离宜为15cm。基准线桩应牢固打入基层15~25cm。当打入困难时，应采用电钻钻孔后再钉牢固。

5）基准线长度：一根基准线的最大长度不得大于450m。超过此长度并需要继续摊铺时，应续接基准线，续接方式应通过同一个过渡桩的夹线臂口平顺连接。

（3）滑模摊铺前，应对施工现场准备工作进行的检查

1）检查板厚：每20m垂直于两侧基准线挂横线，用钢尺单车道测3点、双车道测5点垂直高度，减去基准线设定高度，即为单个板厚，3~5个值平均为该断面平均板厚。每200m，10个断面的匀值为该路段平均板厚。路段平均板厚不应小于设计板厚；断面平均板厚不应比设计板厚薄5mm；单个板厚极小值不应比设计板厚薄10mm。不满足上述要求时，应采取有效措施保证板厚。

2）检查辅助施工设备机具：拉毛养生机、布料机械、发电机等应全部到场并试运转正常。端模板、手持振捣棒、搓平梁、传力杆定位支架、拉杆、拉毛耙、工作凳、拖行工具、养生剂及其喷洒工具等所有施工器具和工具应全部到位，状态良好。

3）检查基层：基层局部破损应修补整平，基层上的裂缝应处理完毕，摊铺路面的基层及履带行走部位均应清扫干净并洒水湿润，积水应扫开。

4）横向连接摊铺检查：前次摊铺路面纵缝的溜肩、胀宽部位应切割顺直。前次摊铺安装的侧边位杆应校正扳直，缺少的拉杆应钻孔锚固植入。纵向施工缝的上半部缝壁应涂饱满沥青。

（4）滑模式摊铺机工作参数初设

对滑模式摊铺机所有机构工作部件应进行正确施工位置的初步设定，并将这些正确

施工参数通过试铺调整固定下来，正式摊铺时宜根据情况变化进行微调。

1）振捣棒下缘位置应在挤压板最低点以上，横向间距不宜大于45cm，均匀排列；两侧最边缘振捣棒与摊铺边缘距离不宜大于20cm。

2）挤压底板前倾角宜设置为3°左右。提浆夯板位置宜在挤压底板前缘以下5~10mm之间。无须设前仰角的滑模式摊铺机可将挤压底板前后调水平。

3）设超铺角的滑模式摊铺机两边缘超高程根据料的稠度应在3~8mm间调整。

带振动搓平梁的滑模式摊铺机应将搓平梁前沿调整到与挤压板后沿高程相同，搓平梁的后沿比挤压底板后沿低1~2mm，并与路面高程相同。

（5）滑模式摊铺机首次摊铺位置校准

首次摊铺前，应在直线路段采用钉桩或基准线法校准滑模式摊铺机挤压底板4角点高程和侧模前进方向。4个水平传感器控制挤压底板4角高程；2个方向传感器进行导向控制。按路面设计高程、横坡度或路拱测量设定2~3根基准线或4~6个桩，将6个传感器全挂上两侧基准线，并检查传感器的灵敏度和反应方向，开动滑模式摊铺机进入设好的桩位或线位，调整水平传感器立柱高度，使滑模式摊铺机挤压底板恰好落在精确测量设置好的木桩或基准线上，同时，调整好滑模式摊铺机机架前后左右的水平度。令滑模式摊铺机挂线自动行走，再返回校核1~2遍，正确无误后，方可开始摊铺。

（6）初始摊铺路面参数校正

在开始摊铺的5m内，必须对所摊铺出的路面标高、边缘厚度、中线、横坡度等技术参数进行复核测量。机手应根据测量结果及时缓慢地在滑模式摊铺机行进中反向的旋转滑模式摊铺机上水平传感器立柱手柄，校准挤压底板摊铺路面的高程和横坡，误差应在规定值范围内。及时调整拉杆打入深度及压力和抹平板的压力及边缘位置。检查摊铺中线时，应在设方向传感器的一侧，通过钢尺测量基准线到滑模式摊铺机侧模前后的横向距离，有误差时，缓慢微调前后两个方向传感器架立横梁伸出的水平距离，消除误差。禁止停机剧烈调整高程、中线及横坡等，以免严重影响平整度等质量指标，滑模式摊铺机"起步—调整—正常摊铺"，应在10m内完成，并应将滑模式摊铺机工作参数设置固定保护起来，不允许非操作手更改或撞动，第二天的连接摊铺，应先检查滑模式摊铺机挤压底板4个角点的位置，再将滑模式摊铺机后退到前一天做了侧向收口工作缝的路面内，到挤压底板前缘对齐工作缝端部，开始摊铺。

（7）布料

滑模摊铺普通水泥混凝土路面，必须有专人指挥车辆均匀卸料。滑模摊铺时，机前的最高料位不得高于滑模式摊铺机前松方控制板顶面，料位的正常高度应在螺旋布料器叶片最高点以下，亦不得缺料。机前缺料或料位过高时，宜采用装载机或挖掘机适当布料和送料，布料应与摊铺速度相协调。

采用布料机施工，松铺系数应视坍落度大小由试铺确定，当坍落度在 1~5cm 时，松铺系数宜在 1.08~1.15 之间；坍落度为 3cm 时，松铺系数宜控制在 1.1 左右。布料机与滑模式摊铺机之间的施工距离应控制在 5~10cm。热天日照强，风大，取小值；阴天湿度大，无风，可取大值。

采用布料机以外的布料方式摊铺钢筋混凝土路面、桥面或搭板时，禁止任何机械直接开上钢筋网。宜在钢筋外侧使用挖掘机或吊斗均衡卸料布料，也可使用便桥板凳加吊车汽车直接卸料、挖掘机布料，但均不得缺料。

（8）滑模式摊铺机的操作要领

1）机手操作滑模式摊铺机应缓慢、匀速，连续不间断地摊铺。滑模摊铺速度，根据拌和物稠度和设备性能可控制在 0.75~2.5m/mm 之间，一般宜为 lm/min 左右。当料的稠度发生变化时，先调振捣频率，后改变摊铺速度，不得料多时追赶，然后随意停机等待，间歇摊铺。

2）摊铺中，机手应随时调整松方高度控制板进料位置，开始应略设高些，以保证进料。正常状态下保持振捣仓内砂浆料位高于振捣棒 10cm 左右，料位高度上下波动宜控制在 ±4cm 之内。

3）滑模式摊铺机以正常摊铺速度施工时，振捣频率可在 6000~11000r/mm 之间调整，一般采用 9000r/min 左右。应防止混凝土过振、漏振、欠振。机手应随时根据混凝土的稠度大小，调整摊铺的速度和振捣频率。当混凝土偏稀时，应适当降低振捣频率，加快摊铺速度，但最快不得超过 3m/min，最小振捣频率不得小于 6000r/min；当新拌混凝土偏干时，应提高振物频率，但不得大于 11000r/mm，并减慢摊铺速度，最小摊铺速度宜控制在 0.5~lm/min；滑模式摊铺机起步时，应先开启振捣棒振捣 2~3m/mm，再推进。滑模式摊铺机脱离混凝土后，应立即关闭振捣棒。

4）滑模摊铺纵坡较大的路面，上坡时，挤压底板前仰角宜适当调小，同时适当调小抹平板压力；下坡时，前仰角宜适当调大，抹平板压力也宜调大。抹平板合适的压力宜为板底 3/4 长度接触路面抹面。

5）滑模摊铺弯道和渐变段路面时，单向横坡，使滑模式摊铺机跟线摊铺，应随时观察并调整抹平板内外侧的抹面距离，防止压垮边缘。摊铺中央路拱时，计算机控制条件下，输入弯道和渐弯段边缘及拱中几何参数，计算机自动控制生成路拱；手控条件下，机手应根据路拱消失和生成几何位置，在给定路段范围内分级逐渐消除或调成设计路拱。

6）摊铺单车道路面，应视路面的设计要求配置一侧或双侧打纵缝拉杆的机械装置。侧向拉杆装置的正确插入位置应在挤压底板的中下或偏后部。拉杆打入分手推、液压、气压几种方式，压力应满足一次打（推）到位的要求，不允许多次打入。同时摊铺 2 个以上车道时，除侧向打拉杆装置外，还应在假纵缝位置中间配置 1 个以上中间的拉杆自动插入装置，该装置有机插和机后插两种。机前插时，应保证拉杆的设置位置；机后插时，要保证其插入部位混凝土的密实度。带振动搓平梁和振动修复的滑模式摊铺机应选择机后插入式；其他滑模式摊铺机可使用机前插入式。打入的拉杆必须处在路面板厚的中间位置。中间和侧向拉杆打入的高低误差不宜大于 ±3cm；倾斜及前后误差不宜大于 ±4cm。

7）机手应随时密切观察所摊铺的路面效果，注意调整和控制摊铺速度，振捣频率，夯实杆、振动搓平梁和抹平板位置、速度和频率。软拉抗滑构造表面砂浆层厚度宜控制在 4mm 左右，硬刻槽路面的砂浆表层厚度宜控制在 2mm 左右。

8）连接摊铺时，滑模式摊铺机一侧履带上前次水泥混凝土路面的时间应控制在养护 7d 以后，最短不得少于 5d，同时钢履带底部应铺橡胶垫或使用有挂胶履带的滑模式摊铺机。纵向连接摊铺路面时，应对连接纵缝部位进行人工修整，连接纵缝的横向平整度符合不同公路等级的要求。并用钢丝刷刷干净黏附在前幅路面上的砂浆，刷出粗细抗滑构造。

（9）滑模摊铺中出现问题的处置

滑模摊铺的表面应平滑，几何形状规矩，不应出现麻面、拉裂、塌边、溜肩等病害现象，出现问题应立即查找原因，迅速采取措施。

1）摊铺中应经常检查振捣棒的工作情况。发现路面上在横断面某处多次出现麻面或拉裂现象，表示该处的振捣棒出了问题，必须停机检查或更换该处的振捣棒。摊铺后，发现路面上留有发亮的振捣棒拖出的砂浆条带，则表明振捣棒位置过深，必须调整振捣棒底缘在挤压底板的后缘高度以上。

2）在摊铺宽度大于或等于 7.5m 的双（多）车道路面时，若左右卸了两车稠度不一致的混凝土时，摊铺速度应按偏干一侧设置，并应将偏稀一侧的振捣棒频率迅速调小。

3）若滑模摊铺路面出现横向拉裂现象，应从以下几个方面进行检查：

①拌和物局部或整体过干、过硬、离析，集料粒径过大，不适宜滑模摊铺，或在该部位摊铺速度过快，振捣频率不够，混凝土未振动液化而拉裂。应降低摊铺速度，提高振捣频率。

②挤压底板的位置和前仰角设置是否变化，前倒角时必定拉裂，前仰角过大，也可能拉裂，应在行进中调整前两个水平传感器，即改变挤压底板的前仰角，消除拉裂现象。

③拌和物较干硬或等料停机时间较长，起步摊铺速度过快，也可能拉裂路面。等料停机时间较长时，应间隔 15min 开启振捣棒振动 2~3min，再缓慢推进。

4）当混凝土供应不上，或搅拌楼出现机械故障等情况时，停机等待时间不得超过当时气温下混凝土初凝时间的 2/3，超过此时间，应将滑模式摊铺机开出摊铺工作面，并做施工缝。当滑模式摊铺机出现机械故障，应紧急通知后方搅拌楼停止生产，在故障停机时间内，滑模式摊铺机内混凝土尚未初凝，能够排除故障，允许继续摊铺，否则，应离开滑模摊铺工作面。故障排除后，重新起步摊铺。

（10）平面交叉口变宽段和匝道路面的滑模施工

遇到平面交叉口、收费站广场或匝道变宽段路面时，只要摊铺宽度小于滑模式摊铺机固定宽度，可采用滑模式摊铺机跨一侧或两侧模板施工方式，模板顶面应粘贴橡胶垫，模板顶面高程应低于路面高程3mm，滑模式摊铺机的振捣仓在模板上部应加隔板，施工时应关闭隔板外侧的振捣棒。

（11）滑模摊铺结束后，必须及时做的两项工作

1）将滑模式摊铺机驶离工作面，先将所有传感器从基准线上脱开，并解除滑模式摊铺机上基准线自动跟踪控制，再升起机架，用水冲洗干净黏附的混凝土，已结硬在滑模式摊铺机上的混凝土，应轻敲打掉。清理干净后，应对与混凝土接触的机件喷涂废机油或吹（楷）干防锈。同时，对滑模式摊铺机进行当日保养，加油加水，打润滑油等。

2）设置横向施工缝。软做法：应先将从滑模式摊铺机振动仓内脱出的厚砂浆铲除丢弃，然后设置施工缝端模和侧模，插入拉杆和传力杆，并用水准仪测量面板高程和横坡。为使下次摊铺能紧接着施工缝开始，两侧模板应向内各收进2~4cm，且宜大不宜小，长度与滑模式摊铺机侧模板等长或略长。还可采用第二天硬切齐施工缝端部做法：切缝部位应满足平整度、高程和横坡要求，可使用缩缝传力杆钢筋支架，上部锯开，下部凿除混凝土，也可锯开后在端部垂直面上钻眼，插入传力杆，再连接施工。连接接头施工，除应测量高程和横坡外，还应辅以人工振捣密实，应采用长度3m以上抄平器保证端头和结合部位的平整度。

六、水泥混凝土面层接缝、抗滑构造的施工与养生

水泥混凝土面板接缝是混凝土路面的薄弱环节，接缝施工质量不高，会引起板的各种损坏，并影响行车的舒适性。因此，应特别认真地做好接缝施工。抗滑处理及养生是提高水泥混凝土路面抗滑性能、保证混凝土强度满足设计要求的重要手段。

1.接缝施工

（1）纵缝

小型机具施工时，按一个车道的宽度（3.75~4.5m）一次施工，纵向施工缝一般采用平缝加拉杆或企口缝加拉杆的形式。但在道口等特殊部位，一次性浇筑的混凝土板宽度可能会大于4.5m，这就需要设纵向缩（假）缝。纵向缩缝一般亦应设置拉杆。纵缝拉杆应采用螺纹钢筋置在板厚的中间，并应避免将脱模剂（如沥青等）涂洒在拉杆上。

1）纵向施工缝

纵向施工缝拉杆可采用三种方式设置。第一种是在模板上设孔，立模后在浇筑混凝土之前将拉杆穿在孔内，这种方式的缺点是拆模板较困难。第二种是把拉杆弯成直角形，立模后用铁丝将其一半绑在模板上，另一半浇在混凝土内，拆模后将露在已浇筑混凝土侧面上的拉杆弯直。第三种方式是采用带螺栓的拉杆，一半拉杆用支架固定在基层上，拆模后另一半带螺栓接头的拉杆同埋在已浇筑混凝土内的半根拉杆相接。

2）纵向缩缝

纵向缩（假）缝施工应预先将拉杆采用门型式固定在基层上，或用拉杆置放机在施工时置入。当水泥混凝土路面使用滑模式摊铺机一次摊铺两个车道宽度时，纵向缩缝的位置宜按车道宽度设置，拉杆靠滑模式摊铺机配备的中间拉杆插入装置在滑模摊铺过程中自动控制间距压入。缩（假）缝顶面缝槽用切缝机切缝，缝宽为 3~8mm，深为 1/5~1/4 板厚，使混凝土在收缩时能从此缝向下规则开裂，防止因切缝深度不足引起不规则裂缝。

（2）横缝

1）横向缩缝

横向缩缝可采用在混凝土凝结后（碎石混凝土抗压强度达到 6.2~12.0MPa，砾石混凝土达到 9.0~12.0MPa）切缝或在混凝土铺筑时压缝的方式修缮。压缝法施工方法是：当混凝土混合料做面后，应立即用振动压缝刀压缝。当压至规定深度时，应提出压缝刀，用原浆修平缝槽，严禁另外调浆。然后，放入铁制或木制嵌条，再次修平缝槽，待混凝土混合料初凝前泌水后，取出嵌条，形成缝槽，由于切缝可以得到质量比压缝好的缩缝，因此，应尽量采用这种方式，特别是高等级公路必须采用切缝法。其施工工艺为：

①切缝前应检查电源、水源及切缝机组试运转的情况，切缝机刀片应与机身中心线呈 90° 角，并应与切缝线在同一直线上。

②开始切缝前，应调整刀片的进刀深度，切割时应随时调整刀片切割方向。停止切缝时，应先关闭旋钮开关，将刀片提升到混凝土板面上，停止运转。

③切缝时刀片冷却用水的压力不应低于 0.2MPa，同时应防止切缝水渗入基层和土基。

④当混凝土强度达到设计强度的 25%~30% 时，即可进行切割；当气温突变时，应适当提早切缝时间，或每隔 20~40m 先割一条缝，以防因温度应力产生不规则裂缝。应严禁一条缝分两次切割的操作方法。

⑤切缝后，应尽快灌注填缝料。

这里应指出的是，切割时间要特别注意，切得过早，由于混凝土的强度不足，会引起粗集料从砂浆中脱落，而不能切出整齐的缝；切得过迟，则混凝土由于温度下降和水分减少而产生的收缩因板长而受阻，导致收缩应力超出其抗拉强度而在非预定位置出现早期裂缝。合适的切割时间应控制在混凝土获得足够的强度，而收缩应力并未超出其强度的范围内时，它随混凝土的组成和性质（集料类型、水泥类型和含量、水灰比等）、施工时的气候等因素而变化。施工技术人员须依据经验并进行试切后决定。

2）横向胀缝

横向胀缝应与路中心线垂直，缝壁必须垂直，缝隙宽度必须一致，缝中不得有砂浆或坚硬杂物，相邻板的胀缝应设在同一横断面上。缝隙下部设胀缝板，上部灌胀缝填缝料。传力杆的活动端可设在缝的一边或交错布置，固定后的传力杆必须平行于板面及路面中心线，其误差不得大于 5mm，传力杆的固定可采用顶头木模固定或支架固定安装两种方法。

①顶头木模固定传力杆安装方法，宜用于混凝土板不连续浇筑时设置的胀缝。传力杆长度的一半应穿过端头挡板，固定于外侧定位模板中，混凝土拌和物浇筑前应检查传力杆位置，浇筑时应先摊铺下层混凝土拌和物，用插入式振捣器振实，并应在校正传力杆位置后，再浇筑上层混凝土拌和物。浇筑卸板时应拆除顶头木模，并应设置胀缝板、木制嵌条和传力杆套管。

②支架固定传力杆安装方法。宜用于混凝土板连续浇筑时设置的胀缝。传力杆长度的一端应穿过胀缝板和端头挡板，并应用钢筋支架固定就位，浇筑时应先检查传力杆位置，再在胀缝两侧摊铺混凝土拌和物至板面，振捣密实后，抽出端头挡板，空隙部分填补混凝土拌和物，并用插入式振捣器振实。

滑模摊铺水泥混凝土路面的胀缝宜采用前置法施工，也可采用预留胀缝位置，热天再施工胀缝，但应设胀缝加强传力杆钢筋支架。前置法施工时，应预先加工好胀缝钢筋支架，传力杆无沥青涂层的一端焊接在支架上，接缝板夹在两支架之间。施工前运至现场，无布料机（件）时，行摊铺至胀缝位置前方 1~2m 处，将支架准确定位，用钢钎将支架和胀缝板锚固在基层上，保证支架不推移、胀缝板不倾斜，然后卸料或布料，用手持振捣棒振实胀缝板两侧的混凝土，滑模式摊铺机通过；有布料机（件）时，应将带传力杆的缩缝支架和胀缝支架提前安装固定，采用侧向上料方式施工。中间胀缝位置宜与缩缝重合。连接搭板的胀缝，在滑模连续铺装搭板和桥面前，应与钢筋网同时加工安装好。胀缝宜不待混凝土硬化，即剔除胀缝上部的混凝土，嵌入 2cm×2cm 的木条，修整好表面在填缝之前，凿去接缝板顶部的木条，涂黏结剂后，嵌入多孔橡胶条或灌填缝料。

3）施工缝

每天摊铺结束或摊铺中因故中断，且中断时间超过初凝时间的 2/3 时，应设置横向施工缝。施工缝宜设于胀缝或缩缝处，多车道施工缝应避免设在同一横断面上，横向施工缝应与路中心线垂直。施工缝如设于缩缝处，板中应增设传力杆，其一半锚固于混凝土中，另一半应先涂沥青，允许滑动。传力杆必须与缝壁垂直。

（3）接缝填封

混凝土板养护期满后应及时填缝接缝。填缝前必须保持缝内清洁，防止砂石等杂物掉入缝内。常用的填缝方法有灌入式和预制嵌缝条两种。

1）常温施工式或加热施工式填缝料填缝

填缝前，应采用压缩水和压缩空气彻底清除接缝中砂石及其他污染物，确保缝壁及内部清洁、干燥。

当使用常温施工式聚（氨）酯和硅树脂等填缝料时，按规定比例将两组分材料按 1h 所需灌缝量混合均匀，并应随拌随用。当使用加热施工式填缝料时，将填缝料加热至规定温度。加热过程中应不断搅拌均匀，将填缝料熔化并保温使用。

灌注填缝料必须在缝槽口干燥清洁状态下进行，缝壁检验以擦不出灰尘为可灌标准。适宜的缩缝填缝形状系数应在 2~4 之间，填缝灌注深度宜为 2~3cm。高速公路、一级公路应使用专用工具，先挤压填入多孔泡沫塑料柔性背衬材料，再填缝，二、三级公路使用（聚氯乙烯）胶泥类、（改性）沥青类等灌缝料时，最浅灌入深度不得小于 3cm。填缝料的灌注高度，夏天宜与板面齐平，冬天宜低于板面 1~2mm。填缝必须饱满、均匀、连续贯通。填缝料应与缝壁黏结好，不开裂，不渗水。

常温施工式填缝料的养生期，低温期宜为 24h，高温期宜为 10h；加热施工式填缝料的养生期低温期宜为 2h，高温期宜为 6h。在填缝料养生期内（特别是反应型常温填缝料在固化前），应封闭交通。

2）采用预制嵌缝条填缝

嵌入嵌缝条必须在缝槽口干燥清洁状态下进行。黏结剂应均匀地涂在缝壁上部（1/2 以上深度），形成一层连续的约 1mm 厚的黏结剂膜，以便黏结紧密，不渗水。

嵌缝条在嵌入过程中应使用专用工具，在长度方向应既不拉伸也不压缩，保持自然状态；在宽度方向应压缩 40%~60% 嵌入。嵌缝条高度宜为 2.5cm。填缝黏结剂固化后，应将胀缝两端多余的嵌缝条齐路面边缘裁掉。嵌缝条施工期间和黏结剂固化前，应封闭交通。

2. 抗滑构造施工

为保持路面的粗糙度，提高路面的抗滑性能，应采用压纹（或压槽和拉毛（或拉槽）或刻槽的方式在混凝土表面沿横向制作纹理，但此操作对路面平整度有一定影响。

（1）压纹具有向下挤压致密作用，能增强路面的耐磨性，如果掌握得当，纹理顺利均匀（深度一般为 0.6~1.0mm），比较美观。但纹理深浅均匀性很难掌握，因为它不但与压纹的时间有关，而且与混凝土真空脱水的均匀性有关，在吸垫的四周，特别是密封带处，由于真空度分布较小，脱水较少，故压纹时间应长一些；而吸垫中央真空度大，脱水多，所以压纹时间应短一些，这就造成了压纹时间上的矛盾。解决这一问题的办法是：

以四周混凝土适合压纹的时间为准。在板面中央等强度较高的部位，采用在压纹机上加载的办法解决。当混凝土脱水不够，强度较低时，切忌压纹，否则在相邻两压纹机之间的路面上很容易形成不平整的一条鼓包。

（2）拉毛易疏松和破损表层，使表层 1~2mm 范围内密实度受到影响，不利于路面的耐磨性，但拉毛对平整度会有所改善。摊铺完毕后，使用钢支架拖挂 1~3 层叠合麻布、帆布或棉布，洒水湿润后，软拖制作细观抗滑构造，布片接触路面的拖行长度以 0.7~1.5m 为宜。细度模数偏大的粗砂，拖行长度取小值；偏细中砂，取大值。人工修整过的路面，细观抗滑构造已被抹掉，必须再拖麻袋处理，以恢复细观抗滑构造，也可不拉毛，宜接着使用抹平板抹出"鱼鳞"形细观抗滑构造，以增强耐磨性。前提是横向摩阻力系数应满足要求。修整表面时，应使用木抹子。当施工进度超过 500m 时，宏观抗滑构造制作宜选用拉毛机械施工，没有拉毛机械时，可采用人工折槽方式。在混凝土表面泌水完毕 20~30min 内应及时进行拉槽，拉槽深度应为 2~3mm，槽宽 3~5mm，槽间距 15~25mm，可施工等间距和非等间距的抗滑槽，同时考虑减小噪声时，宜采用后者，每耙之间衔接间距应保持一致。

（3）特重和重交通混凝土路面宜采用硬刻槽，其几何尺寸与拉槽要求相同，硬刻槽机重量宜重不宜轻，最小整刻宽度不应小于 50cm，硬刻槽时不应掉边角，路面摊铺 3d 后可开始硬刻槽，并宜在两周内完成。

3. 养生

（1）养生方式选择

混凝土路面铺筑完成或软作抗滑构造完毕后应立即开始养生。机械摊铺的各种混凝土路面、桥面及搭板宜采用喷洒养生剂同时保湿覆盖的方式养生。在雨天或养生用水充足的情况下，也可采用覆盖保湿膜、土工毡、土工布、麻袋、草袋、草帘等洒水润湿养生方式，不宜使用围水养生方式。

（2）养生剂养生

混凝土路面采用喷洒养生剂养生时，喷洒应均匀、成膜厚度应足以形成完全密闭水分的薄膜，喷洒后的表面不得有颜色差异。喷洒时间宜在表面混凝土泌水完毕后进行。喷洒高度宜控制在 0.5~1m。使用一级品养生剂时，最小喷洒剂量不得少于 $0.30kg/m^2$；合格品的最小喷洒剂量不得少于 $0.35kg/m^2$，不得使用易被雨水冲刷掉的和对混凝土强度、表面耐磨性有影响的养生剂。当喷洒一种养生剂达不到 90% 以上有效保水率要求时，可采用两种养生剂各喷洒一层或喷一层养生剂再加覆盖的方法。

（3）覆盖塑料薄膜养生

覆盖塑料薄膜养生的初始时间，以不压坏细观抗滑构造为准。薄膜厚度（韧度）应合适，宽应大于覆盖面 600mm。两条薄膜对接时，搭接宽度不应小于 400mm，薄膜在路面上应加细土或砂盖严实，并防止被钢筋挂烂及被风吹破或掀走。养生期间应始终保持薄膜完整盖满，薄膜破裂时应立即补盖或修补。

（4）覆盖洒水养生

使用保湿膜、土工毡、土工布、麻袋、草袋、草帘等覆盖物保湿养生并及时洒水，保持混凝土表面始终处于潮湿状态，并由此确定每天的洒水遍数。昼夜温差大于10℃以上的地区或日平均温度小于或等于5℃施工的混凝土路面应采取保温保湿养生措施。

（5）养生时间

养生时间应根据混凝土弯拉强度增长情况而定，不宜小于设计弯拉强度的80%，应特别注重前7d的保湿（温）养生。一般养生天数宜为14~21d，高温天不宜少于14d，低温天不宜少于21d。掺粉煤灰的混凝土路面，最短养生时间不宜少于28d，低温天应适当延长。

（6）交通管制

混凝土板养生期间和填缝前，严禁人、畜、车辆通行，在达到设计强度40%后，撤除养生覆物，行人方可通行。在路面养生期间，平交道口应搭建临时便桥。

混凝土板达到设计弯拉强后，方可开放交通。

七、特殊气候条件下的施工

1. 雨季施工

（1）防雨准备

地势低洼的搅拌场、水泥仓、备件库及砂石料堆场，应按汇水面积修建排水沟或预备抽排水设施。搅拌楼的水泥和粉煤灰罐仓顶部通气口、料斗及不得遇水部位应有防潮、防水覆盖措施，砂石料堆应防水覆盖。雨天施工时，在新铺路面上，应备足防雨篷、帆布和塑料布或薄膜。防雨篷支架宜采用可推行的焊接钢结构，并具有人工饰面拉槽的足够高度。

（2）防雨水冲刷

摊铺中遭遇阵雨时，应立即停止铺筑混凝土路面，并紧急使用防雨篷、塑料布或塑料薄膜等覆盖尚未硬化的混凝土路面。

被阵雨轻微冲刷过的路面，视平整度和抗滑构造破坏情况，采用硬刻槽或先磨平再刻槽的方式处理。对被暴雨冲刷后路面平整度严重劣化或损坏的部位，应尽早铲除重铺。

降雨后开工前，应及时排除车辆内、搅拌场及砂石料堆场内的积水或淤泥。运输便道应排除积水，并进行必要的修整。摊铺前应扫除基层上的积水。

2.高温季节施工

施工现场的气温高于 30℃，拌和物摊铺温度在 30~35℃，同时，空气相对湿度小于 80% 时，混凝土路面和桥面的施工应按高温季节施工的规定进行。

高温天铺筑混凝土路面和桥面应采取下列措施：

（1）当现场气温高于 30℃时，应避开中午高温时段施工，可选择在早晨、傍晚或夜间施工，夜间施工应有良好的照明．并确保施工安全。

（2）砂石料堆应设遮阳篷；抽用地下冷水或采用冰屑水拌和；拌和物中宜加允许最大掺量的粉煤灰或磨细矿渣，但不宜掺硅灰，拌和物中应掺足够剂量的缓凝剂、高温缓凝剂、保助剂或缓凝（高效）减水剂等。

（3）自卸车上的混凝土拌和物应加遮盖；应加快施工各环节的衔接，尽量压缩搅拌、运输、摊铺、饰面等各工艺环节所耗费的时间。

（4）可使用防雨篷做防晒遮阴篷，在每日气温最高和日照最强烈时段遮阴。

（5）高温天气施工时，混凝土拌和物的出料温度不宜超过 35t，并应随时监测气温以及水泥、拌和水、拌和物和路面混凝土温度。必要时加测混凝土水化热。

（6）在采用覆盖保湿养生时，应加强洒水，并保持足够的湿度，应控制养生水温与混凝土面层表面温差不大于 12℃。

（7）切缝应视混凝土强度的增长情况或按 250 温度小时计，宜比常温施工适当提早切缝，以防止断板。特别是在夜间降温幅度较大或降雨时，应提早切缝。

3.低温季节施工

当摊铺现场连续 5 昼夜平均气温低于 5℃，夜间最低气温在 –3℃ ~5℃之间时，混凝土路面和桥面的施工应按下述低温季节施工规定的措施进行：

（1）采用高强度等级的快凝水泥，拌和物中优选和掺加早强剂或促凝剂。

（2）应选用水化总热量大的 R 型水泥或单位水泥用量较多的 42.5 级水泥，不宜掺粉煤灰。

（3）搅拌机出料温度不得低于 10℃，摊铺混凝土温度不得低于 5℃。在养生期间，应始终保持混凝土板最低温度不低于 5℃。否则，应采用热水或加热砂石料拌和混凝土，热水温度不高于 80℃；砂石料温度不宜高于 50℃。

（4）应加强保温保湿覆盖养生，可选用塑料薄膜保湿隔离覆盖或喷洒养生剂，再采用草帘、泡沫塑料垫等保温覆盖初凝后的混凝土路面。遇雨雪必须再加盖油布、塑料薄膜等。

第四章 公路工程养护技术创新研究

第一节 高速公路养护监管技术创新

一、高速公路养护总体技术要求

制定养护巡查和检查制度，并按照养护技术规范要求，进行养护巡查和检查。

高速公路实行经常性、及时性、预防性和周期性养护，保障高速公路经常处于路面平整，路肩、边坡平顺，桥涵、隧道构造物及沿线设施完好，标志、标线保持齐全、规范等良好的技术状态。

高速公路经营管理单位应当每季度评定一次高速公路技术状况指数（MQ1）。高速公路技术状况应当达到《公路技术状况评定标准》规定的良以上等级。高速公路养护文件、台账、巡查记录、检查记录、交通情况调查、路况基础数据等按照规定分类、归档。

为了综合衡量公路养护质量，除统计"好路率"指标外，还采用"加权平均方法"求得"养护质量综合值"以便比较。

日常养护管理应采用指数考核、指标管理。土建和交通安全设施工程考核应采用综合养护指数和国际平整度指数双控指标。

二、引进高速公路养护施工现场可视化实时视频监控技术

高速公路养护存在着点多、线长、面广、投入巨大的特点。为保证高速公路养护的质量和规范化作业，现场巡查需要一定的时间，往往花费大量的人力、物力和财力，工作效率低下，所以引进高速公路养护施工现场可视化实时视频监控技术必不可少。

随着无线网络技术和数字视频压缩技术的发展，在无线网络上传输相关的视频及音频是高速公路养护监控的趋势。根据实践运用，通过无线网络可以把高速公路养护实时动态图像传送到各级用户最近的通信发射设备中，各级用户再通过无线接收设备，实时查看、浏览各视频点的动态图像。

高速公路或高架两侧的居民区不断增加，对桥隧养护现场施工安全全程监控，及时纠正安全隐患。实施视频监控可以节约监管人员往返施工现场的时间，极大提高工作效率。高速公路管理机构或经营单位可以通过远程视频实时监控，对桥梁隧道等重点结构物的养护施工进行实时监控。

实时视频监控技术的特点：能完成对监视区域的全部人员活动、工作情况，包括人员的特征、姿态等的观察，少留死角，并对需要的画面进行重点录像。视频监控的工作过程说明。视频监控系统可以分为前端信号摄取、中间信号传输和后端信号显示及储存三个部分组成。根据各养护现场的具体情况，在现场安装相应的监控摄像机，外围再各配备一台云台、防护罩及云台控制器。每个视频采集点各配备一台视频编解码器，视频摄像机用于采集状况视频信号，主要监控养护现场一定范围内的状况，云平台可以由控制中心的计算机控制，用户可以对摄像机水平360°、垂直90°及变焦进行控制。

三、高速公路交通噪声监管的技术创新

高速公路交通噪声的危害。近年来，伴随着高速公路的建设和发展，交通的噪声污染也越来越严重，交通噪声污染已经成为人们面临的一个突出环境问题，严重影响人们的正常工作、学习和休息。

高速公路声屏障设置和养护过程中的主要问题表现。

实现对养护现场施工材料设备的全程监控，预防丢失、盗窃等问题的发生。噪声污染的防治和声屏障的设置落后于原来的设计和规划，存在许多要变更的问题，包括变更设置声屏障的位置和数量；而声屏障养护工作或增设工作涉及高速公路管理、经营、公安、环保等多个政府部门。

声屏障在高速公路养护中的监管。

（1）高速公路经营单位应组织审查设计的声屏障是否符合《公路环境保护设计规范》（JTGB 04—2010）、《钢结构设计规范》（GBJ 17—88）、《城市区域环境噪声标准》（GB 3093—93）等相关国家部门颁布的规范和规定。

（2）降低高速公路噪声必须采用预防为主和防治结合的方针综合治理，主要包括高速公路合理选线和规划布局、交通管理措施和噪声防治技术。综合比较国内外多年使用经验，道路声屏障作为控制交通噪声的有效措施，一般3~6m高的声屏障，其声影区内降噪效果在5~12dB之间。

（3）加强声屏障养护过程的监管，明确道路声屏障验收标准——《道路声屏障质量检验评定》（DB32/T 943—2006）。此评定标准制定时参照了《公路工程质量检验评定标准》（JTGF 80/1—2004）、《公路工程竣（交）工验收办法》和《建设项目竣工环境保护验收管理办法》，也贯彻执行了《中华人民共和国环境噪声污染防治法》和《江

苏省环境噪声污染防治条例》等，统一了我省道路声屏障质量检验评定标准和方法，确保交通噪声环境保护设施的性能和质量。

（4）高速公路监管单位应参与相关设施的验收、评定工作。

第二节　公路养护施工工程技术创新

现在我国的国内生产总值快速增加，对于如何提升建设公路水平、如何对公路进行更好地养护这两个方面，很多工程师以及相关人员也作出了自己的思考和方法，所以其技术能力也不断地改进。而对公路来说，公路的养护现在已经变成了提升公路运行质量的一个不可或缺的操作。所以在目前建设现代化公路的过程中，对于公路的养护也越来越重视。公路的养护涵盖多个方面，本节就公路养护做出探讨。

一、公路养护的意义

可以延长公路的使用寿命。近些年来，我国的交通行业也在不断地发展，公路建设情况也有好转。但是过了一段时间后，施工过的公路往往会出现一些问题，有很大一部分原因就是对公路养护不够重视而导致的。公路的养护就是将路面上的一些不安全的因素处理掉，让公路保持良好的状况，减小公路损耗程度，从而有效地延长公路的使用寿命。

可以提高公路的通行能力。对公路定时地进行养护的话，能清理掉路上的一些影响正常行驶的东西。并且公路的养护操作相对比较便捷，不会影响正常的交通。当路面上没有了不安全因素以后，公路的通行能力就会得到极大的提升，从而使人们在交通上更加便捷。

减少因为公路设施造成的纠纷。公路养护可以使行驶在路面上更加地安全，也就减少了交通事故的发生。不仅如此，没有了交通事故的发生，还很大程度上方便了人们的交通出行，所以对公路进行适当的养护还是很有必要的。

二、公路养护施工的主要过程

施工前期的准备工作。任何工程都是离不开材料的，并且施工原材料的质量对整个施工工程的质量有着很大的影响，施工材料的供给速度也在很大程度上影响着施工工程的进度，而一个有默契、良好的施工团队不仅可以提高工作的施工效率，还可以促进团队更好地合作施工。这些要素避免了一些因为材料质量或者团队闹矛盾造成的不必要的进度浪费。

施工中期的养护工作。施工材料和施工人员的相关工作准备好之后，就要开始施工了。这个时期是整个施工过程中的主体部分。计划好施工的具体过程之后就是要严格地对待施工的每一个步骤，具体包括以下几个步骤：施工放样过程、恢复定线过程、路基放样过程、路基施工过程和路面施工阶段等。这些阶段都是要严格按照有关部门的规章制度来操作，如果遇到了一些突发状况也可以适当地修改计划方案。

公路后期养护措施。就目前对公路的前期准备工作以及在施工过程中需要注意的各种要求来说，虽然这些做法可以对公路有一定的养护作用，但是仅仅这些是远远不够的，公路的保养最重要的还是在施工完成后对公路的日常护理工作，只有这样才能有效地延长公路的使用寿命。

三、公路养护施工技术的创新

级配碎石垫层工艺试验。基于目前较为成熟的科学技术，相关的研究人员提出了级配碎石垫层工艺试验，然后根据实验发现了效果更好的级配碎石材料。确定了级配碎石原材料之后再一步一步对整个实验做出改进，最终使各项数据指标都达到要求。

创新雾封层公路养护施工技术。做任何事情都要先考虑经济效益，对公路养护来说也不例外。公路养护不但要考虑对公路养护的质量，还要考虑其成本，尽量在保证质量的同时将成本降到最低。而创新雾封层公路养护施工技术就比较符合这个要求，因为它成本比较低并且效果也不差。在进行公路养护施工操作的时候，一般都是用比较少的乳化沥青及其溶剂混合物喷洒到路面，这样就可以减少公路表面与汽车轮胎的摩擦系数，从而就达到了对公路养护的理想目标。进行这项养护工程的施工，首先要对公路进行一系列处理，处理的时候环境不能是潮湿的，要在比较干燥的条件下，并且如果碰到了雷雨天气就要马上停止工程的实施。

废旧沥青混合料再生技术。废旧沥青混合料再生技术不但降低了对公路养护的成本，还节约了资源，一定程度上保护了地球的环境。将原来的沥青路面进行处理之后，用乳化的沥青当作再生原材料，然后把废弃的沥青用一定比例和水及其他的添加剂调和，在自然环境下就能自然融合，从而形成公路路面的下面层。这种技术的未来前景也是比较好的，因为这不但能变废为宝，将废弃材料再利用，还避免了污染环境。

Superpave 高性能沥青路面施工技术。Superpave 高性能沥青路面施工技术目前来说在国际上是比较先进的技术。并且这种技术也被广泛应用，主要是因为它能使路面更加匀称，并且也会提升路面的抗水性能。除此之外这种技术有一个自己独特的体系，能非常有效地改善路面性能以及其耐久性，从而使公路的安全性得到了较好保障。

公路的养护工作才是保障公路长期持久运营的重要保障，做好了对公路的养护工作，就能很大程度上提升公路的可持续使用性。做好公路的保养和管理工作任重而道远，它可以提升公路的质量，还可以使车在行驶的时候更加舒适。所以相关部门要对公路的养护工作足够重视，这同时也是确保车辆正常行驶、维护交通安全的关键。

四、现代公路养护策略

路面翻浆处理。公路路基常年受地下水侵蚀，容易造成路基翻浆问题，对路面造成严重破坏，甚至使车辆难以正常通行，给运输带来很大麻烦。处理这个问题最常用的方法是换土。换土法施工时，要求施工人员将路基的一半挖至基床土层 2m 深，将结霜土全部挖除，再用天然碎石换半米左右厚的土。

裂缝处理。公路路面经过多年的交通运输，容易产生裂缝。裂缝也是公路路面的常见病害。对于较小的裂缝，可以及时清理裂缝中的杂物，并用专用器具填充沥青。最后，可以用橡皮刮刀刮掉裂缝。完成此项工作后，需要在顶层铺设维护用的精细材料，以进一步增强其坚固性。如果路面裂缝比较大，应及时清理裂缝，然后将沥青和细颗粒均匀地掺入裂缝中，用专用器具使其更加稳定，最后在表面铺设精细养护材料。

波浪处理。公路波峰或槽叉过大，会给驾驶员带来不适，甚至影响驾驶员的生命财产安全。为了解决这个问题，需要维修人员先将突出部分向前展平。低于路面时，应在剔除部分的基础上喷热沥青，然后摊铺密实。考虑到波浪面积较大，需综合挖除，再进一步铺筑，用可塑性黏土有效填充，或与已拆除的材料混合，以保证路基的硬度和压实度，使地基和表面更加稳定，保证驱动力。

第三节　公路桥梁养护与维修加固技术创新

保证公路交通的完善性是经济高速发展的前提。随着人们的进出口意识增强，对公路桥梁的需要也越来越高。本节就公路桥梁养护与维修的必要性，和其中出现的问题，以及养护与维修的具体方法做出了分析，从而确保了桥梁的安全作用，促进了公路桥梁的稳定发展。

公路桥梁是运输建设的关键所在，因此，公路桥梁的好坏直接决定了交通运输的安全和效率。为了保证运营过程中物资的顺利运行，对公路桥梁的养护与维修是重中之重。然而公路桥梁的任务艰巨，要以预防为中心，以养护维修为重点，采取积极措施，加强管理设施，进一步保证公路桥梁的实施性和服务能力。

一、对公路桥梁的养护及维修的必要性

保证公路桥梁后期的安全。近几年，随着经济的高速发展，公路建设也飞速发展，

因此，我国公路交通的流量也越来越大，并且车辆超载、超速的现象也层出不穷。大吨位的车辆逐渐超出了我国公路桥梁的承受范围，这就使得我国的公路桥梁遭到了严重的伤害，加大了交通事故的出现率，危害了人们的生活。为了保证交通运输过程的通畅性，保护人力、物力的安全性，加强公路桥梁的养护及维修是必要的。

保证公路桥梁长期的使用。我国有很多早期修建的公路桥梁，由于当时的技术落后、质量薄弱、养护维修设施不够先进，再加上材料短缺管理不当等因素，导致了这一批公路桥梁在交通运输中存在安全隐患。因此，为了保证公路桥梁的长期使用，将危险性降到最低，需要定期对公路桥梁进行养护与维修，从而避免交通事故的发生，保证交通运输的通畅性和安全性。

保证公路桥梁维护措施的进一步完善。如今，我们的生活发展已经离不开交通运输，而经济的发展、需求的提高、运输量的增加以及安全要求的提高，促进了在公路桥梁养护及维修的过程中对自身品质的提升、对技术发展的要求、对措施实施度的提高。需求与建设相互促进，保证了维修工作的进一步完善。

二、公路桥梁维护过程中存在的问题

公路桥梁的自然灾害。由于自然环境的影响和长期的时间消耗，一些中小型的桥梁出现了混凝土损坏，桥面坑坑洼洼，影响了车辆的正常行驶。还有一些严重的情况，如桥梁支撑梁的破碎和一些桥面出现裂痕，抗冲击性大大降低，会有前面断裂的危险，造成桥头跳车的危害。

居民保护意识低下。由于附近居民的保护意识低下，随处乱倒垃圾，出现了排水堵塞问题，长此以往使得公路桥梁排水效果不佳。雨水堆积，泥浆四溅，长时间的积水腐蚀严重影响了路面整洁，影响车辆正常行驶。再加上管理疏忽，环卫工人长期没有进行清扫，使污染情况遭到严重破坏。

桥梁栏杆残缺不受重视。桥梁栏杆的残缺现象随处可见，没有了栏杆为交通行驶提供的安全保障，危害了交通安全。如果桥梁受损害后没有及时得到恢复，损坏范围越来越大，将会产生更严重的问题。

桥面伸缩缝问题。因为伸缩缝装置设置在桥端比较薄弱的部分，而且伸缩缝装置的性能不够完善以及连接件的老化，在车辆的长期反复压制下，伸缩缝非常容易发生损害。因此，桥梁伸缩缝的整治是非常重要的，要根据实际损害情况采取不同的方法，比如更换连接材料甚至需要更换整个伸缩缝装置。

管理制度弊端化。由于公路桥梁养护和维修的经费不足，投入的人力、物力资源薄弱，长期下去，不管是民众还是相关部门都逐渐放弃了对公路桥梁的养护及维护。正是管理体制的弊端造成了忧患意识的淡薄，事不关己的冷漠态度影响了维护工作的积极性。

三、公路桥梁养护与维修的有关措施

公路桥梁定期检查。公路桥梁在长期使用中不可避免地会出现各种各样的问题，如果一旦放松下来，公路桥梁肯定会产生不良的影响，积小成大，不可忽视。所以遇到问题后要进行及时的处理，做到定期的日常检测。只有不断加强日常的防范检测才能发现问题，进而找到合适的解决方法和针对性的方案。

可以通过以下三种方式对桥梁进行检查：经常性检查、定期性检查和特殊性检查。具体使用情况应该根据实际情况交互使用。桥梁的经常性检查是针对具体的各个设施进行检查，用来观察公路桥梁的各个结构部件是否完整。这种方法一般使用简单的测量工具或者目测，比较简单，成本很低；桥梁的定期检查则是采用较为专业的测量仪器进行综合性检查，检查的周期比较长，一般最少为两年一次，但检查范围更加详细专业。定期性检查是在经常性检查的基础上建立起来的；桥梁的特殊性检查是根据具体的桥梁破损情况而进行的有目的的专业检查，一般情况下会由专业的工作队伍采用专业的策略来进行检查。

加强桥面铺装。当公路桥梁的路面出现裂缝、污染情况时，要积极采取修复。路面长期受到磨损和挤压后，会出现蜂窝和风化现象。在进行维修时，应选择相应的顶板加以保护，用质量较好的材料填补表面的空洞。如果出现裂缝较大，可以重新浇灌混凝土，巩固加上面板，这样既能修补路面又能增加厚度，增强抗压能力，提高负载能力。常用方法有钢筋网与混凝土、钢筋网与膨胀混凝土、钢纤维混凝土。除此之外还应注意加强修后的养护。

巩固公路桥梁承载力。随着交通流量的增加和大型吨位车辆的增多，许多路面和桥梁的承载能力已无法满足需要，为了保证交通运输的正常进行，除了对公路桥梁做定期检查外，还要巩固增强承载力。对于不合格的公路桥梁做彻底整治，重新修整路面桥面；对于不安全的公路桥梁，作用加固技术提升承载力，延长使用寿命。常用的改造加固技术有增大构件截面改造技术、旧桥加宽技术和粘贴加固改造技术。

对旧的公路桥面进行维修加固。为了对一些旧的公路桥梁进行修整加固，为了确保两侧桥孔的人行道梁比主梁长和做支撑作用的桥墩，预防桥台在长期使用过程中变宽的情况出现，可以使用混凝土在梁的内侧及面板浇筑，这样不仅拓宽了旧桥面，而且还进一步加宽了人行车道，使得车辆在桥上行驶更加通畅。对于旧的公路路面，首先应该把长期积累的灰尘除去，然后按照具体情况加入短钢筋，铺设钢筋网，这样就提升了公路抗弯能力。

在对危险的旧公路桥梁进行维修加固之前，还要对质量状况和承载能力做出评定，以确保之后的维修加固工程效果足以让公路桥梁处于正常范围，承受住之后的车辆反复行驶，将使用寿命尽可能延长。另外，在维修加固时，应尽量不要破坏公路桥梁的原有结构体系，这样就降低了工作设施的难度，减少了加工次数，降低了工作成本，还在原有的公路桥梁基础上得到了质的飞跃。

改变原有桥面体系结构。不同的桥面体系结构拥有不同的特点，比如简支梁的跨中弯矩更大，而拱式耐压能力更强。由于个别桥梁设计不合理，比如尺寸偏小、配筋不足，导致结构出现裂痕等破损；个别桥梁钢筋层过于薄弱，桥面积水的不断渗入，导致钢筋膨胀腐蚀，混凝土裂开。可以通过改变桥梁的结构体系增强承受能力、减轻内应力。改变桥梁结构体系是一个重大的工程，需要设施建设的支持。常用方法有八字支撑加固法、简支梁变连续梁和改桥为涵加固法。

培养专业的公路桥梁养护队伍。在公路交通的高速发展下，加强组织管理，强化专业培训机构是必然要求。为了公路桥梁的养护维修巩固工作的顺利进行，培养专门的公路桥梁养护队伍也是必然工作措施。养护队伍应该全面负责公路桥梁的定期检查，负责组织活动进行突击检查工作，并提出相应的检查报告，通过观察公路桥梁的损害情况，对桥梁的养护维修巩固工作负起责任。保证公路桥梁日常保护，收集整理各个部门和管辖区的档案，进一步监督、分析、落实巩固改造计划。

这是为了公路桥梁养护维修巩固工程而培养的精英专业养护队伍，应该注重强调的是公路桥梁养护队伍的专业性和可实施性，做到专业人士采用专业技术通过专业测量工具，灵活运用专业知识采取专业措施，以保证公路桥梁维修巩固工程的落实部署。还应做到随时随地掌握公路桥梁的使用情况和维修状况，为处理突发事件打下坚实基础。另外，不仅要分成日常养护队伍，还要有专业技能强大的队伍，做到从小到大两手抓准备，保证工作的严谨性和专业性。

四、公路桥梁养护维修应注意的问题

对公路桥梁的养护及维修加固与新建工程不同，对于不同的公路与桥梁应采取不同的维修加固标准，这正是后期养护加固工作的难度所在。在养护维修加固过程中有时会产生很多新的工艺，而新的工艺需要的投入就会更多，不管是精力还是物资一点也不亚于新建工程。公路桥梁的养护维修加固工程中还有大量烦琐的任务与不稳定的因素，应充分利用已有资源，在工程运作中保证安全性与实施性。

管理者也要积极配合公路桥梁的养护维修加固工程，只有提高了工程的积极性才能保证安全性。要实时掌握公路桥梁的车流量，加强安全监控，确保车辆通行的畅通性，这是每一个管理人员的职责，也是每一个公民的义务。个体做到规范行为，不做污染公路桥梁的行为，遇到不规范的行为也要举报劝阻，共同维护交通和谐。管理者还要向国内外典范学习，不断更新技术，采取科学有效合理的方法来服务公路桥梁建设，为交通运输发展做贡献，减少交通事故的发生。

公路桥梁的质量会随着时间的推移而不断降低，会出现不同程度的损坏，给人民的生活带来严重影响。因此，对公路桥梁的养护与维修巩固是不可低估的工程，肩负着重大的使命感。为了发挥更大的经济与社会效益，克服众多因素的制约，从业技术人员应该更好地理解、掌握公路桥梁维护巩固过程中的选择特点，加大管理力度，采取有效措施，将这项工作最大化地发挥出现实意义。

第四节　公路沥青路面养护相关技术创新

近些年来，我国的社会经济不断发展，交通行业也取得了长久的发展，公路建设事业也有很大的发展空间。在公路建设中，公路养护是重要的一部分，也是公路能够发挥其功能的保证。对公路沥青路面养护相关技术进行研究也逐渐引起了相关部门的关注。将公路沥青路面养护技术和公路使用的实际情况相结合，发展和创新养护技术，将公路建设工作做好。本节将对公路沥青路面养护相关技术进行简要分析，并且提出一些公路沥青路面养护的建议，希望能够对提升公路沥青路面养护水平起到一定的作用。

公路运输在我们的生活中起到了重要的作用，也是交通行业的重要组成部分，更是国民经济发展的基础，在各行各业中都起到了一定的作用。城市化进程的发展也离不开公路建设事业的发展。对公路沥青路面养护相关技术进行深入的研究，有助于公路建设事业更好地发展，具有重要的意义。公路沥青路面主要有沥青混凝土路面等几种，本节将对公路沥青路面养护相关技术进行深入分析。

一、公路沥青路面养护技术概述

公路沥青路面养护在合理的时间采用适当的技术对沥青公路路面进行维护管理，能够对沥青公路路面上出现的缺陷进行及时修复，发现隐患并及时解决，避免出现大面积损坏。提升公路沥青路面养护技术水平能够在一定程度上降低路面翻修和维修的次数，从而降低公路养护成本，延长公路使用寿命，改善公路的使用状况，从而保证沥青公路路面的正常使用，提高公路建设的经济性。所以，创新和发展公路沥青路面养护技术是十分必要的。

社会经济的快速发展给交通行业带来了巨大的挑战，公路建设一直是社会的焦点。公路沥青路面养护的成果对公路建设的发展起到十分重要的作用。由于公路沥青路面本身具有表面平整、施工周期短、养护简单等特点，所以其养护工作具有十分重要的意义。做好公路沥青路面养护工作能够延长公路使用寿命，保证行车安全，防止公路出现沉降、裂痕等对公路运输极为不利的病害。要想使公路的使用状况达到良好的状态，就必须要重视公路沥青路面养护工作，努力提升公路沥青路面养护技术水平。

二、公路沥青路面常见病害

公路的实际运营中，可能出现裂缝、变形和表面损坏等多种类型的病害。产生这些质量问题的原因主要是沥青混凝土温度稳定性被破坏，还有在公路项目进行施工时没有控制好水稳定性，使得沥青和矿料的结合力受到影响，混合料整体受损。另外，外界水对路面的冲刷也会导致路面结构材料被破坏，水会渗透路基进而引起不均匀沉降。公路建成后投入运营初期，对公路的养护和维修不及时也会导致公路路面出现病害。在公路建设的过程中要对影响公路路面质量的因素进行控制，在公路建成通车后还要对路面进行及时的养护，才能保证公路的使用价值和经济价值。

三、公路沥青路面养护技术存在的问题

第一，养护技术比较落后。目前我国的公路养护体系还比较落后，人们的公路养护理念还不够深刻，很多养护技术还是传统的，也没有完备的公路养护计划。没有对建成初期的公路进行及时的养护，导致养护的最佳时机被错过。

第二，我国在公路沥青路面养护技术方面投入力度不大。对于公路沥青路面养护技术没有投入足够多的财政资金，公路养护队伍也不够完善，缺少资金、人员和可行的机制，这些因素都导致了我国的公路沥青路面养护技术发展缓慢。

第三，公路沥青路面养护技术研究工作滞后。我国还没有建立起完善的公路管理养护系统，再加上对公路病害的检测手段不足，专业人员缺少，从业人员素质不足等原因，公路养护技术还比较落后。我国关于公路养护的数据也比较少，经验缺乏，技术装备落后，施工能力不足．这些也导致了公路养护工作发展滞后。

四、公路沥青路面养护相关技术研究

对公路沥青路面养护相关技术进行研究能够缓解交通运输业的压力，提高公路的质量和经济效益，促进交通行业的发展。公路在建设时会受到许多因素的影响，可能会存在一些隐患，再加上后期的养护不到位，可能会影响沥青路面的使用性能，所以对公路的养护应该予以足够的重视，保证公路的良好运行。

公路沥青路面养护的具体技术有裂缝填封、石屑封层、薄层罩面、稀浆封层等。首先是裂缝填封，使用高黏度、高弹性的填缝材料能够达到填充公路微小裂缝的目的，而

且还能够提高公路的形变能力，防止雨雪等水分渗入沥青内部导致病害的进一步扩大。对裂缝进行填封也是公路养护工作中十分重要的一项，具有重要的意义。第二是石屑封层，主要是用来保护路面提高路面使用寿命，具体方法是在沥青黏结料喷洒在路面后立即铺上一层石屑，还要留出足够的时间防止松散集料的损失和抗滑能力的衰减。在石屑封层完成后还要对其进行定期的检查，保证路面养护的质量。第三是薄层罩面，这也是一种比较传统的技术，主要是在出现病害的路面铺上一层热沥青混合料，防止病害的扩大和恶化，同时也能改善公路的平整度，这种方式的成本也比较低。第四是稀浆封层，将混合物铺到原有的路面上能够快速解决病害，而且经济性也比较高，近些年来也被大范围使用。

在使用公路沥青路面养护技术对公路路面进行养护时也要选择合适的时机，在公路建成通车后要采取高标准的养护方式，保证公路的运行状态良好。另外，应该制定科学合理的养护周期，定期进行路况检查、数据采集，通过不断地调查掌握公路使用的数据，并且根据这些数据确定公路养护的周期，保证公路运行状态良好；还要选取科学的公路沥青养护技术，由于我国采取的公路路面结构的特点，公路会出现不同程度的裂缝，严重的还会出现较大的结构性问题。所以，要根据路面的实际情况选择合适的养护技术，才能解决路面病害，提高公路的整体性能。

总而言之，在经济迅速发展的今天重视公路养护是十分重要的，对公路沥青路面养护相关技术进行研究也是必要的，不仅有利于公路使用寿命和经济效益的提升，还能够保证公路运输的安全性，对社会经济的稳定发展也起到了一定的作用，所以重视发展和创新公路沥青路面养护技术非常重要。

第五节　公路路面养护质量检测技术创新

公路施工技术管理是提高施工质量的重要途径，与公路施工同等重要的是公路养护，尤其是对公路路面而言，必须要按时加强养护工作，以提高路面的安全性。本节对公路路面养护常见的问题以及公路路面养护检测技术进行了分析与探讨，旨在提高公路路面养护水平。

公路工程的建设是当前经济发展过程中的一个必然趋势，公路路面施工和养护是公路工程施工过程中的一个重要内容。路面是很容易受损的一个部分，大量的车流长期通行，会导致公路路面受到不同程度的损坏。因此，在日常使用过程中，必须要积极加强对公路路面的养护，以提高公路路面的安全性和稳定性，为过往的车辆和行人提供更加安全的通行环境。对此，必须要加强对公路路面工程的养护管理，要对养护管理体制进行创新，加强对养护质量检测技术的应用，从而确保路面的养护工作能够落到实处。

一、公路路面工程养护管理存在的问题

在公路建设完成之后要加强养护管理，利用各种资源条件，为居民的出行提供更加安全的道路环境。随着我国的公路建设事业不断发展，我国的公路路面工程项目变得越来越多，涉及的地区越来越广，尤其是一些公路工程所经过的地域环境比较复杂，在养护管理过程中，各种工作比较繁杂，当前公路路面工程的建设和养护管理还存在一些问题，主要有以下几个方面：第一，缺乏养护队伍。当前公路路面的养护过程中缺乏高素质的人才队伍。由于公路路面养护属于公路管理部门的工作，在公路管理部门中，专业化队伍仍然比较缺乏。当前很多公路路面养护人员没有接受过正规的养护管理培训，使得工作人员在日常工作中缺乏必要的工作技能，最终导致公路路面的养护过程中没有加强对技术的控制。第二，对公路路面工程养护管理的意识不足。当前，还有很多的公路管理部门的领导者以及工作人员对公路路面工程养护管理存在一些认识上的偏差，很多养护管理者对公路工程养护管理的意识不够强烈，因此对公路路面工程养护管理制度的建立的重视程度不够，没有加强公路路面工程养护管理的投入。第三，缺乏养护质量检测。在对公路路面进行养护的时候，加强对各种养护工作的检测是确保公路路面的养护工作得到落实的一个有效途径。在当前的公路部门中，也没有一支高素质的监测队伍，没有对公路质量检测结果进行有效的分析，因此使得公路路面的养护没有按照一个统一的标准进行。比如大多数公路路面在养护过程中，都只是对表面问题进行解决，对公路路面的整体结构、连接处的问题等关注不够多，没有按照规定进行养护，因此使得公路路面的养护质量受到影响。第四，公路路面养护管理过程中的责任体系不够健全。在公路路面养护管理过程中，由于公路管理部门没有将具体的责任落实，因此使得一些地区的公路路面得不到有效的养护管理，有的又出现养护管理过剩的现象，导致各种资源的分布不均匀。

二、公路路面养护质量检测技术及其控制措施

公路路面养护质量检测技术。在我国公路技术状况评定标准中，主要有以下几个技术指标：第一是路面状况指数，第二是行驶质量指数，第三是路面结构强度指数，第四是抗滑性能指数，第五是路面车辙。通过对这五个技术指标进行评定，可以对公路路面的行驶情况有更加充分的了解，也能为养护工作提供更多的依据，从而提高公路工程的安全性。

第一，路面破损状况检测。这是指在封闭或不封闭交通的情况下，按照路面检测过程中关于损坏的分类以及识别方法，采用简单的目测以及丈量的方式，对路面的损坏情况进行了解的一种方式。有人工检测和仪器检测两种，人工检测不仅会浪费大量的人力、

财力、物力，而且也会导致交通不畅，人工检测的危险性比较高。因此各种检测仪器开始逐渐普及，比如欧美一些国家开发的路面病害调查车，就可以保证车辆在正常行驶的过程中对路面进行扫描和拍摄，并且通过计算机进行记录，对各种路面情况进行传输。

第二，行驶质量指数检测。这是指对路面对车辆行驶过程中所带来的体验性以及对车辆带来的影响的分析，是表示路面的舒适性指标的一个重要参数。比如当车辆行驶在不平整的道路上时，不仅会对车辆带来更大的磨损，同时也会使行驶过程不舒适。在我国，对这个指标进行检测时主要采用的有两种方法，一是断面测试类，比如 3m 直尺、精密水准仪、激光断面仪等；二是间接反应类测试，比如采用颠簸累积仪、连续式平整度仪等进行测试。

第三，路面车辙深度指数。车辙是当前很多高速公路的主要病害之一，由于超载现象越来越严重，因此必须要加强对车辙问题的解决，当前在进行养护检测的时候，一般会采用两种方式对车辙深度进行检测，一种是直尺测量，另一种是采用车辙快速检测装置进行测量。

第四，路面结构强度指数。在对路面的结构强度进行表示的时候一般采用的是弯沉的概念，弯沉是公路路面养护过程中的一个重要指标，一旦发现完成不合格，则有可能会导致公路不能使用。在当前的检测过程中主要采用的是仪器检测，一种是落锤式弯沉仪，另一种是激光自动弯沉仪。

第五，抗滑性能指数。这个指数主要是用来对路面的抗滑性能进行表示的，是路面的安全性能指标。公路路面的抗滑性是安全性的一个重要内容，只有提高路面的抗滑性，才能保证车辆在行驶过程中不会出现打滑现象，尤其是在一些高速公路上，必须要加强对抗滑性能的提高，防止出现安全事故。我国养护规范对抗滑检测的规定是摆式仪测值、SCRIM 抗滑测试车测横向力系数，可以采用 SCRIM 测试车进行检测，当前我国自主研发的 SCRIM 测试车也越来越多，对于路面的抗滑性能的检测有很大的帮助。

公路路面养护质量控制措施。在进行公路路面养护的过程中，必须要对养护质量进行有效的检测，按照路面养护质量的相关检测技术进行检查和养护，从而提高公路路面的性能。在具体的检测过程中，应该要对质量检测标准进行完善，在进行路面养护检测的时候，要按照相应的标准进行检测，对检测到的问题进行有效地解决。另外，还应该提高公路路面养护管理人员的综合能力水平。对公路路面的养护管理而言，注重相关人员的技术水平和养护管理水平的提升，是促进公路路面质量得以提升的重要措施。在对公路路面进行养护的时候，要不断提升养护人员的综合能力素养，公路路面养护管理单位要定期对养护管理人员和技术人员进行培训，从具体的养护管理技术、公路路面养护质量检测技术等方面着手，提高公路路面养护管理人员的综合能力水平，使得公路路面养护管理工作能够按照一定的标准进行，切实解决各种公路路面的损坏问题。

综上所述，随着公路工程的建设变得越来越多，在公路使用过程中，为了延长公路工程的使用寿命，必须要加强对公路的养护管理，提高公路工程的质量。公路路面养护是公路养护过程中的主要内容，在进行养护的时候要加强对各种检测技术的控制，对一些基本的参数进行检测，从而提高公路路面的养护水平。同时，要针对当前养护工作现状，加强对养护意识的培养，从而提高公路质量。

第六节　高速公路养护与养路机械的技术创新

本节针对高速公路养护及养路机械进行论述，并围绕坑洞修补养护车、改性乳化沥青机、改性乳化沥青搅拌机、改性乳化沥青封层机等几种养护机械，对其原理、特点及技术创新的要点进行了分析，且根据相关经验和知识做出探讨，希望能为相关从业人员提供借鉴。

随着近几年公路交通事业的不断发展，对于公路养护方面的要求变得十分严格，局部挖补已无法满足需求，局部铲除与重铺逐渐变成恢复公路正常使用状态的有效方法。由此可见，公路养护想要从根本上摆脱掉简陋、粗鄙的形象，必须对现代高新技术给予重视，合理运用当前较为先进的技术手段，确保养护机械可以胜任养护任务，从而达到促进公路交通事业蓬勃发展的目的。

一、公路路面坑洞修补及养护车技术创新

现阶段高速公路以沥青路面为主，坑洞对沥青路面而言，是一种较为常见的病害类型，产生原因相对复杂，但主要还是由于路面承载力丧失而导致的，再加上行车荷载的作用，早期病害会迅速扩张，影响公路的正常使用。

目前，常用的坑洞修补方法主要有两种，分别为热补和冷补，无论选用哪种方法，都需要对坑洞进行大规模的开挖处理，坑洞病害修复效果。开挖施工所用机械可选择自带液压锤设备的"两头忙"。压实机械主要有两种——小型振动压路机与内燃式振动夯。

在我国大规模应用的综合养护车，其混合料主要是预先制备好倒入保温罐中的，侧壁与罐底都设有加热装置，外壁还设有保温层，可很好地防止混合料温度散失。如果修补施工运用冷态混合料，则加热的最大时长可以达到7h，但还无法对旧混合料进行有效处理，因此无论商家如何进行宣传，其实际用途还是较为有限的。除此之外，还有一种养护车支持现场拌制新、混合料，虽然该机械实现了旧料的处理，但其配置依旧较为低端，使用时缺乏保障。因此公路养护车对应的技术创新归根结底并非新增功能，而是要使其变为能够在现场进行再生混合料拌制的小型搅拌机，必须配备隔离式搅拌机与相应的计量装置。

二、公路路面冷补、封层及改性乳化沥青技术创新

改性乳化沥青机。改性乳化沥青当中的高分子物质既可在乳化过程中加入，也可先进行乳化再混合。虽然依然运用胶体磨，但仍要密切关注乳化剂选配、计量装置与各项工艺参数。基于此，从改性乳化沥青机的角度讲，其技术创新的关键点就在于计量装置与工艺的施工控制，创新目标确定为实现自动化控制，以保证施工质量和效果。

改性乳化沥青搅拌机。在公路病害的修补方面，改性乳化沥青的实际用量较少，所以搅拌机也必须是小型的，但技术方面是不容怠慢的。设计这种搅拌机的初衷是保证乳化沥青高效混合和凝结，因此需要配备高性能的计量装置与搅拌机。在设计中发现，计量系统是一个重、难点，这是因为沥青的容量是趋于变化的，最好运用重量法进行计量，但这对规模相对较小的搅拌机而言是十分困难的。

改性乳化沥青封层机。改性乳化沥青的质量决定了封层的实际质量，封层机虽不是新型机械设备，但我国还未对其进行深入研究。尽管是国外进口的机械，但在稀浆搅拌等方面仍存在不足之处。封层机实际上是一种实现计量连续性的机械。然而，就当前的连续搅拌装置来看，我国始终以质疑的态度禁止其在施工中应用。究其原因，主要还是出于对骨料规格方面的考虑，国内生产的骨料在规格上相对较差，容易使混合料级配出现较大的差距，相反，间歇搅拌楼由于设有热料筛分机，所以在计量方面更有把握，然而稳定土对应的技术标准还较为低下，大部分稳定土搅拌站都以手工控制和调节为主，精度很低，实际搅拌时间也过于短暂，由于这种现状而造成的质量问题却被大多数人默许，但在实际施工中必然要付出一定代价。针对封层机，细骨料和乳化沥青都需要按照一定比例连续供给，但机械较为窄小，难以采用重量法进行准确计量，而且给料机大多由手工控制，自然无法确保稀浆质量，加之先前所用的是普通乳化沥青不具黏结力，在施工完成后不久封层就有可能损坏，所以一直以来公路施工都不予采用。基于此，封层机技术创新的重难点主要是采取精细化设计手段实现连续高精送料以及计量与调控的自动化。

预拌冷补混合料。坑洞修补过程中，摊铺完成后要求立刻压实，以获取足够密实的承载结构。这种混合料的主要特点可概括为以下几点：不压不成形、一压就成形、越压越成形，预拌完成后对储存温度无特殊要求，可长时间存放，取用极其方便。这种混合料在我国是非常受欢迎的，国内一些研究者已通过研究确定了化学配方，对现有搅拌楼实施改造。基于此，可开发出一种综合的公路养护搅拌楼，既支持热料拌制，也可进行冷料拌制。

三、公路翻修与沥青路面再生的技术创新

中置路拌机。中置路拌机是一种自带铣刨与搅拌功能的大型机械设备，主要用于冷法就地沥青路面再生。现阶段，我国已成功研制出 425 型中置路拌机，500 型及其以上的中置路拌机正处于研究阶段，旨在为二级公路的路面返修提供便利。该路拌机的驱动方式为全液压驱动，系统控制的核心为自动化功率分配技术，此外还有四个悬挂点，用于高程的准确调整。

水泥撒布车。对铣刨后产生的旧混合料而言，由于其没有经过加热，所以旧混合料不具备黏结功能，需要向其添加一定量的黏结料（如水泥、石灰等），通过充分的搅拌和压实才可以具有良好的承载力。水泥撒布车的用途是在路面上均匀撒布水泥，其对应的技术创新重难点在于对水泥实际撒布量的有效控制。然而，水泥撒布量主要和车速、计量转子转速等因素存在联系，所以撒布量的有效控制实际上就是连续给料与计量方面的控制问题。

沥青洒布车。沥青洒布车要求不仅可以均匀洒布热拌沥青，还能按照一定比例洒布改性乳化沥青。与水泥撒布车基本相同，计量控制主要和车速与泵转速度存在联系，所以其技术创新重点也是连续给料与计量方面的控制问题。

沥青路面加热机。在公路沥青路面再生联合机组的前方，设有一个宽度和待修路面相等的加热板，加热方式可以是红外线辐射也可以是热风，充分利用辐射热量对待修路面进行加热处理，实际发热量及辐射距离可根据实际情况进行调节。

综上所述，公路养护机械的全面进步离不开有效的技术创新，如果缺乏先进的机械设备，则现代新型施工工艺及技术是没有任何意义的。作为公路的施工和管理人员，首先应充分认识到养护机械对于公路养护效果的重要性，然后通过分析和学习，在掌握新型机械原理、特点的基础上，合理配置和组织现场机械进行施工，结合新工艺和新技术的全面应用，从根本上提升公路养护质量。

第五章　公路路面施工改造再生新技术

路面再生的种类很多，按旧路面的性质不同可分为沥青路面的再生和混凝土路面的再生；按再生形成的层位不同可分为再生面层、再生基层和再生底基层；按再生方式的不同可分为热再生和冷再生；按拌和地点的不同可分为现场再生和厂拌再生。

第一节　沥青路面冷再生技术

一、沥青路面现场冷再生的定义

沥青路面的现场冷再生是指利用旧沥青路面材料（包括面层材料和部分基层材料）进行破碎加工，需要时加入部分新骨料或细集料，按比例加入一定剂量的添加剂（如水泥、石灰、粉煤灰、泡沫沥青、乳化沥青等）和适量的水，在自然的环境温度下连续完成材料的铣刨、破碎、添加、拌和、摊铺和压实成型的作业过程，重新形成结构层的一种工艺方法。

二、现场冷再生的优点

简化施工工序，不存在旧路面材料的运输和弃置问题；可以同时耙松和破碎，保证了结构的整体性，对旧路路基（下承层）的影响和破坏很小；利用旧路面和路基材料，大大减少了新材料的用量，保护了资源；可以通过基层承载力的提高，从根本上实现公路等级的提高；铣刨、破碎、添加、拌和、摊铺可一次完成，施工工序的简化起到了缩短工期的作用。不存在旧料的运输、废弃和堆放，现代再生机械有效地防止了粉尘的飞扬，满足了环境保护的要求，是一项绿色（公路维修改造）技术。

三、材料组成设计

对旧料级配不满足要求的，需按推荐级配范围加入部分新骨料，但若旧料中5mm

以上的粒料过低（＜40%），则需加入部分级配的大骨料；若旧料中5mm以上的粒料含量过高（＞80%），则需在冷再生混合料中加入部分适宜级配的细集料，以形成具有良好级配的骨架密实结构，增强混合料的强度。对可利用的旧路混合料进行土质分析，以确定添加剂种类。确定了添加剂种类以后，根据冷再生基层（底基层）的强度、厚度建议值通过制作标准试件来确定最佳的添加剂用量。

四、施工工艺

冷再生施工工艺按加水在洒铺添加剂的前后不同，分为先加水施工工艺和后加水施工工艺。经过分析施工后冷再生层的外观及冷再生层的压实度检测结果，发现先加水施工工艺的冷再生基层（底基层），由于经过闷料过程，更容易压实成型，且表面均匀、平整光滑，压实度均大于97%。水源充足，时间充分的冷再生基层（底基层）施工采用先加水施工工艺。

第二节　道路旧水泥混凝土在水泥混凝土中的再生利用

一、概述

水泥混凝土路面是高等级公路的主要路面结构形式之一，尤其是在我国南方多雨地区，占有更大的比例。随着累计交通量的增加和环境因素的影响，水泥路面将会出现破碎、下沉、错台、板角断裂等病害，并且随着时间的推移，破损面积逐渐增大，严重影响了路面的使用性能。传统的旧路改造方式主要有两种：一种是旧路面上覆盖新的道路面层，即所谓的加铺罩面层；另一种是将旧路面层剥除后重新修筑路面，以达到标本兼治的目的，但是这样势必产生大量的废弃路面板。如果随意堆弃，一方面，必将造成永久性的占地和环境污染；另一方面，必然造成天然河道、山体等大规模的连续开采，对环境具有不可逆的破坏。在路面维修过程中，如果采用破碎设备将废弃道路水泥混凝土路面板加以破碎、筛分，生产出符合规范要求并且满足一定性能指标的再生集料，重新用于水泥混凝土中，不仅解决了水泥混凝土的废料堆放问题，节省了废料的运输费用，而且能够保护环境，减少资源的浪费，降低工程造价。因此，道路水泥混凝土的再生利用不仅具有显著的经济效益，而且具有明显的社会效益。

二、旧水泥混凝土再生集料的技术性质

根据《公路水泥混凝土路面施工技术规范》（JTGF 30—2003）的规定，粗集料应使用质地坚硬、耐久、洁净的碎石、碎卵石和卵石，并必须满足一定的技术要求。高速公路、一级公路、二级公路及有抗（盐）冻要求的三、四级公路混凝土路面使用的粗集料级别应不低于 II 级。由于本书研究的混凝土应用于二级公路上，故所用碎石应当满足 II 级技术要求。

三、旧水泥混凝土再生集料在新拌制混凝土中的应用

（一）原材料

（1）水泥采用红狮 P.O42.5 水泥。

（2）减水剂采用浙江五龙化工股份有限公司生产的 ZWL—III（500）型高浓高效减水剂（缓凝）。

（3）砂采用浙江兰溪产天然河砂，细度模数为 2.53，评定结论为中砂。

（4）集料全部来源于再生集料和普通碎石。

（二）再生骨料水泥混凝土的配制

为了了解旧水泥混凝土路面板再生集料制成的混凝土的特性，在实验室条件下，分别制作了水泥混凝土抗压和抗折试件。混凝土试件配制强度等级分别为抗压强度 30MPa 和抗折强度 4.5MPa。

实验时，为了增强比对性和充分了解再生碎石水泥混凝土的特性，还制作了普通碎石混凝土试件。普通碎石的种类与原旧混凝土所用碎石的种类相同，而且旧混凝土再生集料配制混凝土时所用的配合比与普通碎石混凝土的配合比完全相同，再生集料的级配与普通碎石集料的级配也完全相同。同时为了研究再生集料的特殊性，又用再生粗集料和再生石屑制作了水泥混凝土试件，进行室内实验研究。在进行以上三种不同类型集料的抗折、抗压混凝土试件成型时，严格按照公路工程水泥混凝土试验规程的规定成型，每组集料分别成型 24 个试件，其中 12 个抗压件和 12 个抗折件，分别用于测定其 14 天和 28 天的强度。按照公路工程水泥混凝土实验规程的规定，一天后脱模，放入标准养护室中养护，待规定天数后进行试验研究用。

四、旧水泥混凝土再生集料配制的水泥混凝土的特性

为了了解旧水泥混凝土再生集料制成的水泥混凝土的特性及其性质是否达到普通碎

石混凝土的性能，在实验室条件下，在试件成型及强度试验过程中，做了普通碎石集料与旧水泥混凝土再生集料制成的混凝土的特性对比。

（一）旧水泥混凝土再生集料配制的混凝土的和易性

在试件成型时，分别量测了再生集料配制的水泥混凝土和普通碎石配制的水泥混凝土的坍落度。

实验结果表明，无论是抗压还是抗折试件成型时，由再生碎石组成的水泥混凝土的坍落度均要小于普通碎石组成的水泥混凝土的坍落度，但是，从实验过程可以看出，其工作性能完全可以满足一般结构浇注时对混凝土工作性的要求。从再生碎石和再生石屑组成的混合料的坍落度数据来看，由于减水剂的加入，在不增加用水量和改变水灰比的情况下，其工作性得到明显改善。

（二）普通碎石集料混凝土和再生集料混凝土的质量比较

在实验过程中，对不同集料所配制的水泥混凝土试件分别做了质量检测。比对数据结果显示，无论是抗压件还是抗折件，含有再生碎石的混凝土，单位体积质量均小于普通碎石混凝土的质量。由于再生集料的表观密度小于普通碎石的表观密度，所以在相同条件下单位体积的混凝土的质量要比普通碎石混凝土的质量小。

（三）再生集料混凝土的抗压和抗折强度

到 14 天和 28 天时，把三种集料配制的水泥混凝土的抗压件和抗折件同时从养护室中取出，严格按照规范要求进行强度实验。在实验过程中，保证所有试件的实验条件的一致性。

废弃水泥混凝土再生集料配制的混凝土的抗压强度和普通碎石配制的混凝土的抗压强度基本一致，略小于普通碎石配制的水泥混凝土的抗压强度，但能满足强度要求。抗折强度数据略有差别，但差别不大，由再生集料与天然河砂配制的混凝土的抗折强度要大于全部由普通碎石与天然河砂配制的水泥混凝土的抗折强度，充分说明再生集料与天然河沙配制的水泥混凝土具有良好的抗折性能。

五、废弃水泥混凝土再生集料配制的水泥混凝土的性质分析

从上述性能试验研究结果可以看出，全部用废弃水泥混凝土路面板再生集料作为粗集料来配制新水泥混凝土的方法是可行的。其主要原因可以归纳如下：

（1）旧混凝土破碎时，破裂一般沿着旧混凝土中的微裂纹和水泥胶体的薄弱面发展，因此，旧混凝土集料内部的缺陷较少，并且集料的性质也比较均匀。

（2）旧混凝土集料表面相对于普通碎石集料的表面更加粗糙，因此更有利于水泥胶砂和骨料的黏结，相应地所配制的混凝土的强度也不会低于与之相同条件下的普通碎

石水泥混凝土的强度。

（3）旧混凝土再生集料的吸水率较大，因此在配制混凝土时，在同样的配比情况下，旧混凝土再生集料配制的混凝土实际水灰比较小，而且旧混凝土中含有部分未水化的水泥，这也有利于混凝土强度的提高。

（4）旧混凝土再生集料配制成水泥混凝土后，集料会由于后期的养护而增加自身的强度。

通过上述实验结果与分析，可以得出以下结论：

（1）通过改善破碎工艺和严格控制粒径，废弃水泥混凝土再生集料的技术指标能够完全满足水泥混凝土对粗集料的技术要求。

（2）再生集料配制的水泥混凝土要较相同条件下的普通碎石混凝土的工作性差，如果加入适量减水剂可以改变其工作性。

（3）用旧混凝土再生集料配制的水泥混凝土与普通碎石混凝土相比较，强度差别不大，抗折强度甚至有所提高。

（4）废弃水泥混凝土再生集料用于配制新拌水泥混凝土在技术上是可行的。

第三节　沥青路面微表处改造技术

微表处是一种由聚合物改性乳化沥青、集料、填料、水和外加剂按照合理配合比拌和，并摊铺到原路面上，达到迅速开放交通要求的薄层结构。在国外，它被定义为一种预防性的养护方法，即在路基路面结构强度充足，而仅仅是出现了表面功能衰减、轻微车辙和不平整时，为了恢复路面服务功能而采取的一种养护方法。微表处技术于20世纪70年代在欧洲出现，80年代进入美国，如今已经成为美国30多个州、加拿大及其他很多国家和地区高等级公路的主要养护手段之一。而我国对微表处的研究才刚刚开始，还是一项新的课题。虽然国内一些科研机构和施工部门在借鉴国外成功经验的基础上，也进行了一些研究和应用，但成功的路段较少。因此，大力开展微表处技术的研究与运用，对于推动我国高等级公路的养护工作仍然具有十分重要的意义。

一、改性乳化沥青的研制

改性乳化沥青是微表处的黏结材料，其质量的优劣对封层质量的影响最直接、最明显。改性乳化沥青的特性主要与乳化剂和改性剂的选择有关，为了达到快速开放交通的要求，乳化剂必须是慢裂快凝型的阳离子乳化剂，且所用乳化剂不能对沥青造成影响；对各种沥青的适应性要好，与改性剂要有良好的配伍性。改性剂的选择应根据不同地区的气候、交通特点进行试验后确定。

（一）原材料的选择

乳化剂的选择至少包括品种的选择、乳化效率的评价和效率的充分发挥三个方面，经过多次室内实验和综合分析比较，最后采用山东交通科研所自行研制的 MG-I 乳化剂。基础沥青采用重交或进口 70 号与 SL-1 型配伍剂。改性剂采用丁苯胶乳（SBR）。

（二）改性乳化沥青的试验研究

通常情况下，改性沥青乳液生产有以下三种方法：①溶解法，先把沥青改性再进行乳化；②乳化法，先将聚合物胶乳溶解于乳化剂水溶液中，再与热沥青进行乳化；③外掺法，即首先制备乳化沥青，再与聚合物胶乳混合。由于乳化法方便用于工厂化生产，因而本过程采用乳化法生产改性沥青乳液。

二、微表处混合料设计

由于封层位于路面的表面，直接与车轮接触，为提高封层的耐磨抗滑性能，延长封层使用寿命，选择强度高、硬度大、耐磨性好的玄武岩石料做集料，为适应重交通的路面，使用 100% 的轧碎石料。

ISSA 和美国推荐的矿料级配有 Ⅰ、Ⅱ、Ⅲ 和Ⅳ型，用于微表处的通常是Ⅲ和Ⅳ型，目前国内大多采用 ISSA Ⅱ型级配。但由于Ⅱ和Ⅲ型矿料级配组成偏细，粉料偏多，沥青用量较大，对路面养护只起到密水与表面平整作用，而且抗磨耐用性能差，应用于一般公路养护效果尚可。对于Ⅳ型级配，其一次摊铺厚度可达 13mm，适合于车辙填补和高速车道，或双层摊铺中的下层，值得推荐应用。对于微表处的矿料级配组成既要着重考虑路面抗滑耐磨的性能，又需兼顾稀浆封层的特点。出于上述考虑，从而提出以 ISSA Ⅳ型与我国 SMA10 型及美国的 SMA9.5 型为基础，并结合实际施工工艺与铺筑厚度等情况，经过外掺 3% 的水泥，相应组成 HC4、HC10 与 HC9.5 三种矿料级配进行试验。

为了验证 HC4、HC9.5 和 HC10 三种级配的性能，找出最佳的混合料级配，主要进行了以下性能检验试验：

（一）可拌和时间试验

可拌和时间试验是模拟摊铺施工现场的工作状况，并用于确定乳化沥青的基本配方。按照 ISSA 的规定及大量实践证明，可拌和时间试验必须大于 60s。

（二）湿轮磨耗试验

湿轮磨耗试验是模拟汽车轮胎在湿润状态下，对于封层表面的磨耗状况，重点检验改性乳化沥青的性能及用量、矿料的黏附性及配合比设计是否合理等。对于普通的稀浆封层，试件浸泡一小时后的磨耗量应小于 806g/㎡，而对于微表处则要求浸泡一天后的磨耗量应小于 537g/ ㎡。

（三）黏聚力试验

黏聚力试验可以预测微表处的凝固速度，确定初凝时间和开放交通时间，在 ISSA 的技术规范中，对微表处要求设计成快凝快开放交通型，即要求在摊铺 1h 后，能开放交通。具体技术指标应控制为：30min 内聚黏结力＞1.2N·cm；60min 内聚黏结力＞2.0N·cm。

（四）负荷车轮试验

负荷车轮试验可与湿轮磨耗试验一起确定稀浆封层混合料的适宜沥青用量，试验结果表明，三种级配类型的混合料的黏附砂量均小于 ISSA 规定的 538g/ ㎡。

（五）水稳定性能试验

由马歇尔残留稳定度表征微表处混合料的水稳定性能。在乳化沥青混合料初凝后，成型试件时必须等水分散失彻底才能击实，等混合料具有成型强度后，才能保证试件的成型质量。因此必须对 JTJ 052—2000 马歇尔稳定度进行修正，使试件的成型过程接近乳化沥青混合料的实际应用情况。试件成型步骤如下：①矿料与水拌和均匀，加入设计用水量；②加入设计沥青乳液用量并拌和均匀；③将拌和好的混合料，摊铺在瓷盘中，厚度为 2cm，然后将混合料在 110℃烘至恒重；④将混合料烘热至 145℃；⑤将混合料拌和均匀，利用双面击实各 75 次成型马歇尔试件。

根据实验结果可以看出，微表处乳化沥青混合料的马氏稳定度与残留稳定度均高于热拌混合料的马氏稳定度；HC9.5 级配类型的混合料孔隙率较大，而且马歇尔残留稳定度与沥青饱和度均低于 HC4 和 HC10 级配类型的混合料。HC4 与 HC10 相比较，HC10 混合料孔隙率小，而且残留稳定度较大。

（六）高温稳定性试验

利用 HC4、HC9.5 和 HC10 三种级配，沥青乳液用量相应为 9.5%、9.5% 和 10%，进行车辙试件成型，厚度为 14mm，并在常温条件下养护一昼夜后，按照规范要求进行车辙试验。试验后发现试件无变形，表面平整稳定，并测得三种级配类型的混合料 HC4、HC9.5 和 HC10 的摩擦因数分别是 61、60 和 63。

综合上述分析可知，HC10 级配类型的混合料具有良好的性能。

三、试验路段的铺筑

（一）原路面状况

选择 105 国道山东平阴县境内孔村段 K498~K599 处进行试验段的铺筑，原路面宽为 12m，1994 年改建为上拌下贯式沥青路面，半刚性石灰土结构基层。由于交通量大，而且重车较多，路面损坏严重，表面欠平整，试验路铺筑前未做相应处理。

（二）施工工艺

在封层摊铺前，首先封闭施工路段，并对原路面进行清扫，再沿原路面铺宽两侧放出封层机走向的基准导线，使其准确顺直，然后将准备好的矿料、改性沥青乳液、水泥、稳定剂及水，按照要求数量装入封层机，进行施工。

（三）试验路段的性能检测

试验路段开放交通后，外观呈现出沥青与矿料裹附性能良好，封层与路面结合牢固，路面平整，色泽均匀，纵横接缝顺适，提高了路面的服务功能。在通车50天后对三种不同级配混合料的微表处路面进行路用性能检测。

检测结果表明，三种不同类型微表处路面的表面构造深度和摩擦因数与原路面相比较都有了较大的提高，平整度也得到相应改善。由此看出，本试验路段是成功的，同时也为下一步微表处技术的广泛应用提供了技术支持。

由于阳离子乳化沥青对酸、碱性矿料均具有良好的黏附性，因此在微表处技术中应用范围较广。此外，不同的改性剂掺配工艺是影响改性乳化沥青性能的关键因素之一。

采用不同的矿料级配，微表处的技术效果有显著差异，因此在使用微表处技术时，应当选择合理的矿料级配，保证微表处技术的成功实施。

进行水稳定检验时，必须对传统的马歇尔试验进行修正。

微表处的施工，必须采用专门的设备，执行严格的施工程序，这是微表处技术成功的关键因素之一。

第四节 混凝土路面快速修复技术

我国高等级公路的路面主要采用沥青混凝土和水泥混凝土路面，其中，南方地区由于气候湿热，降水量大，一般倾向于修筑水泥混凝土路面，许多省市的干线公路已逐步实行"硬化"。然而，现有的许多水泥混凝土路面，特别是20世纪80年代和90年代初修筑的水泥混凝土路面，由于设计、材料、施工技术、施工管理和质量控制等方面的不足，以及自然灾害的破坏等原因，投入使用3~5年后就出现了大量的早期破坏。

同时，由于现有道路网的交通需求，不可能长时间关闭交通来进行修复，需要修复的路面应在尽可能短的时间内投入使用。因此，水泥混凝土路面的快速修复技术是未来急需研究的发展方向。本书就快速修复技术，从材料和施工两方面介绍国内外的新技术，并对未来的发展趋势进行展望。

目前，我国混凝土路面快速修复技术通常是在不改变施工工艺的前提下，选用优质的水泥基材，或者选用合适种类的外加剂，降低混凝土的水灰比，调整混凝土的配合比，从而提高混凝土的密实度,增加水泥与骨料间的界面黏结作用,以达到施工后3~7天通车。但是,许多实际的修复工程中,尤其是高速公路,3~7天的中断交通是难以接受的,因此,修复到通车的时间间隔应该更短。

一、混凝土混合料

1. 水泥

水泥是混凝土中最具活性的组成材料,水泥的选择与合理使用是获得高质量混凝土的关键所在。对于快速修复工程,国外常用快凝或快硬水泥,除了常规的早强水泥和掺外加剂的水泥以外,新型水泥也已开发。

日本广泛应用调凝水泥(或称喷射水泥),这种水泥的终凝时间为15min,而普通硅酸盐水泥为190min。由喷射水泥拌制的砾石混凝土掺入0.3%的缓凝剂后,初凝时间约为40min,而普通混凝土需要5h。一天龄期的喷射水泥混凝土的抗弯强度可达到4.1MPa,抗拉强度可达到2.5MPa。采用喷射水泥进行路面维修可在12h内完成并恢复交通。

美国开发了一种称为"派拉蒙特"的混合水泥,这种混合水泥拌制的混凝土,24h抗压强度达到13.4MPa以上,而2d抗压强度可达82.7MPa;4h抗弯强度约为3.4MPa。纽约州采用派拉蒙特混合水泥,12h便完成一座桥梁接缝的修复。

对于快速修复工程,要在尽可能短的时间内修复路面、恢复交通,并降低工程造价。因此,开发和使用新型的快硬或快凝水泥是未来工程材料发展的一个研究方向。

2. 集料

随着我国全民环保意识的增强与大力提倡可持续性发展,通过开山劈石来选择质量好的集料,不仅对自然生态环境的破坏大,而且需要消耗大量的能源。因此,对于公路工程,未来应该开发新的集料资源,以保护环境,节约能源,同时为快速修复提供充足的集料。开拓集料来源可以从以下几个方面来考虑:

(1)通过机械处理、混合、盖层和浸渍等方法,改良工程性质不满足规范要求的边次集料与低质量集料,并通过经济分析加以比较选择。

(2)降低规范与规程中对集料的标准要求较高的条目,允许采用更多类型和品种的集料。

(3)利用固体垃圾或废料。包括高炉矿渣、钢渣、粉煤灰、底积粉煤灰、锅炉矿渣、废玻璃、煤渣、橡胶轮胎、焚化炉矿渣和尾矿渣等。

(4)采用合成集料。胀性土或页岩通过热处理可生产轻集料,这种轻集料具有多孔的结构与磨损后保持尖锐外露孔壁(细胞壁结构)的性质,由此拌制的混凝土具有理想的抗滑性能，使之成为路面工程中具有良好性质的材料。磷酸盐黏土或煤矿尾矿渣等副产品或废料，经热处理后，可成为其他原材料的资源。陶瓷集料是另一种合成集料，经过制陶技术处理，可作为抗滑集料使用。由于合成集料的费用高，应研究降低其生产成本的新技术，以便广泛应用于路面工程。

（5）采用再生集料。通过再生技术，回收利用旧混凝土路面或沥青混凝土路面，作为再生集料，在一些地区，利用再生集料比处理这些废料更为经济，对环境也更为有利。

通过以上这些技术，可大大地扩大集料来源，在水泥混凝土路面的快速修复技术中，利用路面再生集料与固体垃圾或废料等将是未来研究的方向。

3. 外加剂

为了提高水泥混凝土的质量，加速或延缓凝结时间，提高抗冻和抗硫酸盐的侵蚀，控制强度的增长，以及提高和易性和修整性等，通常在拌制混凝土期间，或之前在混凝土配料中掺加一种以上的化学外加剂、粉煤灰和其他矿物混合料。混凝土外加剂有数百种之多，但是，新型的外加剂仍然在研究开发，许多种类的外加剂在路面工程中得到了广泛的应用。

在快速修复工程中，较多采用促凝剂或早强剂，以加快混凝土早期强度的增长，缩短凝结时间，其中最常用的促凝剂是氯化钙。但是，氯化钙容易造成混凝土中的钢筋腐蚀，因此，不含氯化物的促凝剂引起人们越来越多的关注，硫酸盐、甲酸盐、硝酸盐和三乙醇胺等已成功地应用于混凝土。三乙醇胺是一种油质、水溶性、鱼腥味的液体，是氨和乙烯氧化物反应的产物，可加速 C3A 水化成六方铝酸盐的过程，并加速六方铝酸盐转化成立方铝酸盐的过程，但不会加速水泥中硅酸盐的水化过程。甲酸钙、亚硝酸钙和硫代硫酸钙等也可加快混凝土的凝结。

通过在混凝土中掺加钢材、木材、碳纤维素、碳铅合成纤维和聚丙烯纤维等纤维材料，可有效地控制混凝土开裂，减少收缩和渗透，以及提高抗冲击力，这些纤维增强混凝土得到广泛的研究与应用。同时，纤维也可作为维修材料使用，提高材料的力学和物理性能。在快凝水泥中，加入聚丙烯纤维，可提高水泥的性能。SHRP 计划中的一个创造性的研究项目表明，在混凝土中掺加碳纤维可拌制阴极保护的导电混凝土。在碾压混凝土中掺加钢纤维，可提高碾压混凝土开裂后的强度和耐久性。

4. 配合比设计

混凝土混合料配合比设计，是按比例地选择水泥、集料、水、外加剂或其他成分，以最低成本生产符合工程性质要求的混合料的过程。我国多采用体积配合比设计方法，先确定集料级配，水泥、细集料和粗集料的比例，再按照水灰比加入水使混凝土达到所需的合易性与标号要求。

随着工程技术的要求与计算机技术的发展，混凝土配合比设计领域的发展集中在以下几个方面：通过发展计算机辅助技术来简化标准设计程序；在混合料配合比设计中应越来越多地使用外加剂与矿物混合料；研究开发混合料配合比新理论，重点研究集料级配和性能的影响。开发混合料配合比的专家系统是未来的重要发展方向，专家系统应建立在成功的经验与粒径分布和流变理论模型的基础上，能更准确地预测和易性、强度和耐久性，根据用户输入的材料特性、环境和荷载条件及设计的使用寿命，专家系统会自动地选择合适的材料和配合比，以确定费用最经济符合所有输入条件的混合料。

二、施工技术

1. 施工设备

随着滑模摊铺技术的推广应用，新技术得到较为完善的发展，未来除了滑模摊铺机的自动化程度和自动控制的革新以外，不会有太大的变革，新型的施工设备在修复技术中将得到积极的开发和研究。

美国提出了一种新型的摊铺机设想，称为零侧距摊铺机（ZCP）。这种零侧距摊铺机在修复与重建工程中具有特殊的意义，其目的是将摊铺机限制在需维修的车道上，而让相邻车道的交通正常开放，这样就能避免维修时关闭交通或者严重干扰交通。美国混凝土机械学会采用了一种方法，可以初步实现这个目的，通过对普通的混凝土摊铺机进行改进，去掉一组履带，而把另一组履带加长向前伸出。这种方法要求机架足够坚固并能保持重量平衡，其效果实际是一侧的零侧距摊铺机。

另外，美国还采用了一种称为最小侧距的轻型牵引机，它位于履带车之后，施工中，路面的绝大部分宽度由滑模摊铺，留下的条状空隙可通过一条通道输送混凝土进行填补，并由螺旋布料机送到履带车的后面，然后采用轻型牵引机进行摊铺并振捣。目前这种技术得到的平整度难以满足高等级公路的要求，主要应用于城市街道。当然，绝对的零侧距及真正对交通无干扰是不可能的，因为无论如何都需要在车道的一侧，为摊铺机后续工序的设备和整平设备提供一些空间。

随着技术的改进和革新，该项技术具有广阔的应用前景。在修复技术中，对于振捣、整修和养护等设备，将随着新建工程施工设备的发展而发展。

2. 抗滑处理

许多水泥混凝土路面在未达到使用寿命以前，虽然未产生任何结构性损坏，但往往因表面砂浆的磨损以及集料的磨光，路面的抗滑性能难以满足正常行车的需要。因此，路面的抗滑处理是未来水泥混凝土路面快速修复技术的重要研究方向。

对于硬结的混凝土路面，一般都是采用金刚石研磨、刻槽、喷砂、喷水，或化学处理的方法制作纹理，来增加抗滑性能。加铺薄层的沥青混凝土罩面与防滑层也能达到相同的目的。

第五节　混凝土路面碎石化改造技术

水泥混凝土路面是目前道路工程中使用的路面结构类型中的一种，分布极为广泛。水泥混凝土有其自身的优点，如材料来源广泛、施工工艺及设备相对简单、建成初期养护管理费用较低等。水泥混凝土路面虽然有不少优点，但是在我国较高等级道路上新建路面采用刚性路面结构的越来越少。对水泥混凝土路面人们存在着一个看法，认为其破坏后很难修复或重建。而沥青混凝土路面则在出现破损或要承担未来更大的交通量时，可以通过加铺来方便地解决。

水泥混凝土路面被认为出现损害后难以处理原因如下：①水泥混凝土路面刚度较大，处理起来比较麻烦；②水泥混凝土路面的修补工艺复杂且耗费巨大；③水泥混凝土路面上加铺沥青混凝土层时，如果处理不当会产生反射裂缝；④水泥混凝土路面在损害发生前较难发现其潜在隐患。

基于以上原因，水泥混凝土路面在新建高等级公路中所占比例越来越小。然而，刚性路面作为路面结构主要形式中的一种，有着不可替代的作用。只要能妥善处理损害发生前的防治工作，并对已发生病害的板块进行及时而合理的修补，水泥混凝土路面仍有其特殊的优势。根据路面破损的程度不同及路基、土基状况可以采用不同的路面修复方法，这些方法包括局部修补、功能性沥青罩面（较薄，用于改善行驶性能的加铺层）、结合式双层板和分离式双层板等。

水泥混凝土路面的碎石化是一种原位利用原水泥混凝土路面的手段，在原水泥混凝土路面使用末期，其他方法不能起到良好的效果时可以采用。碎石化方法、震裂压稳和破裂压稳技术都能很好地消除反射裂缝。

确定碎石化适用条件是合理使用这种方法的前提，根据资料，进行碎石化改造应具备以下条件：

（1）功能性罩面上出现大量反射裂缝。

（2）大量错台、翻浆和角隅破坏。

（3）超过25%的板开裂，超过20%的路面已经修补或需要修补，超过10%的路面需要开挖修补。

（4）出现严重冻胀开裂或碱集料反应。

（5）在进行碎石化前要与其他方案进行技术经济比较。

一、水泥混凝土路面碎石化设备及工艺简介

水泥混凝土路面碎石化以后必须加铺才能达到使用要求，水泥混凝土路面破碎后的结构层作为新加铺路面结构的基层继续发挥作用。加铺层可以是沥青混凝土层，也可以是水泥混凝土层。

我国也有不少在旧水泥混凝土路面上直接加铺沥青混凝土结构层的实践，但是这些加铺层往往很快出现反射裂缝。引起这种反射裂缝的主要原因有两点：一是水泥混凝土板块在荷载作用下，接缝和裂缝处产生不协调的沉降；二是水泥混凝土板块在温度变化时容易产生接缝和裂缝宽度的变化。这两种效应分别在接缝或裂缝上的加铺层内部产生剪切力和拉力。从对路面加铺层的威胁程度来说，荷载所产生的接缝或裂缝处的竖向不均匀沉降，是导致加铺层容易在接缝或裂缝顶部出现与其形状相同的裂缝的主要原因。

水泥混凝土破碎工艺是在路面状况较差时可以采用的一种旧水泥混凝土路面处置方法。国内在水泥混凝土路面破损情况严重时，一般采用柴油动力小型单锤门架式破碎机进行破碎和移除。必须移除的原因是板块破碎后形成的是厚度等于水泥板的大粒径碎块，一般大于30cm，这样的碎块因其非均匀性且难压稳，很难作为加铺后路面结构的一个结构层。也正是这个原因，使公路工程技术人员在考虑路面结构时担心水泥混凝土路面后期养护和重建费用高，从而倾向于使用沥青混凝土路面。

国外特别是美国在最近20多年也遇到了同样的旧水泥混凝土路面改造的问题。破损情况严重的水泥混凝土路面如何处置是一个非常棘手的问题，而破碎工艺正是在这种情况下逐渐产生和发展起来的。

破碎工艺的原理是通过对旧水泥混凝土路面进行破碎而减少甚至消除水泥混凝土板块对加铺层的反射裂缝。破碎工艺的过程就是将水泥混凝土板块破碎成较小的断片或颗粒，这些断片和颗粒因为尺寸减小，相对于车辆荷载来说是更加均匀的结构层，在压实后进行加铺就能有效控制反射裂缝的产生。

破碎工艺按破坏特性的不同分为3种，即震裂压稳、碎裂压稳和碎石化。震裂压稳和碎裂压稳都是通过特殊设备将水泥混凝土板块纵向破碎成较短长度，然后用较大（50t）的胶轮压路机碾压3次以上，使其牢固嵌挤在基层顶面上，然后再进行加铺。震裂压稳和碎裂压稳的主要区别是震裂压稳破碎后的裂缝不明显，这与破碎时机械的冲击作用不同有关。根据国外的研究成果，震裂压稳和碎裂压稳技术处理的旧水泥混凝土路面上的沥青混凝土加铺层也会产生反射裂缝，不过与不进行破碎的类似结构相比，其反射裂缝出现的时间和反射裂缝出现的数目有所改善。反射裂缝开始出现的时间要比不进行破碎时推迟2~3年，同时反射裂缝的数目相对减少20%左右。与碎石化工艺相比，震裂压稳和碎裂压稳技术对水泥混凝土路面的结构性破碎不够彻底。

碎石化工艺是在水泥混凝土路面破碎工艺中较为常用，对消除加铺层反射裂缝也更有效的一种施工工艺。碎石化有两种设备可供使用，一种是通过重锤下落进行破碎，另一种是通过振动来破碎。

MHB（Multiple Head Breaker）型破碎设备在其后部有 2 排重锤。MHB 使用橡胶轮胎，以柴油机作为动力源，所携带的重锤的质量为 455~4418kg，分 2 排成对装配在整台机械的尾部（后排重锤对角地装配在前排重锤间隙中心），每对重锤单独地以一套液压提升系统为动力，在破碎时按一定规律下落。重锤下落时可产生 1138~1111kJ 的冲击能量。这种机械的典型工作效率是每台班约 2km（1 个车道）。

配套的还有 Z 形（Z-grid）压路机，这种压路机在破碎后进行压实。该压路机类似于一般的钢轮压路机，只是在钢轮上加了斜向波纹状凸出条纹，这种条纹有以下两方面的作用：①保证轮下颗粒不至于向外挤出；②对表面颗粒有更好的压碎效果，有利于表面平整。

MHB 型破碎机破碎后的颗粒尺寸是可控的，根据国外的研究，规定其颗粒范围在 7.5~30cm 之间能取得良好的使用效果。控制破碎后的颗粒尺寸可通过控制重锤下落高度来实现。

共振型碎石化机械是由凸轮转动产生的偏心力在机械与水泥混凝土路面接触处产生高频低幅的振动进行破碎的，这种碎石化工艺的破碎能力大部分被水泥混凝土板块所吸收，所以碎石化后产生的颗粒粒径相对于 MHB 型设备要小，其破碎时的影响范围也较小。

因为破碎功的传递规律，碎石化后水泥混凝土板块破裂成的颗粒粒径随深度变化是不同的，上面部分粒径较小，下面部分较大。破碎后颗粒之间有着良好的嵌挤作用，在通过压路机压实后，形成了坚实稳定的沥青混凝土加铺层的基层。

二、水泥混凝土路面碎石化加铺层厚度设计方法

国外的旧水泥混凝土路面碎石化技术已有 20 年左右的历史，特别是碎石化后加铺沥青混凝土层的旧水泥混凝土路面处置方法更是得到了广泛应用，与此相配套的设计方法也日趋成熟。

AI 在进行碎石化后沥青混凝土加铺层设计时所采用的思路与柔性路面结构加铺层设计思路是相同的。它采用的是一种等代的算法，即将加铺结构与全厚度的新建沥青混凝土路面结构相对照，将不同材料的结构层按一定的系数折算成沥青混凝土厚度，在基层（底基层）的厚度确定的情况下，通过将全厚度沥青混凝土层厚度减去实际结构折算成沥青混凝土层的厚度，就可以计算其上所需铺筑的沥青混凝土结构层厚度。考虑到碎石化后水泥混凝土层结构性大大降低，为了保证未来加铺后路面结构具有良好的抗车辙和抗纵向裂缝的能力，AI 方法划分了不同温度区域（按最大温度、最小温度及最大温差区

分）内加铺沥青混凝土层的最小厚度，其最小值为 125mm。这种设计方法理论上简单且使用方便，是一种经验设计方法。

三、碎石化方法中的关键因素

（一）排水要求

碎石化过程中会产生一些细碎的颗粒，而混凝土破碎后的颗粒之间没有黏结力，在这种情况下，如果有水渗入该层，将会带来很大的安全隐患。所以在正式进行碎石化施工前，要先建成和完善排水设施。排水可采用碎石盲沟的形式。在排水层设置好之后才可以进行正式的碎石化施工，提前建成排水设施的目的是使路基在完善的排水条件下更充分地稳定下来，土基和基层可能因此而更加可靠。如果不能在碎石化之前设置和完善排水通道，也要在碎石化过后尽量短的时间内完成。因为排水设施关系到碎石化以后，原水泥混凝土板块破碎层的长期稳定，是必须加以重视和采取的配套工程。

（二）对土基和基层的要求

破碎过程中产生的低频高幅振动可以传递到路面结构的较大深度范围内，也就是说，土基和基层在破碎过程中也会受到影响。原土基和基层是否具有较好的稳定性至关重要。不稳定的土基或基层在破碎重锤下落时受到冲击力作用会产生一定程度的破坏，局部强度会降低，特别是地下水位较高时，这种情况发生的可能性更大。

对某路段进行碎石化前，要先了解该路段土基和基层的含水量情况，最好能通过取样测试的方式来确定。通过测试含水量能推测土基和基层在碎石化过程中的稳定性。如果含水量较高，则该路段在碎石化并加铺上面层后仍容易产生局部强度不足造成的破坏，如车辙等。这时，水泥混凝土破碎后已失去整体性，会随其下沉陷的土基和基层一起变形，这对加铺层就很不利了。国外一般要求土基层的 CBR 值大于 7。

（三）破碎后颗粒组成特性

破碎机械不同，所产生的冲击能量形式也有区别。MHB 是通过重锤下落产生的低频高幅的波动冲击力来进行破碎的。相对于高频低幅的波动冲击力，MHB 破碎时的能量会传递到较大的深度范围内，同时，离重锤作用位置较近处吸收的能量占总能量的比例相对较小，因此 MHB 相对倾向于产生较大的颗粒。

此外，水泥混凝土板块吸收能量仍满足从近到远逐渐减少的规律，正因为如此，破碎后的颗粒粒径在深度方向上逐渐增大。上层颗粒粒径较小是因为其吸收的能量较多，破碎更彻底。破碎后颗粒的粒度组成决定了其后压实的效果，也决定了破碎消除原板块向上产生反射裂缝的效果。粒径较大固然会导致顶面强度不均匀，不利于加铺层稳定，但破碎成较细小的颗粒又会使其水稳定性变得更差，防水、排水问题就会显得特别重要。

因此，需要在破碎时选择合适的机械运行参数，以达到理想的粒径范围。

（四）加铺层厚度

根据国外的工程实践，碎石化方法用来消除反射裂缝是比较成功的。不过，因为碎石化使原结构的整体强度降低，再加铺后也可能会出现一些问题，特别是车辙和纵向疲劳裂缝。美国第 35 号州际公路南向车道上曾经进行了 2218cm 厚的 JRCP（钢筋混凝土路面）碎石化后加铺 10cm 和 20cm 沥青混凝土上面层的工程实践，路面都出现了明显的车辙破坏和纵向疲劳开裂。虽然 20cm 加铺层的情况要好于 10cm 加铺层，但仍无法避免其破坏。这一工程实例显示，碎石化术对板块进行破碎后，该层结构强度大大降低，在进行碎石化后新路面结构设计时，要充分考虑到这种强度降低，对结构层厚度和结构组合做出相应要求，以保证新结构可以较长时间地承受荷载作用。

第六章 绿色公路工程施工技术

第一节 绿色公路的概念与内涵

一、概念

绿色公路是指施工人员在施工设计、施工过程、施工管理中以低碳理念为指导思想，降低施工中的碳排放量，最大限度地降低能源消耗、控制资源占用、减少污染排放、保护生态环境，注重建设品质提升与运行效率提高，为人们提供安全、舒适、便捷、美观的行车环境，以及与自然和谐共生的公路。绿色公路是绿色交通的重要组成部分，是公路建设与经济社会协调发展、与自然生态和谐共生的可持续发展方式，设计时应最大限度地满足人们对公路建设的需求，实现绿色公路资源节约、环境友好的建设目标。

绿色公路理念是低碳环保理念的具体体现，在实际贯彻中，要坚持绿色公路全寿命周期和均衡协调的思想，针对人文社会环境、自然环境等多方面要求统筹考虑，节约利用各项资源，以标准化建设方式指导工程建设，借鉴和引进国内外节能环保科技手段，发挥节能低碳技术的优势，积极打造环境优美、节能高效的公路工程。

二、内涵

绿色公路的基本内涵是以节能减排、资源节约与循环利用和生态环境保护为核心价值理念，强化创新驱动，积极研究探索新能源、新材料、新设备和新工艺，大力推广应用先进适用技术和产品，实现公路在规划、设计、施工、养护、运营、管理等全寿命周期的能源消耗和碳排放显著降低以及环境效益明显改善，实现过程和产出的绿色效益。绿色公路发展的核心是减少能源消耗、控制资源占用、保护和改善生态环境、降低温室气体和污染排放，具体体现为按照系统论和周期成本思想，以工程质量、安全、耐久、服务为根本，坚持"两个统筹"，把握"四大要素"，以理念提升、创新引领、示范带动、制度完善为途径，推动公路建设发展的转型提升。

第二节　公路工程绿色施工技术

一、公路施工中的沥青路面施工技术

在公路工程施工中应用沥青路面施工技术，可以提高公路的行车舒适度，保障行车安全。沥青路面在施工过程中采用的是一种弹塑性材料，这种材料具有高温稳定性和低温抗裂性的优势，且沥青路面的表面较粗糙，可以增加车辆在行驶过程中的摩擦力，具有一定的抗滑性，因而可以有效保障行车安全。另外，沥青路面在施工完成以后，路面平整度较好，有利于提高行车舒适度。

公路工程在实际使用的过程中行车荷载较大，且后期维护工作常常不够到位，导致部分公路工程并没有达到预期的使用寿命。应用沥青路面施工技术，不仅可以提高公路工程的质量，还可以简化公路工程的后期维护流程，有利于延长工程的使用寿命，控制运营成本。

1.沥青路面摊铺技术

沥青混合料拌和完成后，需要进行沥青路面的摊铺，具体摊铺过程如下：

（1）在正式开始摊铺前，施工人员需要进行试铺段施工，通常情况下，试铺长度为200~500m。在试铺段的施工过程中，需要确定摊铺温度、速度、遍数及压实度等问题。

（2）在摊铺过程中，要注意保证摊铺过程缓慢、均匀、连续进行，摊铺速度要控制在2~6m/min。

（3）施工人员需要注意，在整个摊铺过程中不能急刹车或随便停顿，否则不利于保证沥青路面的平整度。同时，施工人员还需要加强公路工程交叉口位置的摊铺施工质量控制，在机械设备摊铺过后，还要进行人工找平。

2.沥青路面碾压与养护技术

碾压是沥青路面施工的重要环节，其施工效果直接影响路面的压实度，进而影响公路工程的整体稳定性。施工过程中，施工人员应严格控制初压、复压和终压的次数和质量，在碾压过程中，保证施工过程缓慢、均匀和连续，速度控制在1.5~3.5km/h。最后，施工人员在碾压结束以后要进行检查，及时发现并解决施工问题。

养护是公路沥青路面施工的最后一个环节，也是较为重要的一个环节，只有做好沥青路面的养护工作，使路面结构的各项性能达到要求后，公路工程才可以开放使用。养护期间应禁止车辆和行人出入，直到养护后质量检测达标才可以使用。

3. 路面接缝处理技术

在沥青路面工程的实际施工过程中,施工人员需要根据工程的设计要求和设计条件,对沥青混凝土进行浇筑,进行分段浇筑时,先后两次浇筑会出现接缝,这就需要应用路面接缝处理技术,避免接缝对整体的工程质量造成影响。

目前,在沥青路面施工过程中,较为常见的接缝有横向施工缝和纵向施工缝。对于横向施工缝,施工人员可以采取以下方法进行处理:利用双轮式压路机进行横向碾压,并在碾压带外侧安放便于压路机前进的垫木,在碾压过程中,要将压路机安置在已经压实完成的混合料上。对于纵向施工缝,在施工过程中,施工人员需要将圆盘式切刀和压路机进行组合安装。在对摊铺边缘进行碾压时,需要注意保证边缘切割整齐。对于摊铺时产生的纵向裂缝,施工人员需要采取热接缝的方式,消除缝迹。

4. 沥青路面施工技术要点

(1)垫层施工

垫层是沥青路面的重要一环,施工技术要点包括:按照级别进行比例调配,将杂碎值控制在 30% 以内,粒径在 55mm 以内,材料中的颗粒含量在 50% 以上。施工期间,对路基进行反复碾压,然后铺平整形,尽早开展路面养护工作,发挥沙砾的作用,提高路面的性能质量。

(2)地基防护

地基防护施工关系到公路桥梁的稳定性,施工时,对施工现场的土壤、水文进行实地调查,分析施工工艺影响因素,为施工作业提供技术支持。采用防护方案时,根据不同土壤特点进行针对性保养。以黄土为例,含水量过高时,应注意土质的疏松性和均衡性。对于含水量高的路段和软土地基,应进行特殊处理,及时排水,防止渗透。

(3)平整度控制

沥青路面的平整度是质量评估的指标之一,基层施工时,要保证平整度达标,严格控制路面的顶层标高。沥青混合料碾压期间,采用阶梯式碾压法,可减少压路机的停顿时间,避免造成路面高低不平。碾压作业完成后,安排专人检查,实测平整度指标,对于不达标的部位,标记后进行修整,必要时可采用强震措施。

(4)路面排水

沥青路面的使用过程中,对排水的要求较高,为防止地下水渗透,应结合现场环境处理。以山区为例,施工时将水体分层次截断,将地下水导出。施工期间,沥青材料的孔隙率要低于 5%,提高沥青混合料与其他材料之间的黏合力,避免出现断层、漏水现象。施工期间,结合气候变化,对当地降水量进行调查,确定排水管的位置和数量,计算排水渠的长度。

二、沥青混合料大比例再生技术

本技术采用理论分析与试验验证相结合、室内试验与实体工程相结合的方法，通过调研总结、分析、试验与实施等手段，将温拌技术应用于路面再生沥青混合料中，在不牺牲路面质量的前提下，大幅提高了沥青旧料的循环利用比例，实现了旧沥青混合料的大比例温拌再生。主要技术内容包括以下方面：

（1）开发了沥青混合料大比例温拌再生技术，在保证再生沥青混合料（RAP）的高温性能、低温性能、水稳性能均满足规范要求的前提下，将 RAP 掺量提高到 57%，且不添加再生剂，同时 RAP 全部利用。

（2）提出了采用红外光谱分析新旧沥青融合过程的分层溶解方法，以及采用埃基指数评价新旧沥青融合过程的方法。

（3）建立了细化的 SBS（苯乙烯 - 丁二烯嵌段共聚物）改性沥青、基质沥青回收试验方法。

（4）提出了马歇尔等体积法确定大比例温拌再生沥青混合料施工拌和温度的方法，通过能量守恒原理确定了合理的新集料加热温度。

【工程案例】

2023 年 7—10 月，某地高速公路路面维修处置工程中采用了本技术，对道路维修处置工程中路面结构的耐久性及高温稳定性起到了至关重要的作用。以往路面维修处置工程对于结构强度足够但破损较严重的路面一般采取铣刨重铺的技术方案，铣刨后的沥青混合料大多被废弃。侯禹高速公路的维修处置中重复利用了 90% 的旧沥青混合料，一方面节约了重铺新沥青混合料的费用，另一方面降低了路面施工温度，节约了能源消耗，同时减少了废气排放，符合"节能减排、低碳环保"的方针和理念，具有显著的经济、环境与社会效益。此外，还可以有效延长沥青混合料的摊铺时间，在相同压实功的情况下可有效提高沥青混合料的压实效果，提升路面高温性能，延长路面使用寿命。从节约能耗方面分析发现，每吨再生沥青混合料可节约 180 号重油 6kg;从减少强排放方面分析，每吨再生沥青混合料可减少 7.5kg 碳的排放，减少了废气对环境的污染。本技术在太旧、大呼等高速公路的维修处置工程中得到了推广应用，效果良好。

三、机制砂混凝土应用关键技术

机制砂主要由岩石破碎后得到，表面比较粗糙，粒径一般大于 2.36mm 或小于 0.15mm，粒径在 0.30~1.18mm 范围的机制砂比较少，且含有大量石粉，应用在混凝土配制时，会影响混凝土的和易性，不利于施工。因此，混凝土配制过程中，要通过充分搅拌和增加浆体材料来提升混凝土的和易性。通过试验数据得出不同机制砂对混凝土工作性能的影响。

本项技术提出了机制砂混凝土的配合比设计方法与施工关键技术，形成了包括机制砂生产质量控制、机制砂混凝土配合比设计与施工技术等在内的整套机制砂混凝土应用关键技术。

（1）建立了基于砂粒与石粉分别表征的机制砂质量评价体系。首次采用激光同轴共聚焦显微技术定量表征砂粒的颗粒特性，建立了基于细度、MB 值、需水性、活性等多指标的石粉质量评价体系，探明了机制砂质量指标间的相互关系及其对混凝土性能的影响规律与作用机理，形成了公路工程混凝土用机制砂的质量标准。

（2）建立了基于 MB 值的石粉含量限值标准。发现了机制砂石粉"量"（含量）、"质"（MB 值）的耦合效应，探明了机制砂耦合效应对不同等级混凝土性能的影响规律，提出了用于不同强度等级混凝土机制砂中的石粉 MB 值与含量的限值，建立了基于 MB 值的机制砂石粉含量动态调控原则与限值标准。

（3）开发了高耐磨机制砂路面混凝土制备关键技术。揭示了配合比设计参数、机制砂特性等因素对机制砂路面混凝土耐磨性与强度的影响规律，提出了路面混凝土用机制砂的技术指标，采用石粉含量为 10% 的石灰石机制砂配制的路面混凝土磨耗值低至 1.133kg/ ㎡。

（4）研发了新型高效环保砂石联产工艺与工法。开发了机制砂粒形、级配、压碎值、石粉含量与 MB 值综合调控关键技术，设计了新型碎石与机制砂联产工艺与设备的选型和组合，研发了新型高效环保砂石联产工艺与工法，使母岩利用率提高 30%，实现了污水零排放。

（5）形成了机制砂高性能混凝土配合比设计与施工方法。针对机制砂与机制砂混凝土的特性，充分利用石粉的填充、增黏、保水等作用，建立了机制砂高性能混凝土配合比设计方法，突破了机制砂混凝土难以高性能化的技术瓶颈。

【工程案例】

本项技术成果在全国沙少石多地区的高速公路建设中得到了广泛推广与应用，湖北、湖南、福建、广东、广西 5 省区的 15 条高速公路中应用机制砂混凝土达 2115.4 万 ㎥。

本项技术推广应用取得了显著的社会、生态、环境效益，具体包括：减少工程成本 10.08 亿元；累计减少河沙资源消耗 1197.22 万 ㎥；充分利用碎石伴生的石屑等副产品，使母岩利用率提升 30% 以上，减少了石屑等副产品堆存和处理带来的空气污染；累计利用弃石、洞渣等固体废弃物 1149 万 ㎥，降低了固体废弃物堆放对土地的需求，减少了砂石生产对山体的开挖和破坏，减少了水土流失，保护了生态环境；通过拓宽机制砂中石粉含量限制，充分利用石粉特性，并配合高效环保数控砂石联产技术，减少了机制砂制备过程中对水资源的消耗，实现了废水零排放，累计减少废水排放 2389.44 万 t。

四、严寒地区公路边坡草皮移植生态防护技术

1. 技术概要

在我国青海、西藏等高原地区，由于海拔高、气候寒冷，植物生长期短，生态环境脆弱，一旦破坏将很难恢复。因此，在该地区施工面临如何快速恢复植被并保证高边坡长期稳定等工程难题。采用边坡草皮移植生态防护技术可保证高原高寒地区公路高边坡工程的安全施工和快速绿化。

花久高速公路沿线大都属于高寒草原和高寒草甸区，如果在公路施工的清表过程中，将表土和草皮视为资源进行收集和利用，用于公路建设中临时用地的植被恢复等生态恢复工程中，将会有效减少公路建设造成的沿线土地资源减少问题，还可大大减少绿化工程中外购绿化用土的资金投入。此外，采用分步清表施工的方法，能够克服现有的公路施工清表破坏范围过大的弊端，最大限度地减少清表对植被和表土资源的破坏。

2. 工艺原理

将高原严寒地区草皮移植技术与高边坡防护技术相结合，利用草皮移植工艺试验、土壤物化测试技术和环境自动化检测技术优化草皮移植施工工艺参数，应用高边坡监控量测技术、数据处理和信息反馈技术修正施工方法和关键施工参数，同时，将边坡稳定性分析与传统防护加固技术和生态防护措施相结合，保证高边坡草皮移植生态防护工程的施工安全和长期稳定。

3. 施工关键技术

（1）草皮切割、堆砌、养生

①路基施工前，对基底及沿线便道的草皮采用装载机进行切割。切割前，先进行画线分块，草皮块长 0.5m、宽 0.5m、厚 30~50cm。

②草皮裁切时应减少对其根系的破坏。

③使用装载机对画线草皮进行切割，并由人工辅助，搬运至路基两侧堆砌，堆高1m 左右。

④对堆砌草皮定期洒水养护。

（2）高边坡开挖和填筑

根据线路中线放出开挖边线，两侧各预留 0.2~0.5 做好排水措施，开挖完成后进行人工刷坡。土方开挖应逐层顺坡自上而下开挖，以机械施工为主，辅以人工修整，采用挖掘机配合自卸汽车进行。

（3）路基土方回填

试验段确定施工参数，松铺厚度不大于 300mm，路基两侧各加宽 250mm，不同填料不得混填。采用推土机初平，平地机精平，每层做成向两侧 2%~3% 横坡排水。填料控制在最佳含水量 ±2% 范围内，碾压采用振动压路机进行，每层填土压实后，及时进行中线、标高、宽度、压实厚度及压实度的检测。

（4）草皮移植工艺试验

①试验目的及设备

a. 采用室内、室外培养试验对移植草皮厚度、施肥效果及施肥量等进行对比研究。

b. 草皮培养采用人工气候箱，以对温湿度、降雨量等进行较为准确的控制。

c. 试验时，对培养温度、光照强度、日照时数、相对湿度、降雨量等进行合理设置。

②草皮培养和观测

在对草皮生长情况进行评价时，采取试验株数、株均高、生物量、绿化率等指标进行统计和分析。

（5）草皮移植施工

①草皮移植前，严格按照设计坡率刷坡，保证坡面平整。

②按每 20~50m 的间隔进行挂线，挂线要求在边坡上、下、左、右均按草皮厚度为 300mm 与坡面预留高度拉线，并在线框中间纵横拉线与四面边线连接形成整体平面。

③草皮回铺前，沿边坡回铺腐殖土 10cm 左右，并根据实际情况施一定底肥。

④草皮回铺按由下至上的顺序施工。

⑤为避免回铺草皮受到破坏，草皮块与块之间留 3~5cm 块缝，缝间采用腐殖土填塞密实。

⑥草皮回铺后，必须提供足够的水分和养料。洒水时要控制洒水量及水质。

【工程案例】

大武至久治公路（属花久高速公路）扩建工程位于青海省东南部，属高山峡谷地形，地面高程多在 3600~4000m 之间。项目地处青藏高原，海拔多在 3800m 左右，氧气稀薄。项目地处三江源自然保护区，近年来在国家强有力的环境保护政策和牧区有关政策下，环境保护已成为当地政府和群众的共识，同时也对本项目地区工程建设当中的环境保护工作提出了较高的要求。

项目所在地区物资匮乏，大部分材料（钢筋、水泥、柴油等）均需从西宁采购，本工地距西宁约 600km，且路况较差，运输极为不便。

青藏高原区域存在着高、寒、旱、风等气候特点，植物生长期很短，花久路沿线许多路段植物生长期不足三个月，生态环境十分脆弱，植被一旦被破坏，恢复与重建将十分困难。因此，开展花久路沿线草皮移植，对于解决公路建设所造成的生态环境问题具有重要的现实意义。

花久高速公路沿线区域土壤层较薄，路堑处的草皮在开挖前应切割成规则的草皮块，先铲起草皮，清表过程中表土平均收集厚度为15cm，堆放一处并加以养护，待路堑完成后，用于边坡防护等，同时加强施工期风蚀防护措施，养渗剥离植被近518万㎡，路基边坡回贴移植草皮实施生态防护250万㎡。这些表土资源可以用于高速公路建设中的边坡生态恢复、生态边沟建设及作为其他临时用地植被恢复中的客土资源。草皮移植不但节约了公路建设中的取土，而且能够有效提高边坡植被恢复的生态效果。

五、植物纤维毯植被恢复技术

1. 技术概要

（1）植物纤维毯的定义

植物纤维毯是以稻、麦、玉米等秸秆或黄麻、椰壳纤维、杂草等为基底，连同优质灌草种子、营养剂、专用纸、定型网（可降解）等多种材料通过专用生产设备，采用先进的生产工艺，在大型生产线上一次加工完成的可用于固化绿化地表、防治水土流失、恢复植被的一种复合型生态建设材料。

（2）植物纤维毯的特点

植物纤维毯能够与裸露土壤面充分结合形成一个整体，加大了土壤表面的粗糙度，比流沙的粗糙度高600倍，可抗风速达10m/s，从而增强了地表的抗风蚀能力，具有防风、固土、保沙的效果，有效防止了粉尘污染。植物纤维的特点使得植物纤维毯加强了地表的抗冲刷能力，长期抗流速为1.2~1.8m/s，短期抗流速可达3m/s，能有效防治水土流失，既可以控制水力侵蚀又可以满足植物生长的需要。

植物纤维毯还可以通过植物根茎与土壤间的附着力及根茎间的加筋作用，形成与自然表土类似的多孔、稳定的土壤结构，形成植被发芽空间，并调节表土自然温度，使空气通透、避免阳光直射、保湿保墒、保证种子的发芽率和成活率，为植物的生长提供充足的养分，为恢复被破坏的自然生态环境提供条件。工业化生产不受季节影响，运输方便，施工简便，防护速度快，养护管理成本低。植物纤维毯以秸秆、麦秸、稻秸等植物纤维为原材料，施工时不破坏环境，也不产生施工垃圾和施工噪声，这样不仅能节省大量能源，还能减少CO_2排放，净化空气，改善环境。可降解网和植物纤维可自行生物降解成腐蚀有机质，无污染。植物纤维毯植被恢复技术可以使植被恢复处于良性循环中，从而使废弃资源再生，实现人工强制绿化向自然植被自我繁衍的方向发展，有利于将被破坏的生态环境还原成自然状态，避免植被退化，大大减少后期维护费用。

2. 植物纤维毯的施工流程

（1）坡面整理。将坡面上的杂物、异物及施工垃圾清理出坡面，填平凹陷处，剔除杂草植株，人工再用铁耙精细刷坡，使坡顶与坡底成一条直线。人工往坡面上洒水，使水渗透到坡面土下 8~10cm，然后用铁耙把坡面 1~2cm 处的土层把松、耙平。对于岩石类边坡，施工前一定要先补充土壤，使土层厚度不低于 10cm，保证坡面顺直、平滑、湿润、平整且稳定。

（2）草毯铺设。锚固沟宽和深一般不小于 20cm，用木条、木棍或竹竿卷住植物纤维毯并用 U 形钉固定在挖好的沟里，然后再覆土踩实。植物纤维毯顺坡度方向从上至下铺设，草毯之间搭接应与主要风向一致，搭接宽度不小于 10cm，在边沟坡面要求每 ㎡ 用 5~9 个 U 形钉来固定草毯。草毯与地面保持充分接触，铺设要整齐一致，不能多次在坡面踩踏，以便种子顺利发芽。最后，把预留的草毯遮盖在土壤上并固定，草毯底部埋入边坡底端并进行固定。

（3）浇水养护。根据土壤种类、墒情和季节，一般每 5~7 天浇 1 次透水，浇 5~6 次即可成坪，如天气干旱可多浇 1~2 次。之后，进入正常的养护期，适时浇水。

【工程案例】

该技术解决了传统植被恢复只能在路基施工完成之后再开展可能导致的施工早期水土流失与路基水毁问题，对于干旱少雨地区可集雨灌溉，促进灌木建成；对于湿润多雨地区又可排导坡面降水，防护坡面安全。

从依托工程京石高速公路边坡防护实践来看，可以将路基边坡填筑施工与工程防护同步推进，实现近期防护与远期防护的有机统一，达到"黄土不朝天"的目标，实现灌草混播群落的建植。

目前，植物纤维毯植被恢复技术已在多条高速公路工程中应用推广，取得了良好的经济、环保与社会效益。植物纤维毯在多个区域替代了当地的框架梁、方格网等工程的防护设施，节约了边坡防护成本，提高了经济效益，同时也实现了景观绿化美化的生态功能。

在京石高速公路全线推广植物纤维琏植被恢复工程面积 470 万 ㎡，替代了相关防护措施，由此而节约的成本达 7990 万元。在工艺技术方面，应用了先盖植物纤维毯后播种的建坪技术，对未成形坡面进行先盖，待成形之后再播种；对成形坡面采用先播后盖，并在路基填筑中进行了挡水埝、临时排水沟设计，保障边坡的稳定，实现了施工期边坡的及时防护，有效控制了工地扬尘。

在赤水河谷旅游公路推广植物纤维卷植被恢复技术替代客土喷播工程，节约成本达 1718 万元，显著减少了施工期水土流失，提高了施工期环境保护成效；建立了草灌复合群落，保障了植被的持续效果，边坡滑塌情况大为改善，项目实施后提高了公路边坡的景观表现，丰富了旅游公路的自然风貌。

在河南机西高速公路，推广该技术替代 8m 以下边坡的工程防护措施，节约成本达 1043 万元，产生了巨大的环境经济效益。该技术还在青藏高原 G214 高速公路边坡防护中应用，保持了土壤水分，减弱了幼苗期高强度的紫外辐射，有效促进了播种植被的建成与铺植草皮的成活。

六、岩质边坡表层土及植被恢复技术

1. 表层土的定义

表层土是指自然形成的土壤表面一定厚度的土层，含有丰富的有机质、植物生长需要的矿物质和微量元素，并含有大量植物生长的痕迹，如植物的根茎、种子、植物未分解的残体和植物根系的分泌物。从外观上看，表层土有很多微小空隙，适合植物和微生物生长。表层土壤大致属于典型土壤分层的覆盖层和淋溶层。

2. 恢复岩质边坡表层土壤及其生态的工程技术

（1）采石坑的岩质边坡绿化技术

为了消除安全隐患，恢复地貌的延续性，在用地允许的情况下，面积较小的采石坑一般可以采用回填的方法修复并提供植被生长的条件。由于原来就有地势高差的存在，回填后表面将存在坡度，因此形成土质边坡。

填土边坡使用的土体的平衡体系遭到破坏，土的强度降低，压缩性增大。降水后，土中的渗流也会对土颗粒施加作用力，引起边坡破坏，因此要考虑稳定性问题。一是合理应用土工试验结果指导填土作业，如进行回填土的干密度—含水率试验，合理计算出回填土不同成分的配合比，指导压实作业；进行三轴试验，测定抗剪强度，为边坡的稳定措施提供计算依据。二是压实时要求分层回填，逐层压实。三是采用混凝土构件等加强护坡。在冬季结冰地区，可以考虑使用无石膏水泥的混凝土制品，其不含钙矾石且渗水性低，可以提高抗冻性。

（2）大坡度岩质边坡的绿化技术

岩质边坡缺少土、水和肥料，因此要实现绿化，就要求坡面上必须有永久固定、供植物持续生长的种植基质。工程上为了实现该目标，采用的方法基本是利用种植基质自身的黏性或外物加固土体。

对于高度较大的大坡度、大面积岩质边坡，目前较常用的方法有三维植被网法、客土吹附法、液压喷播法和厚层基材法等。三维植被网法利用网垫的固土作用形成表层土壤，喷播草种。液压喷播法利用流体力学原理把植物种子、人造合成土等与水按一定比例混合成稀的喷浆，通过喷播机直接喷洒到需要绿化的坡面上。客土吹附法和厚层基材法利用空气动力学、流体力学原理和金属、塑料网的固土作用进行修复。这些方法利用生长基质中的黏合剂或网垫、金属及塑料网对生长基质的固定作用来维持边坡植物固定的生长条件。寒冷地区合成土需使用水泥时可使用无石膏水泥。

对于高度较低的石质边坡，可以采用生态植被袋法，即利用袋子对土的固定作用可在石质边坡外附上一层坡度极陡的表层土及其他植被。对于某些过于靠近建筑物不便进行复杂绿化工程的大坡度岩石边坡，可以种植藤本植物覆盖边坡，但缺点是不能对边坡进行加固。

3.修复和保护岩质边坡表层土壤的生态技术

城区的岩石边坡通常都采用大坡度的设计，致使边坡较为陡峻，加之岩石边坡含水性和保水性较差，不具备植物生长所需的土壤、水分和养分，因此在生态防护时通常先采取工程措施，提供植物生长所需的条件，再采取生态环境保护措施，如充分利用植被提高各土层的黏结力、稳定性、抗风蚀能力、抗冲刷能力，使其固定在岩石坡面，降低滑坡、水土流失和表层土扬尘的风险。采石坑进行填土修复后形成的边坡同样可以用生态办法保护表层土。

（1）发挥自然潜力，加速地被自然恢复

一个先锋植物群落在裸地形成之后，长达几十年的演替便会发生。因而研究如何发挥自然潜力，跳跃自然阶段，加速地表植被系统的恢复，对保护和恢复表层土具有巨大意义。调查并选择生长旺盛的乡土植物作为生态修复所用的苗木，原因是这些植物已经经历了自然界长期的选择，证明它们能适应该地区的气候和土壤条件，可保证高成活率和低成本。城市边坡的绿化要考虑景观效果和减少病虫害集中暴发的风险，因此要求品种具有多样性，速生树种与慢生树种相结合，花季不同的草本植物与灌木品种混合种植。

（2）充分利用植物根系的作用固定岩质边坡的覆土

岩质边坡表层覆土面临稳定性问题。如果失稳，就会造成覆土滑坡，所种植的植物也会随之被破坏。除采用工程措施加强结构稳定性外，还需利用植被对边坡覆土的固定作用。

对于回填采石坑形成的土质边坡和破碎的岩石边坡，植物根系对边坡的锚固与加筋作用是维持坡面浅层稳定性的关键，深根起到锚固作用。植物的垂直根系锚固到深处较稳定的岩土层上，起到预应力锚杆的作用；植物相互缠绕的侧向根系形成根网将根际土壤固结为一个整体，浅根起到加筋作用。草的根系在土壤表层及下覆层中乱向分布，使边坡土体在其根系范围内成为土与草根的复合材料，草根可视为带预应力的三维加筋材料。根据摩尔-库仑准则，草根的加筋约束了土体变形，增加了土体的黏聚力C值；另外，草根的张拉限制了土体的侧向变形，使土体侧向应力增加了$\Delta\sigma$。植物根系的生长达到了土壤加筋的效果，可有效提高坡面土体的黏聚力，提高坡面碎裂岩块的整体性，从而增加岩土体的抗滑力。

（3）利用植被加强岩质边坡表层土的抗冲刷性能

对岩质边坡来说，加强抗冲刷性能就是利用植物根系对周围土壤的加筋、固结和锚固作用，提高边坡表层土壤的抗拉和抗剪强度，利用枝叶和落叶消减雨水的能量，减缓坡面的水流速度以减轻冲刷，同时吸蓄水分达到保护边坡的目的。因此，应优先选择枝叶繁茂、根系发达的品种，提高土体整体性，防止水土流失造成地力衰竭形成雨水冲沟。

七、预应力管桩应用技术

预应力管桩是由专业生产厂家运用先张法预应力施工工艺与空心成型技术，经过蒸气养护形成的管体较长且具有空心截面的预制混凝土建材。预应力管桩的主要特点是稳定性较好，并且具有较强的承重能力，但配筋率相对偏低，非常适于高速公路工程的基础建设。

目前，我国诸多高速公路工程都大量应用了预应力管桩施工技术，这种施工技术在高速公路工程施工中对提高施工质量有重要作用。它与传统的施工技术不同，具有以下特点：

①预应力管桩施工技术应用过程中可以大幅度缩短项目施工工期，且预应力管桩承载力较强。采用预应力管桩施工技术，可以使高速公路工程施工进度快速提升，并使高速公路工程的整体承载力增强。

②预应力管桩施工技术造价较低，且便于质量监控。采用较先进且高效的施工技术，不仅可以大幅度降低施工成本，使施工企业增加经济创收，还可以方便地进行质量监控，对高速公路工程的整体质量和稳定性起到保障作用。

1. 管桩与桩帽之间的连接工艺

在预应力管桩施工技术中，管桩与桩帽之间的连接工艺尤为重要。当管桩与桩帽之间形成固定的连接方式时，会增加二者之间的牢靠程度。管桩与桩帽之间的连接应没有缝隙，因此，施工前应对二者的型号与规格进行核对，确保其连接的正确性与稳固性。管桩要与钢筋笼的实际宽度和长度相符，为后续水泥混凝土浇筑施工奠定基础。另外，管桩与桩帽之间的连接如按固定连接设计，应符合相关规范的具体规定。首先，应对管桩插入桩帽的长度进行合理控制，一般不能小于 0.72 倍桩径；其次，对管桩内部浇筑混凝土时，桩芯水泥混凝土淹没桩帽底部的高度一定不能小于 1.5 倍桩径；再次，要确保桩帽内部混凝土的强度高于外部混凝土；最后，应对桩帽周边及相关施工流程进行精确控制，不得对管桩与桩帽连接施工造成影响。应充分考虑打桩偏位因素的影响，将桩帽中的钢筋连接设置成封闭式的固定箍筋。

2.预应力管桩施工技术的具体应用

（1）施工工艺流程

对施工工艺流程中的每道工序，施工单位都应指定专业技术人员进行管理与监督，具体施工流程如下：先进行整平施工作业，并对地表土进行重新翻松，翻松深度为30~40cm；再进行压实作业，压实度需要控制在90%左右；然后填筑30cm厚的细土，并对其进行压实；最后进行桩位的放置，该过程可以使用静压机进行作业，在施工作业中，必须保证桩体的垂直度，并按照一桩、二桩、三桩的顺序依次进行静压施工。需要注意的是，在焊接桩柱时，需要保持焊接桩体的垂直度，并且要有相关人员检查其焊接质量与桩体的稳固性；施工桩帽时，要对桩帽进行钢筋捆扎并注入混凝土；进行铺筑施工作业时，要对铺筑层进行碎石填充与逐层压实，在最后一道压实工序中，要强化其平整性与压实力度。

（2）加强对混凝土浇筑的控制与钢筋加固

混凝土浇筑是高速公路工程施工过程的重要阶段，也是施工问题较多的阶段。在进行混凝土浇筑施工的过程中，需要留意预应力管道处发出的异响，如出现较大的振捣噪声，应立刻停止浇筑作业，以防止对管道造成严重损坏。若管道出现损坏情况，如破裂与变形，会出现漏浆现象并对预应力管道造成堵塞。另外，在完成混凝土浇筑施工作业后，相关施工技术人员应第一时间对孔道内的杂物与混凝土进行清理，确保孔道内没有混凝土浇筑后的杂物，使管桩的预应力钢束张拉施工更好地达到相关规范和工程的要求。若孔道内杂物清理不彻底，会造成管道大面积堵塞，进而导致预应力钢束在张拉时破坏管道，产生流浆现象，从而对高速公路桥梁的整体工程质量造成严重的影响。

钢筋是整个高速公路桥梁工程的骨架与重要支撑点，是一个桥梁工程的灵魂所在，对桥梁工程的整体质量有很大的影响。进行钢筋安装作业时，施工人员应按照相关规范的要求和标准进行施工作业，杜绝违规操作。在安装施工过程中，应加强对管桩内钢筋的保护，有效防止施工过程中出现断裂、锈蚀等现象，保证施工过程的顺利进行。

（3）选择灌浆方式与做好封口作业

进行灌浆施工时，选择正确、合理的灌浆方式尤为重要，这会直接影响灌浆施工的整体效果。建议采用留口全封闭式排压方法进行灌浆施工作业，灌浆施工顺序应采取由上至下的作业流程，系统全面地进行灌浆作业，保证灌浆技术在高速公路施工应用中的最佳效果，为下一步施工工序的衔接打下良好基础。

待灌浆施工完成后，应及时做好必要的封口工作。封口工作是灌浆施工完成的重要保障流程。封口工作完成后，施工技术人员应对封口处进行认真、仔细地检查，如发现封口处有灌浆砂液外流或渗出，应立即对其进行有效处理，采用相对措施控制砂液的渗出数量与速度，保证预应力管桩的整体质量，确保能够在日后的施工过程中大大提高桥梁桩基工程施工质量的稳定性与安全性，从而确保桥梁工程的整体稳定性和安全性。

【工程案例】

某高速公路全长 5493m，路基工程是该项目施工建设的重点，由于本工程所处地理位置比较特殊，路基工程以软土地基处理和土石方回填为主。本工程的软土地基加固处理采用的是预应力管桩，处理区域分布在路基与桥梁接头处及盖板涵底部，管桩的桩径为 400mm，桩间距为 2.0~2.8m，桩长 27~34m，以正方形的方式进行布设。桩顶设置 C30 钢混桩帽，其边长为 1.212m，高 0.35m。

本工程所在地属于亚热带季风气候，雨量较为充沛，全年无严寒，多年平均气温在 17.8℃左右，极端最高气温为 39.5℃，多年平均降雨量约为 1698mm，降雨集中在每年的 5—9 月。工程地质条件较差，依次是 30cm 左右厚度的软土层、3.1~7.3m 厚度的松散粉细砂、21.5m 厚度的软土层、卵石层。为了避免软土地基对公路路基施工建设的影响，经过技术经济比选后，决定采用预应力管桩进行地基加固处理。

第七章 公路施工生态保障技术

第一节 生态公路概述

一、生态公路产生的条件和背景

在全社会牢固树立生态文明观念，努力提高全社会生态文明程度，对推动生态文明建设理论在我国的研究和实践有着重大的历史和现实意义。

人类来源于自然，生存于自然，自然界对人类发展的重要意义不言而喻。但是，长期以来人类无视自然界的承载力，盲目滥用自己的智慧和力量，给自然界造成了严重的生态破坏。特别是在经历了数百年的工业文明之后，在21世纪的今天，严峻的生态危机已使人类真的面对"生存还是毁灭"这一严峻现实。但是，人类终将继续发展下去，特别是对我国来说，我们要在21世纪建设全面的小康社会，实现中国特色社会主义现代化，继续创造造福于人民的更高级的文明成果，就必须在发展的道路上摆脱环境污染、能源短缺、人口膨胀、耕地减少等工业化带来的严重后果。我们必须努力创造一种人与自然相和谐的文明模式。

生态文明建设的提出是党中央站在更高层面上对文明建设体系的深化，是深入贯彻、落实科学发展观，全面建设小康社会，实现社会和谐的必然要求。科学发展观的第一要义是发展，核心是以人为本，基本要求是全面协调可持续，根本方法是统筹兼顾。这就要求我们必须坚持生产发展、生活富裕、生态良好的文明发展道路。只有实现了生态良好，小康社会才有坚实的生态基础；只有人与自然和谐，社会和谐才能得以实现。因此，必须从全局的高度认识生态文明的意义，并把生态文明建设摆到更加重要的战略地位。

公路建设是人类发展与社会进步的内在要求，随着人类社会的进步，人们对公路服务质量的要求越来越高。然而传统的公路发展只注重公路的技术指标，强调公路运输的服务能力及服务质量和对国民经济产生的效益。公路规划、设计人员主要以满足交通功能要求、降低建设造价和维护费用、节省交通时间和运行费用、减少交通事故损失等为目标，进行路线方案论证及勘测设计；施工期间对项目的施工组织设计只注重工期的长短，而对施工活动过程挖方填土、借土弃方、改移河道、清理表土、开采料场等造成地表植被破坏、地形改变、沟谷大量消失，恶化生物栖息的生态环境，加速地表侵蚀，增大地表径流，增加水土流失，改变自然流水形态，加剧水质恶化，从而直接导致对自然环境的破坏常常被忽视。

公路在建设施工过程中，由于各种原因，包括施工方法和组织管理措施不当，在早期由于经济力量有限，只是把公路里程作为第一要务，延伸公路通达深度，人们往往只是追求公路的数量，而忽视了公路的综合质量。在当时也是符合历史条件和特定的环境，由于公路建设破坏沿线环境，污染水源，施工中带来的有害物质和施工原因都会影响公路沿线树木花草等植物生长，同时也会对周边原有生活习性和人们的居住环境形成一定的影响和改变。甚至有时公路在选线时不当，建设中会带来很大难度和采取一些措施，加大沿线环境的破坏力度，如深挖深填的原因，对原有的生态环境造成一定影响，引发局部自然生态失调，加之公路建成营运后，由于大量的人流和车流的作用，人们活动增多，同时随着公路沿线经济带的开发，也会使原有生态平衡被打破，从而成为局部地区生态环境失调新的诱发因素。

分析产生公路生态性问题的实质，主要在于人们对生态理念的认识不足、重视不够。纵观人类以往的发展，主要存在以下两个问题：一是人类从自然索取的资源只有少部分转化成产品并参与生态循环，多数滞留在环境中形成污染，如大气污染、垃圾污染和噪声污染等。二是人类从大自然索取过多而投入过少，导致生态退化，如水土流失、景观破坏、生物多样性减少等。公路建设也不例外，公路环境问题的根源是单纯追求经济效益，对环境的重视不够，对公路所产生的环境问题估计不足。公路的外在形式是公路的网络结构、线形等技术指标，其内涵是公路环境总体对人类运输活动的服务和支持，把环境与公路割裂开来考虑是不全面的，因此建设与环境协调可持续发展的公路发展模式应运而生。

我国是一个多山国家，大部分地区生态环境脆弱，公路建设与营运对生态环境的影响较明显。所以，只有科学评价公路交通对生态环境的影响，并采取有效的防治措施，将公路交通的建设、管理与保护生态环境密切结合起来，才能使公路交通与区域环境实现可持续协调发展。

长期以来，对于公路的环保问题如何解决没有给予足够的重视，忽视了公路对环境的负面影响，对其设计、建设和运营过程中所产生的污染和破坏认识不足。近年来，随着我国经济的快速发展，公路运输业发展迅猛，公路里程（特别是高等级公路）有了明显的增加。然而公路发展的非生态性产生了严重的公路生态负效应，如气候热岛、环境污染、能量耗散、景观割裂、生物多样性减少、廊道效应等，对生态环境产生了巨大的破坏作用。

二、生态公路的发展及现状

（一）国外公路生态保护情况

当前国外一些发达国家在公路生态保护方面做得很好，充分体现了自然的观念，很值得我们国家借鉴和学习，比如说"尊重自然、恢复自然"的理念在加拿大、美国、德国、英国、法国、日本等一些发达国家中的公路建设中得到了充分的体现，那就是非常重视公路生态环境的恢复，在路域绿化的生态工程实施方面，依靠高新技术，形成了路域环境综合治理、有限的水土资源合理利用、配套完善的持续整治及集约化发展经营的技术和管理体制。表现在设计、施工中，将对自然的扰动、破坏努力控制在最小的限度内，如在施工前先将树木或树桩移走，建成后搬回原地栽植；在动物出没的地段建设动物通道，避免对动物栖息地的分割；尽量避绕森林、湿地、草原等重要生态区域等均已成为公路从业人员的自觉行为。

在公路生态环境保护方面，为保证公路建设与环境保护持续健康发展，如加拿大在环境战略计划中，将最大限度地减少公路对自然和人文环境的负面影响作为公路建设的重点目标。加拿大是森林、植被覆盖率相当高的国家，公路线形设计基本按照原地形、地貌走向设计，尽量避免高填、深挖，因而很少发生水土流失现象。对边坡、急流槽、挡墙的处理均采取以石块或箱石处理方式，因此，看不到国内最常见的浆砌片石结构。

为避免生态环境在公路建设和维护中遭到破坏，加拿大交通运输部门在承包合同中明确规定承包商必须承担的环保义务。对施工中受影响的地区，事后要通过选种适宜的花草树木等措施使其恢复生态平衡。针对野生动物经常出没的路段，有针对性地设置了环保标志；采取一切措施，尽快地恢复原来的自然群落。尽量避免人工痕迹，使路域植被与周围环境融为一体。公路绿化以保护沿线生活环境和自然环境，提高行车安全性和舒适性，提供和谐的公路景观为根本目的，不"哗众取宠"。因此，在其公路上见不到"行道树"等明显的人工绿化痕迹，一般的立交也没有树木，一切回归自然。

此外，为避免生活污水排放污染环境，在高速公路服务区都建立了污水处理系统。服务区污水的排放必须达标，对无排放去向的污水，则经处理后采用漫灌方式在地下通过渗管排入地下。

对要进入河流的路面径流则经沉淀和过滤后排入天然水体。

国外一些发达国家在公路环境保护与生态维护方面有许多成功的经验，归纳起来主要有以下几点：

（1）线路布设尽量避开环境敏感区域，随地形地势布设，以减少对植被的破坏。

（2）加大投入，增大桥隧比例，避免深挖路堑和高填路基。

（3）被破坏的植被，尽快予以恢复。

（4）顾及野生动物栖息地，按动物习性布设迁移通道。

（5）加强立法，树立全民自然保护意识。

（二）我国生态公路发展现状

我国近年来也十分重视对公路建设沿线生态环境的保护，并将其作为一项重要任务来落实，特别是在当前构建和谐社会的进程中，生态文明全新理念的提出将会把生态环境的保护放在重要位置。过去由于体制和经济的原因，国家处于经济快速发展的阶段，由于社会发展的需要，交通条件的改善是经济发展的重要瓶颈，如何用最少的经济发挥最大的公路交通经济和社会效益一直是困扰我们公路建设部门的难题，然而随着国家"五纵七横"大公路布局的形成，交通条件得到了显著改善，国家综合国力的增强，社会财政基础的加大，已经有了一定的经济条件对公路建设进行宏观冷静的分析，充分认识到保护也是发展的最直接环境生态效应。

川（主寺）至九（寨沟）公路可以说是我国第一条环保示范样板公路，第一条舒适、美观的高原生态公路。四川省川主寺至九寨沟公路全长94.14km，概算投资4.1亿元，主体为山区二级路标准，是交通部重点向全国推出的第一条环保示范样板公路。

川九路在设计和建设过程中，以保护生态环境为核心，坚持以人为本的理念，积极探索，取得了许多宝贵经验，在行业内具有示范意义，其主要做法是：

（1）以"保护自然、融入自然"作为项目的基本准则，提出"三最"的建设原则，即设计上最大限度保护、施工中最小限度破坏和最大限度恢复。

（2）施工中采取"三同时"的原则，即主体工程和绿化工程施工同时招标、同时入场、同步进行。

（3）遵循"保证质量、贴切自然、平整美观、安全舒适"的原则。采用土质碟形边沟、贴切自然的缓边坡及圆滑边坡，减少和避免生硬高大的挡防结构；采用有旅游特色的指路标志；强调与自然景观相协调，引种花草树木与当地植被生态一相致；引入园林绿化的小品设计，克服大色块景观点单调性；借鉴家装工艺，装饰美化呆板厚重的挡土墙等。

川九公路建设中也形成了普通公路生态环境保护的部分新理念，这种理念概括起来体现在以下各方面：

①川九路的建设，探索了山区旅游公路建设的新理念。体现了以人为本的观念，实现了公路建设与旅客运输安全性、舒适性、愉悦性的和谐统一；体现了可持续发展的观念，实现了公路建设与环境保护的协调发展；体现了公路文化的观念，实现了公路建设与自然景观和人文景观的完美结合；体现了开拓创新的观念，实现了公路建设与时俱进。

②探索了山区旅游公路设计新理念。路线设计遵循"随弯就势、标准灵活、合理优化、保护环境"的原则；路基路面设计遵循"保证质量、贴切自然、平整美观、安全舒

适"的原则；交通工程设计遵循"突出特点、协调环境、保证安全、形式多样"的原则；环境保护与景观设计遵循"突出个性、自然协调"的原则。

③探索了公路建设管理的新模式。业主定位从管理型业主转向管理服务型业主；设计单位从封闭式独家设计转向开放式动态设计；施工和监理单位从被动接受管理向主动参与管理；专家组从局部咨询服务转向全过程咨询服务。

④公路施工新理念。在环保上坚持"整洁、灵活、细致、节约"的原则；在绿化上坚持"露、透、封、诱"相结合的原则；质量上坚持"高标准、严要求、抓重点、抓细"节"。

虽然以上粗浅的理念或者做法只是我国生态公路建设理念的雏形，但是这些思想对以后公路建设的生态保护和恢复起到了积极的推动作用和深远的影响，重要的是人们已经意识到了生态环境的保护对公路建设来说，是一个非常有必要而且必须去做的一件事情，如果不去做，建设众多的公路虽然方便了群众出行，繁荣了经济发展，促进了社会进步，但所带来的损失也是巨大的，付出的代价也会很大，因为稳定的自然生态系统一旦遭到破坏，会形成很多灾难，如山体滑坡、泥石流、山洪等。

由川九路的建设经验可知，公路建设一定要体现人性化的理念，一定要保护所经地域的生态环境；在设计中要考虑到不破坏生态，在建设中要切实保护好生态环境，在建成后要尽快恢复生态环境；对穿越景区的交通设施，不仅要保护好生态，还要利用好生态，建设观景设施，满足人们对出行更高层次的需求。人性化的理念，结合自然来说就是要体现自然特色，公路作为自然的一部分，虽然是人为因素形成的，在给人们带来便利的同时，我们要注重对自然界的保护，因为公路涉及占用土地，破坏沿线相应的生态结构，对建设者来说如何最低限度地破坏自然生态环境是最重要的，将生态环境放在第一位，在公路的设计和施工中尽量做到少破坏水土资源，不影响周围环境要素。

宁杭高速公路也可以说是我国第一条生态高速公路，在其建设过程中，在国内首次提出了"生态高速公路"的建设理念。宁杭高速公路是中国首条依据可持续发展观修建的高速公路，引进了英国伟信公司"珠链"设计理念，通过"借景、引景、造景、遮景"等一系列手段使高速公路与周围环境有机结合，为广大使用者提供了安全舒适、畅通快捷、赏心悦目的行车环境。

正因为在公路建设过程注重对环境的保护，充分体现人与自然、路与自然的有机统一，努力做到和谐、有序、健康、自然，把公路建设和生态环境保护作为同一内容一起实施，在公路建设中做到自然生态的充分利用，减少对大自然的无序破坏，实现路与自然的和谐相处，展示生态公路的魅力。交通部把宁杭高速公路江苏段作为向全国大力推广的又一条生态公路。

宁杭高速公路在建设中一些新观点的提出很具有代表性，对今后我国高速公路的建设和发展有着重要的参考意义。

首先在公路建设中第一次提出生态高速公路理念，对于路面中分带，一改往常清一色的蜀桧品种，而是分别以紫薇、棕榈、龙柏、月季、桂花为主要树种，辅之以白三叶、金叶女贞、丝兰、木兰、葱兰、美人蕉等多类景观植物。

在开挖土方的路段，建设者从优化环境考虑，把填筑路堤尽可能做成放缓坡度，通过绿化、美化使大道两侧更加贴近自然生态环境，使沿线裸露地段的植被覆盖率达到96.1%。"生态高速公路"理念可以理解为：以尊重生态为原则、运用生态方法设计的高速公路，主要特点是不破坏自然生态系统的连续性和周围环境的生物多样性，将高速公路融入良性自然生态环境系统之中，以有特色的生态环境作为高速公路的主要景观，以使高速公路成为自然环境中的一道景观。

其次充分体现以人为本的精神，在收费站、服务区、跨线桥的外形设计上做到以人为本。宁杭高速每一个收费站、服务区都进行了专门的景观设计，使其与自然和谐统一，并具有一定的象征意义。

每一座跨线桥外形设计都全然不同，新颖别致，并与周围景观和建筑融为一体，每座跨线桥都成为一道亮丽的风景。

就目前我国生态公路建设的情况来看，虽然取得了一定成果，但与西方发达国家相比仍有差距，通过近七八年的发展，我们在生态公路建设方面也积累了一定经验：

（1）三同步和三同时的原则。在工程设计时，景观设计与景观保护、景观恢复同步；在施工中，同时招标、同时施工、同时竣工。

（2）灵活运用技术指标，合理优化设计。

（3）营造和谐公路运营环境。

（4）重视对自然环境的保护。

三、生态公路概念辨析

"生态公路"这一概念虽出现不久，但已受到多方关注。许多以生态公路为名的公路建设项目也已陆续上马。然而关于"生态公路"的概念，目前并没有一个公认的确切定义，围绕着这一概念存在很多争论。对这个概念的不同理解直接影响到公路建设的思想、理念和实践。因此，首先明确这一概念正确的、合理的、全面的内涵，是非常必要的。

"生态"一词源于希腊文"Oikos"，原意为"家"和"住所"。德国学者赫克尔首次提出生态学是一门研究生物之间、生物与环境之间相互关系的科学。人类生态学把生态学的研究领域从传统的动植物领域扩展为人与环境之间相互关系的研究。生态城市、生态建筑理论的发展即是生态学原理在规划建筑领域的应用。之后，"生态"这一概念不断地被丰富拓展，现已更多被用来描述一种和谐、健康、可持续发展的状态。英国生态学家坦斯利在 1935 年就提出了"生态系统"的概念，他把物理学上的系统整体性概念引入生态学，认为"生态系统"既包括有机复合体，同时也包括形成环境的整个物理因素的复合体，它的组成结构主要有生物群落和自然环境，生态系统的这种结构决定它的基本功能，即物质生产、物质循环、能量流动和信息传递。在生态平衡受到破坏后，由自然环境的生态调整系统开始一种信息的传递，并通过相应的能量变化达到生态平衡的目的，然而当今社会由于自然被破坏的原因众多、程度之重，破坏的自然生态系统短时间内很难进行恢复，于是生态修复作为一种理念被很好地应用开来，生态修复的提出就是调整生态重建的思路，摆正人与自然的关系，以自然演化为主，进行人为引导，加速自然的演替过程，遏制生态系统的进一步退化，加速恢复地表植被的覆盖，防治水土流失，从而保护自然使其得到一种自我的平衡，这也是生态学的基本思想。

"生态公路"中的"生态"二字，实际上就是"生态"概念的发展与深化。"生态"二字首先唤起一种新的生态意识，是人类向自然生态系统学习的过程，是把生态学思想注入公路体系。从生态学的角度来看，生态公路系统作为按人类的需要建立起来的人工生态系统，是对原有自然生态系统的入侵，形成了以交通运输为主体的新的生态系统，它是一个开放的不完整的生态系统，生物因子主要由消费者构成，非生物环境也主要是由人类为了满足自身需要而建造的人工构造物所组成，这样的系统自身是不能维持的，它只有从其他系统输入能量，才能维持其自身的运行。经过长期的生态演替处于顶级群落的自然生态系统中，其系统内的生物与生物、生物与环境之间处于相对平衡状态，整个生态系统中没有废物和污染产生。公路生态系统作为一个以消费为主的人工生态系统，如果按传统的发展模式，单纯考虑公路对人类运输需求的满足，则它的发展方向是反自然、高投入与开放性，并且以现在的科技能力和人类的意识形态，人工生态系统所产生的环境问题如对非生物资源的消耗，物质循环的不完全性、系统的开放性与不稳定性是不可避免的。生态公路的提出是强调公路的生态性，并不是要求也不可能要求生态公路像健康的自然生态系统那样能够自维持稳定性，而是以生态学的理论指导生态公路的发展，注重其在现有条件下最大生态化的实现。

生态公路系统是建立在交通发展与环境相互协调的基础上，以自然生态系统的良性循环为基本原则，综合考虑决策、设计、施工、运营、管理的全过程，在一定区域范围内结合环境、经济和社会发展状况而建立起来的公路系统。它是生态学与公路建设相结合的产物，其发展应遵循自然生态规律与区域公路的发展要求。

2002 年，美国景观生态学之父——哈佛大学 Forman 教授，出版了专著《道路生态学：理论与实践》。目前，公路生态学的理论体系尚未成熟，多是借用其他学科理论，如景观生态学、生态学、美学、水文学、交通规划、生物学等方面的学科知识，加以应用和发展，并形成公路生态学的基础。

从宏观角度来讲，生态公路是由生态环境、社会经济和建设技术等多种构成因素相互作用、相互影响、相互制约而形成的综合体，是可持续发展战略在公路领域的具体体现，与区域的环境承载力相适应。

从微观（公路实体）角度来讲，生态公路是以生态学原则为指导，以生态环境和自然条件为取向所进行的一种既能获得社会经济效益，又能促进生态环境保护的边缘性生态工程和建造形式。

从实施过程来讲，生态公路是指在公路的设计、施工运营中与自然环境相融合，尽量减少对环境的破坏与污染。

针对公路的"路域生态系统"，明确以提高安全和舒适性以及美化、生态恢复和优化等为目的，按照事先设计的步骤，主要采用生物材料，这样进行的设计与实施，被称为"公路生态工程"。

其范围从仅限于原来的路侧扩大到包括公路征地范围内的用地，有中央分隔带、土路肩、上下边坡、排水沟、隔离栅隧道、桥梁、声屏障等构造物及其周围，以及立交区、服务区、管理所等，还有取弃土场地、临时道路等需要复垦的土地。

生态工程应注重层次感和长期效果，注重多样性。以生物防护为主，尽量减少人工支护痕迹。对不得已采用的满铺浆砌片石防护、隔离栅等也考虑采用攀缘植物覆盖，使道路与环境融合。

虽然目前关于生态公路建设没有形成统一的学科体系，但就西方国家和我国关于生态公路建设的情况而言，将众多议论综合分析，对"生态公路"的理解目前国内外主要有以下几种观点：

一是绿化说。这是目前大多数从事公路建设实际工作的人员所持的观点。他们认为生态公路就是要在路界范围内绿化美化，以草皮护坡、绿树分割防眩为特点，再加以大面积的路旁行道树减噪吸尘。持这种观点的人首先应肯定他们已认识到绿色植物作为生态系统初级生产力的重要性，以及由于人类所具有的与生俱来的绿色情节而产生的景观生态效应。这种观点其可操作性和现实性较强，然而却具有片面性和局限性，从而大大地弱化了生态公路的内涵。

二是质疑说。很多学者认为公路作为一种带状的人工构造物，如果以自然生态系统的结构标准衡量，公路是一个失衡的生态系统，它在建设过程中已经破坏了原生态结构，是不可能实现生态的自然调节的，因此生态公路的提法是不科学的。这实质上是一种形而上学的观点，这里的"生态"不是简单地把公路看作生态系统，它是一种新的发展理念，是以生态学的理论与规律指导公路这一人工生态系统的建设，使公路的发展与环境相协调。如果死抠"生态"二字的生物学意义，那么任何受人工影响的地方或事物都不能称为"生态"，像生态城市、生态建筑甚至生态农业等概念都不具有严格的科学意义。

三是替换说。这些人认为"生态公路"这一概念有些含混不清，主张用"生态化公路"或"生态型公路"代替生态公路的概念。"化"强调转变过程，"型"强调状态模式，二者都有一定道理，但又都不全面，因为公路的建设与营运既是过程又是状态。还有人干脆不提生态公路只提公路生态工程，从工程的角度研究环境保护。这种提法概念具体，含义明确，易于操作，然而却根本无法代替"生态公路"。因为首先它们是针对两个事物的不同概念，一个是公路而另一个是公路工程；其次公路生态工程与生态公路的关系是子集与母体的关系，前者从属于后者，生态公路工程是实现生态公路的工程手段，公路生态工程的有益研究和实践必将对生态公路的发展起到良好的促进作用；最后"公路生态工程"只是一个点或至多可称为一条线，却难以形成面的概念，难以形成系统和体系也必将局限于狭小的空间发展，用"生态公路"意义更全面，也与现存的"生态城市""生态建筑"等相近学科的提法一致。"生态公路"在概念上具有一定的含混性，也许这正是其力量所在，因为定义过于精确反而限制了它的扩展空间和影响力。

事实上，把握生态公路并不应在表面上死抠字眼儿，而主要应深刻理解它的思想精髓，要把握住它的神而不是形。生态公路主要是为我们指明了未来公路发展的方向，从这一点来看其基本思想和总体思路是相当明确的，具体的细节问题要我们在实践中不断探索和充实。因此，称谓和说法是次要的，关键在于在公路建设中要充分体现生态的发展标准，坚持人与自然相和谐的思想，树立可持续发展的战略意识，使公路既能高效、快捷、安全、舒适地提供良好的行车环境又能与自然生态系统和谐相容。因此，与其说"生态公路"是一个类型概念，不如说它是一个评价性的概念，即它主要不是指某一种、某一类公路，而是指一种公路营建的思想和理念，是公路建设的方向和目标。

从哲学观点来看，"生态公路"有三种主要的哲学思想。

其一是可持续发展的宏观理念。"可持续发展思想"是生态公路最高的指导思想，是贯穿于生态公路建设全过程的思想。可持续发展就是要实现发展的可持续性，它要求公路建设必须从全局出发，从"既满足当代人的需求又不影响后代人的利益"的思想出发，从代际公平、代内公平、物种公平的生态伦理出发，在满足社会发展对其更高要求的同时（包括适度超前），既能满足公路交通运输系统内部和综合运输体系的协调发展，又使公路与经济、环境和社会各系统长期动态协调发展。最终目的是保证公路交通的发展能力和持续的发展状态，以满足和促进国民经济的需要和社会的全面进步。

其二是"天人合一"辩证的自然观。这里的"人"主要是指"公路"这个人工构造物，即公路与自然达到最大融合的思想。这一思想要求人们要充分地尊重自然，正确认识自然，合理而有效地利用自然规律去建设、管理公路，使公路建设对自然产生的破坏最小、人工恢复自然生态系统的效能最大。首先使公路从景观上与自然融合，做到"路中有景，景中有路"，将代表自然的绿色植物引入路界，弱化公路的界线，并根据周围地形、地貌以及本土植物的生长特点选择植物种类、设计景观格局。其次要使公路与自然生态系统相互融合，如公路产生的廊道效应一方面使系统更为开放，起着通道作用，促进景观间的物质和能量交换；另一方面，四通八达的道路网将均质的景观单元分割成众多的岛状斑块，在一定程度上影响景观的连通性，阻碍生态系统间物质和能量的交换，导致物质和能量的时空分异，增加景观的异质性。"天人合一"的自然观就是运用自然规律，根据生态学的原理设计公路，减少公路系统对自然生态系统的不良影响。

其三是辩证的系统观。公路系统是一个由多层次、多变量组成的时间和空间相协调的系统，是一个与环境、资源相联系的开放系统。公路运输系统与社会经济系统及自然生态系统之间的关系是辩证统一的。公路构筑于自然系统之中，其本身受到自然条件的制约，但同时公路建设又极大地改变着自然，当两种系统产生冲突时，谋求一种平衡发展则是生态公路最终要达到的目的。这里我们必须明确一点，虽然公路系统是人工系统，但它并不完全是自然生态系统的对立面，从某种角度来说，应用哲学观点把它们看成一对既对立又相互统一的矛盾则更为贴切。如果公路建设无视生态环境，破坏超出了环境的承载力阈值，那最终必将受到自然的惩罚，由于不合理的高填深挖破坏植被、改变地貌、改变自然排水系统而造成的边坡失稳、路基塌陷、水土流失甚至泥石流冲毁路段就是非常惨痛的教训。相反如果能够充分地尊重自然，利用公路建设的契机改良不利的自然条件，则是对自然生态系统平衡稳定的促进和贡献。将公路系统置于整个区域系统之中，确保在公路建设的同时，充分维护自然生态系统和社会系统的协调统一，尽量减少对自然生态环境的破坏和扰动，实现区域经济、生态环境和社会系统健康可持续发展，这也是生态公路建设的主要宗旨。

基于上述分析，可将生态公路界定为：生态公路是指建设者在公路规划设计和建设过程中，将自然、人和公路进行有机的结合，融入了生态设计方法，不会以牺牲生态资源为代价进行开发和建设，不仅考虑到人的活动和公路之间的相互影响，而且也特别注重维护人们与生存的自然条件相互融洽和遵循其自然发展规律，形成行车安全舒适、运输高效便利、景观完整和谐、保护自然的可持续的公路发展模式。

生态公路的内涵是非常丰富的。由于认识的原因，理解会有一定的区别，但生态公路要达到公路与自然环境相互协调发展从而实现人类的可持续发展的基本思路却是人所共识的。有了这样一个共同的基点，就不难完成探索生态公路真谛，指导生态公路实践的理想和目标。

四、生态公路的特征

事物的内涵是其特征的最本质、最集中、最突出的表现。要界定生态公路的概念，不能忽视对生态公路特征的明晰。生态公路与传统公路相比，从思想理念到实践行动都存在着较大差别。从侧重公路的功能因素（安全、迅速），强调经济效益传统的狭隘的建设思想转变为整体考虑区域经济、环境、社会综合系统的可持续发展思想；由传统的以填方为主节约工程造价的建设模式转变为利用各种高新技术、生物工艺、材料以减小对生态系统影响的建设模式；从单纯注重公路经济合理性、技术可行性的陈旧的评价方法转变为综合经济、线形、环境、景观、可持续发展的多目标评价体系。因此，生态公路的出现标志着人类公路建设的生态意识从觉醒走向自觉。然而由于它的宏观性和抽象性往往使人不易去理解和把握，因此需要分析生态公路的具体特征。

生态公路从字面来看，其本身就有生态二字，这说明公路的生态属性不是自然产生的，它是随着公路建设过程中人的努力和对自然环境的考虑，需要从生态技术方面和人为方面对公路建设过程中对自然的破坏进行一种恢复和保护的所采取的相应措施。因此说，这种公路与普通的公路是有一定的区别，主要表现在生态公路的生态性，可见生态公路具有生态性和人工性的双重属性。

良好的生态环境：生态公路就是要在现有条件下，综合运用各种工程措施、生物措施、农艺措施、管理措施将公路建设的破坏限制在最小范围内，降低到最低程度。对于已经造成的破坏，采取最大可能的恢复措施，重建新的生态系统，使其与原群落相容，并对占用土地进行补偿。

整体协调性：生态公路最终要实现经济效益、社会效益和环境效益的统一和综合最大化。在公路规划、设计、施工、营运、管理各个阶段统一思想，把研究对象放在地球环境、生物、资源、污染等诸要素构成的"公路—自然—经济—社会"复合系统中进行全面考虑，把性质不同的生态环境系统与公路经济系统研究有机结合起来，把对技术、经济、环境分析放在同等重要的地位，协调公路项目实施过程中遇到的各种关系和问题。

对生态环境最小破坏和最大恢复：公路建设受到地质、地形、水文等自然条件的制约，又受到现有生产力水平、生产工艺、生产工具等技术条件制约，还受到社会经济水平的制约，使公路建设不可避免地对沿线的生态环境造成一定的影响，如植被破坏、水土流失、土地分割等。生态公路就是要在设计施工中充分调研论证，进行优化选线，少破坏环境，努力做到使公路沿线最大限度恢复生态表征。当前我国对建设项目引起的自然资源破坏（如侵占森林、草原、湿地等）通常采用经济补偿措施，这虽可限制不合理的开发活动却解决不了实质性问题。欧洲国家普遍实行生态补偿政策，即占怎样的林地在邻近的地方营建同样的林地，这种方法值得我国在建设生态公路中学习借鉴。

良好的景观效应：生态公路在景观层面上的特征是最直观、最易被人感知的特征。生态公路给行者的印象不应只是钢筋网、混凝土墙和沥青路面，生态公路要营造的是"脚下是路，周围是景"的行车环境。因此，生态公路必须通过合理选线和利用路线特点，使公路路线最好地适应于景观，通过公路的布局和设计来展示和加强公路景观，通过科学的绿化美化来改善公路景观。一方面给行者带来美的感受，另一方面维护自然生态系统的平衡。

安全性与高效性：生态公路要求行车安全舒适、运输高效便利。因此，生态公路基础设施应该为货流、客流、能源流、信息流、价值流的运动创造必要的条件，并且在加速各种流的有序运动过程中，减少经济损耗及对公路沿线生态环境的污染。"生态"一词本身就代表着和谐与健康，生态公路自然也应是和谐健康之路。因为公路的基本职能就是为运输服务，所以这种"和谐健康"首先就应是公路系统的运输环境的和谐健康。

五、生态公路建设的模型

理解了生态公路的基本概念和特征后，如何通过对生态公路知识的领会和理解？在实际公路建设领域中，把对公路沿线的生态保护和生态恢复作为一项重要工作来对待，并结合工作实际提出一整套符合公路建设程序的生态恢复研究模型或者说是生态公路建设概念模型，对于公路生态技术研究和发展会起到积极的推动作用，公路生态技术就是要最大可能和最大限度地保护和恢复原有的生态环境，最大限度地减少因为公路施工所带来的环境破坏，一条路从设计到施工到建成，如何将路与自然有机地结合，使之成为自然的一部分，并充分融入自然非常重要。一条路从可行性研究到设计到施工到运营，有着非常紧密的运作体系，那么作为公路生态建设的范畴，我们也可以尝试运用一种体系来把公路生态建设固定下来，并在此基础上去升华它、运用它。

因此结合公路建设的模式，考虑到公路施工的实际情况，我们可以建立一种生态公路建设的模型，就是在公路建设中同步考虑公路生态工程研究和实施方案，通过这种模型的建立，来进一步明确在公路建设中如何把公路生态建设也一并纳入公路建设中，从而有效地对公路生态建设提供最佳实施方法，考虑到公路建设中也要进行相应的综合体系，来完善公路建设的各种程序，做到有章可循、有法可依，同样对于生态公路的建设也要考虑一定的程序和办法，并努力形成生态公路建设的综合体系，为以后类似情况积累宝贵经验，形成中国公路建设中生态保护和恢复的一门重要学科，研究、分析并解决公路建设过程中所带来的环境破坏引发的一系列问题，从而更好、更加节约地在公路建设中少走弯路，以减少浪费和减少对自然的破坏，合理、有效地保护我们生活的环境。

这种模型的主要思想就是体现生态公路建设的模式，在公路的建设中一开始就要有准备地将公路生态融入进来同步考虑，就是在项目之初要将生态公路作为一种建议来考虑并提出来，否则生态公路将无从谈起。提出了生态公路的建议后，就是要做一些相关的基础性工作对生态公路的可行性进行研究，分析其投资、生态保护和恢复等一系列的社会经济效益。通过项目的可行性研究后，接下来就是要对公路工程的生态项目进行初步设计，按照相关的要求和结合当地的自然环境，对生态公路的项目进行符合自然思想的设计，同时组织有关专家技术人员对设计方案进行审查，并提出建议和修改措施，根据公路施工的情况对生态公路项目也进行同步施工，这样便于公路工程的节约和环保效益，有利于公路工程的建设和生态建设，整个公路工程建设完成后，相应的其生态公路建设也会随之完成。从而一条完整的体现生态特色的生态公路项目就会一同呈现在人们面前。公路建设项目运营后，会附带着对公路生态项目管理运营维护同时进行，经过一段时间的管理和运营后，会发现生态公路项目中还存在哪些问题、取得的社会经济效益有哪些，在经过相应的分析比较后，进一步修正和完善生态技术，再提出生态公路的综合评价，并为以后的生态公路建设项目提供有益的经验积累。

六、公路交通对生态环境的影响

我们常说的公路施工对环境的影响主要是指对生态环境和水文环境的影响、对社会环境的影响、对大气环境的影响、对景观环境的影响等，在这里我们主要探讨的是前者。一条公路施工期和营运期对生态环境的影响主要表现为土石方挖填、占用沿线大量土地、施工中临时用地等工程行为对沿线地形地貌的改变，用原有植物的破坏、施工期间的爆破作业及工程机械产生的声音使动物远离原来的公路沿线栖息地，此外由于有的工程量很大，甚至很多高填方路段，会因工程施工破坏沿线森林、土壤、植被自然状态，使得原有地表产生变化，容易产生边坡不稳定和坍塌，这种现象在公路施工中非常普遍，同时大量的弃方堆积在山沟和山坡等处，一方面会造成新的植被破坏，另一方面如果处理不及时，也会引起水土流失，存在滑坡等安全隐患，还有的路线会经过湖泊和河流区域，很容易对水生植物的环境造成破坏。还有就是在公路施工、运营与养护过程中，路基施工造成的排水、桥梁施工的排水、清洗车辆的排水、施工期的石料及混凝土搅拌产生的生产污水等有害物质进入土中，污染地下水，导致饮用水和农业用水质量下降；由于地下水位变化和土壤遭到污染，可能使农作物减产，使用消冰雪的盐对水、土壤和农作物都有不良影响；汽车尾气和盐类有害物质影响公路沿线树木花草等植物生长，公路附近的动物容易被汽车撞伤、压死；公路选线不当，会破坏地貌、休息场所、风景名胜、文化古迹和自然保护区等。

公路建设与营运过程中，对沿线一定范围内的生态环境因所处的地域不同会产生不同程度的影响。通常山区公路建设难度大，对自然环境的影响远比平原地区大。而平原地区公路建设对人工生态系统影响明显，选线不当及施工中引起的局部自然生态失调，会对沿线生态环境产生不良影响。公路建成营运后，沿线经济带开发引起人类活动的增加，也将成为局部地区生态环境失调的新的诱发因素，正因为如此，我们在公路施工中要高度重视原生态的保护。

七、我国公路交通环境保护的现状及存在的问题

谈到公路生态问题，就不能不说说公路的环境保护，从一定层面上说公路环境的保护正是生态公路研究的重要组成部分。近20年来我国虽然在公路交通环境保护方面取

得了一定的成绩，在与公路交通环境保护相关的多个领域取得了许多进展，但从发展现状和发展趋势看，公路交通环境保护形势仍相当严峻：①机动车排放指标过高，对大气造成严重污染。②公路交通噪声日益严重，已成为主要公害之一。③一些地区公路交通干线环境地质问题日益突出。④一些地区公路路域生态环境恶化加剧。

通过对我国公路现状的认识和了解，存在以上问题的主要原因是：

（一）管理体制不相适应

由于公路管理体现的原因，在公路的建设过程中，很少主动地去考虑公路对环境的影响，对环境造成的破坏，加之受国情的影响，多把公路建设放在重要位置。具体来说表现为：公路环境的基础性研究薄弱，科技储备少；公路环保事业的科技创新不足。生物技术、信息技术和新材料技术等在公路环境保护方面缺少突破性应用；交通公路科技队伍总体实力薄弱，人员流失严重，特别是公路的环保型人才偏少；公路环保科技进步贡献率低，在大规模、大范围内推广、应用少。

（二）交通法规建设滞后

就公路交通环境保护而言，虽然交通部已制定出《交通环境保护管理办法》《交通建设项目环境保护管理办法》《公路建设项目环境影响评价规范（试行）》等法规及技术规范性文件，但从总体来看，一是已出台的法规，技术规范数量太少，无法满足公路交通环境保护快速发展的需要；二是已出台法规因一些条款未能及时修改与调整，使得有的内容比较陈旧，难以适应当前环保形势发展的新要求，急需更新与补充；此外，有的条款因规定过于笼统，缺乏针对性，致使执行过程中适应性差、管理力度不够。

（三）环保科技投入不足

多年来，我国对公路交通环保科技的投入主要依赖于政府拨款，由于拨款数量少且渠道单一，致使其投入严重不足。加之投入公路环境保护行业后的回收效益低，致使我国公路交通环境保护技术发展潜力不足。与世界发达国家相比，我国公路环保科技的总体水平落后 20 年左右。

公路环保科技投入的整体水平偏低的现状既与人们的认识有关，也与环保科技的投入体制相关。首先，在过去很长一段时间里由于汽车数量少，行驶车辆废气排放对环境的影响较小，我国广大民众的公路交通环境保护意识淡薄；其次，对公路环保科技投入体制的研究、建设重视不够，致使一直未能形成多渠道、多形式、多层次的公路交通环保科技投入体制。

八、我国公路交通环境保护的基本目标

（一）公路交通环境保护内涵的扩展

人民群众对公路交通环境保护的理解过于狭窄，仅将公路交通环境保护主要局限于行驶车辆废气排放和噪声控制方面，加之汽车数量少，行驶车辆废气排放对环境的影响较小，导致对公路交通环境保护重视不够。随着社会、经济的发展及汽车的普及和公路交通环境保护问题的日益突出，保护和改善环境、促进公路交通运输与环境协调发展已成为公路交通运输行业共识，公路交通环境保护问题受到了越来越广泛的关注，从而使得公路交通环境保护的内涵得到广泛扩展和延伸。第一，公路交通环境保护既是可持续发展的基础产业，也是公路交通行业不可分割的一部分；第二，公路环境保护兼有多种功能、多种效益和多种价值，既是环境资源，又是基础资源，对促进国民经济发展、保障国家安全、防灾减灾、消除贫困、对外开放等方面都具有不可替代的作用；第三，公路作为一种文化、旅游、景观资源，在满足人民精神需求、增进人类身体健康、促进人类和自然和谐相处等方面具有重要作用和价值，是精神文明建设的重要组成部分。

（二）我国公路交通环境保护的基本目标

当前我国公路交通环境保护不尽如人意，没有上升到一定的理论高度来考虑研究公路交通环境关系。欣慰的是已经有人提出"公路交通资源、环境、产出"的三位一体，它是以公路交通资源为核心、以公路路域环境为主体、以公路交通环境保护产业为龙头的相互关系。鉴于目前我国公路交通环境保护的现状，要使公路交通环境保护行业有一个根本性改变和跨越式发展，必须以科技进步为先导，通过实施三位一体综合发展效应，形成公路资源、公路交通环境、公路交通环保产业和科技相互促进、相辅相成的持续发展格局。为此，我国公路交通环境保护的基本目标为：以现代科学技术为基础，以加速公路路域环境的整治和绿化为手段，建立起较完备的公路生态保障体系，以推动公路交通环境保护行业进步为出发点，通过实施"公路交通资源、环境、产业"三位一体可持续发展战略，建立起与社会主义市场经济要求相适应的较发达的公路环保产业体系，实现公路资源、公路交通环境、公路交通环保产业与科技的可持续发展和技术目标与国家的经济、社会、生态目标的有机统一。

九、西方国家与我国公路环境影响评价

公路环境是公路建设中不可忽视的重要问题，由于公路建设必然影响环境，特别是高等级公路建设，其施工、营运期造成的环境问题会更加严重，比如说公路选线不当破坏沿线生态环境；防护不当造成水土流失；公路带状延伸破坏路域的自然风貌，造成环

境损失；公路施工带来的环境污染以及车辆通行营运期间车辆所造成的沿线污染等。对于出现的公路环境问题，如何通过有效的措施和方法进行评价就显得至关重要。环境影响评价是环境保护的一项重要工作，它是实现建设和开发活动的可持续发展战略的重要手段。公路环境影响评价就是通过对公路建设所产生的环境影响进行识别、预测和评价，以提出合适的清除或减轻不良环境影响的措施和对策。通过环境评价对公路建设项目活动可能带来的各种环境影响进行定量分析，为合理选线提供科学依据，通过损益分析，提出可行的环保措施并反馈于设计，以减轻和补偿公路建设项目活动所带来的不利影响。目前无论是在西方发达国家还是我国对公路环境影响评价都有实质性的操作，但相对而言西方国家在环境保护和环境影响评价方面更为注重。

（一）西方发达国家环境评价制度与管理情况

在发达国家如美国、加拿大的环境法中，有关环境评价的法规占有重要的地位，因此，有必要重点对其环境评价制度进行了解。

环境影响评价又称环境影响质量预测评价，是指在某一地区进行可能影响环境的重大工程建设、规划或城市建设与发展、区域规划等活动之前，对这一活动可能对周围环境地区造成的影响进行调查、预测和评价，并提出防止污染和破坏的对策。其目的在于使环境保护与经济发展相协调，使行政机关对环境价值的考虑科学化、民主化、制度化、职能化。

环境影响评价制度是美国环境政策的核心制度，在美国环境法中占有特殊的地位。美国自20世纪70年代初至今，不论是联邦一级还是州一级法律都建立了较完备的环境影响评价法律体系。

美国的环境影响评价制度，不仅为实施国家环境政策提供手段，而且为实现国家环境目标提供法律保障。美国环境影响评价的对象是很广泛的，凡是联邦政府的立法建议或其他对人类环境有重大影响的联邦行动，都必须进行环境影响评价。是说，由联邦政府行政机关向国会提出的议案、立法建议、申请批准的条约，以及由联邦政府资助或批准的工程项目，制定的政策、规章、计划和行动方案，都必须进行环境影响评价。谁提出立法议案、规章、政策、计划或项目，谁就要进行环境影响评价。该环境影响评价报告无须经过环境保护管理部门批准，但必须经过它们审核或提出修改建议，最后由批准该议案、规章、政策、计划或项目的行政机关来批准环境影响评价报告。

加拿大的环境管理与美国的基本相似。加拿大的环境管理分为联邦、省和地方三级。在安大略省，根据省的规划法和省的环境评价法，与土地使用和开发有关的活动都必须进行环境评价。其规划法主要是指导省内地方政府准备一个官方计划，按照规划法开发商和政府必须准备一份环境影响报告，对EIS的要求类似于环境评价法类别评价下提供的ESR报告。安大略省的环境评价法于1977年生效，根据环境评价法对类似大型新建公路项目要进行个别评价，要求有综合的咨询程序、对路线及替代方案详细的环境检查以及对所有环境影响减缓措施的综合分析。个别评价要求首先完成工作大纲并提交环境与能源部长，在大纲批准后要进行包括咨询在内的详细的环境评价研究，并提交环境与能源部，在报纸上要发布消息，公众有30天的时间来发表意见，同时包括其他机构意见的政府检查也将被执行。

类似省级公路拓宽及地方道路项目只需进行类别评价，类别评价不要求进行个别评价那样详细地调查，其工作周期也较短。

（二）我国的环境评价制度与环境管理

我国1979年《环境保护法（试行）》最先引入了环境影响评价制度。现行《环境保护法》（1989）第13条和其他环境法律对环境影响评价制度做了进一步规定。1986年颁布的《建设项目环境保护管理办法》及1998年11月颁布的《建设项目环境保护条例》，对环境影响评价制度做了修改、补充及更明确的规定，从而在我国确立了环境影响评价制度。1994年国务院批准颁布的《中国21世纪议程》中提出："在有关立法中，规定建立'可持续发展影响评价制度'，要求政府部门对可持续发展可能产生的影响做出评估。"为促进环境与发展的综合决策，实现经济、社会和环境的协调发展，我国《环境影响评价法》已于2003年9月1日起施行。

我国环境影响评价制度的评价对象主要是建设项目。但目前法律、法规对区域开发如何适用环境影响评价制度缺乏具体规定，实际操作很难。新通过的《环境影响评价法》扩大了环境影响评价制度的适用范围，将对环境有显著影响的区域开发、产业发展、自然资源开发等制定了政府规范性文件，编制国土规划、土地利用总体规划、城市规划、区域、流域和海域开发利用规划以及工业、农业、林业、能源、水利、交通、旅游、自然资源开发的专项规划，列入环境影响评价之列，不能不说是环境立法的一大进步。

迄今为止，国家共颁布了7部环境保护法律、10部相关资源法律和30多部环境保护法规，发布了90余部环境保护规章，制定了427项国家环境保护标准，地方性环境保护法规达1020部。

可以说，我们已建立了一套较完整的、有中国特色的环境保护法律法规体系，也制定了成套的较齐全的环境标准体系。环境保护工作的地位空前高涨，环境保护的意识已逐步深入人心，这也为今后的公路环境保护提供了有益的基础和制度规章的保证。因为时代要求无论何种行业，都要重视对环境的保护、对自然的保护，作为生活在这个世界的人们，有责任也有义务来共同保护好这片蓝色的天空和生活的土地，正因为公路建设会对自然生态环境产生很大的影响，如果不重视对生态环境的恢复和保护，那么全国的大规模公路建设对自然的破坏有多大可想而知，其负面作用会让人类深受其害。对此只要人人有了环保意识，相应的法律法规健全，生态公路作为公路建设中必不可少的程序和内容，并予以明确规定，同时人们去研究它、关注它，对公路建设来说，将会成为合理地利用自然的一种方式，为人们带来前所未有的方便和快捷，也会推动社会不断前进，并不断创造更加美好的生活。

第二节　公路建设对生态环境的影响

20 世纪 50 年代以来，日趋严重的生态环境问题引起了国内外工程界的广泛关注，各国都采用不同手段和措施进行环境保护与环境污染治理工作。与此同时，各国开展了对环境保护与污染防治的理论、技术、政策、法规等的研究，逐步形成了环境科学及各门类学科，以寻求人类社会与环境协同演化、持续发展。

一、公路对路域环境的综合影响

高速公路是社会文明和经济发展的产物，公路建设和营运在不同程度上对沿线的生态环境产生了直接或间接影响。如何减少和消除这种影响所带来的负面作用，实现发展与保护的可持续，必须充分认识公路对路域综合环境的影响，并提出相应的措施和对策。

（一）噪声污染

噪声是指对人的生活、工作、心理和生理产生不利影响的声音，噪声污染具有分散性、地域性、时间性和无残留性等特点，是一种感觉性公害。公路建设过程中噪声来源主要是各种施工机械产生，对施工人员与附近居民的正常工作和生活造成影响。经济学家分析，高速公路噪声直接影响路域沿线的经济，特别是土地价格，交通噪声每增加 1dB，土地价格就会下降 0.08%~1.26%。在公路环境影响评价中对高速公路路域环境内噪声有强制性规定，噪声污染超标情况下必须制定防护措施。

尽管目前公路施工的机械化水平已经相当高，但是，各种施工机械施工时仍难免产生噪声，对施工人员与附近居民的正常工作和生活造成影响。

（1）施工现场的运输机械、筑路机械和其他施工机械以及进行爆破等作业时产生的噪声。

（2）稳定土拌和站、水泥混凝土拌和站和沥青混凝土拌和站工作时产生的噪声。

（二）水污染

建设过程中水污染主要有以下几种：

（1）道路施工中的弃土弃渣等固体废物直接排放水体，造成水污染；

（2）桥梁施工对河流的污染；

（3）施工时产生的施工、生活污水所造成的水污染。

（三）水土流失

高速公路每千米建设占地约 5.3h ㎡，在平原地区会占用大量的农田。建设初期由于公路线形需要根据设计要求在施工过程中进行大量路基挖填和土方异地运输，对原地面植被和地貌破坏较大，导致地表裸露，而在短时间内无法用植被方式进行有效覆盖，在重力、水力和风力作用下极易造成水土流失。

公路建设离不开土方石方作业。在施工过程中造成的水土流失有以下几点：

（1）破坏地面植被和原有地貌，导致地表裸露，造成新的水土流失。

（2）弃土、弃渣不采取适当措施妥善处理，而随意倾倒，加剧了水土流失。

（3）施工中使用的临时便道以及建筑材料，若不采取相应的水土保持措施，遇到暴雨或大风都会造成一定的水土流失。

（四）对土壤环境的影响

高速公路建设对土壤最重要的影响源于公路建设引起的水土流失，水土流失将导致土壤中有机质含量减少，大量无机元素流失，土层厚度变薄，土壤粒度变大，土壤结构和质地变差，最终导致土壤朝沙土和大团粒结构转化，对动植物和微生物产生直接或间接影响。另外，通过大气的迁移和扩散，水迁移和机械迁移等途径形成高速公路对路域范围内土壤环境的污染，土壤环境污染的结果主要表现在：土壤理化性质和结构的改变，土壤微生物数量减少，土壤重金属、有毒有害元素含量增加和土壤肥力和保水力降低等。在高速公路施工期间，由于土方的频繁挖填和运输，严重破坏原肥沃表土层。裸露面土壤以生土为主，有机质含量低，土壤肥力差，土壤不疏松，不利于植被的生长。

（五）对动植物的影响

由于赤通鲁高速公路选线需要，道路通过草原、沙地、河流和湖泊等，引起路域范围内的生态环境发生很大的变化，从而导致当地部分生物种群由于生态环境变化而发生迁移和死亡等现象，种群数量、种类和种间交流也会发生相应的变化。

公路建设中的土方挖填和结构物施工及人的因素都会对路域环境内的植物种类、种群密度，植被覆盖等造成破坏，公路施工期产生的空气、水源、噪声和重金属污染给路域环境内的植物生长和繁殖带来很大的影响，严重时将导致部分物种消失，影响生态系统的稳定性。对公路建设破坏的生境进行植被恢复的过程中，还可能由于外来植物种类引进不当造成新的物种入侵现象。英国一项研究表明，固沙林释放出的含氮物能够影响 100~200m 范围内的植物生长，附近农田带来的富氧化可以促进大量农田杂草的生长，并成为乡土植物种群的主要胁迫因素。

二、各类具体施工项目对路域环境的影响

在公路建设过程中，必然会对沿线一定范围内生态环境产生不同程度的影响。赤通鲁高速公路穿越生态环境脆弱的科尔沁草原。草原地区公路建设对自然生态系统影响明显，施工不当会引起局部自然生态失调，会对沿线生态环境产生不良影响。公路施工过程中施工人员活动增多也将成为局部地区生态环境失调的新的诱发因素。

（一）路堤、路堑施工对自然环境的影响

公路施工有时需取土填筑路堤，开挖山丘形成路堑，必将破坏原有植被，干扰动物栖息环境，破坏土体的自然平衡，引起边坡失稳、水土流失。在施工期取土、弃土场及暴露的工作面成为水土流失的主要发生源，丘陵坡面弃土可带来长时间的水土流失，给自然生态环境造成一定的影响。

在施工期将进行土石方的挖掘和填筑，裸露的地面在旱季引起大量扬尘，覆盖于附近的农作物和树木枝叶上，将影响其光合作用，导致农作物减产。在花期，还影响植物坐果，减少产量。另外，施工便道两侧的农作物和树木也容易受到运输车辆引起扬尘的影响，覆盖其枝叶花果，影响其生长。雨季施工雨水冲刷松散土层流入施工场区周围的农田，造成淤积，掩埋农作物和植被，对农作物的生长和周围植被会产生不良影响。

（二）桥梁施工对自然环境的影响

桥梁施工时，使河床过水断面受到压缩形成桥前局部雍水，水流速度减缓，泥沙下沉。桥下水流速度加快，造成局部冲刷。此外，施工期间基坑开挖、筑捣钻孔、打桩，使河床受到扰动，泥沙上浮以及泥浆废渣排放，致使下游局部河段水质变差。

第三节　生态技术在公路工程建设中的应用

一、景观设计在公路工程中的应用

公路景观是指导公路用地范围内公路本身形成的景观以及对用地范围内一定宽度的带状走廊里的自然景观和人文景观的保护、利用、开发、创造、设计与恢复，使公路建设和自然景观、人文景观浑然一体，相容协调，共同形成一个良好的公路景观环境。对此在做好公路建设景观设计工作中就要加强前期准备工作，按照公路选线和当地特点并结合风土人情，充分考虑自然、和谐、人本理念。做到景观设计应贯彻以防为主、以治为辅、综合治理的原则，因地制宜，针对不同路段的特点及与周边环境的关系，有针对

性地提出景观设计、环境保护、水土保持和生态恢复的防治措施与设计方案；坚持"不破坏就是最大的保护"和"最小限度破坏和最大限度恢复"的基本原则。具体说来在实际设计中要遵循以下几个原则：

安全性原则：所有的生态公路设计都要把安全作为重要的因素来考虑，安全是公路景观设计的基础和前提，路域防护首先要满足道路交通安全性要求，使行车视线良好，并有诱导驾驶员安全行车的功能。

恢复性原则：在公路景观设计中，运用多种科技手段来恢复因为公路施工等原因造成破坏的生态环境。针对高等级公路建设过程中形成的大量边坡，过去传统的做法是种植种类单一的草皮来固土护坡、减少水土流失，可是人工种植的草皮看似整洁优美却不符合自然规律的要求，经过一定时间后，要么是枯黄消失，要么是被当地的野生植物所吞噬，效果均不理想。在边坡植物防护技术较为领先的日本，已将植物防护的新技术即"生态恢复设计"技术作为主导，在公路边坡设计初期，设计人员对边坡的地质条件、气候、水文条件和周围植被情况等因素进行综合考虑和调查，在此基础上再模拟原有植被类型的绿化植物选择设计方案，目的就是使之与原有的生态系统相适应，做到与原有的植被尽可能地相融合。

保护性与自然性原则：保护设计是指公路路域内的生态因子和生态关系进行科学地研究分析，通过合理设计减少公路建设对自然的破坏，从而保护现有良好的生态系统。公路景观环境要素包罗万象，应重点体现对原有景观资源的保护、利用和开发，以及公路主体与原有自然及社会环境的相融，"不破坏就是最大的保护"，除非不得已，否则任何通过后天的人为绿化方式都无法与经过长时间的自然形成的结构功能稳定、物种景观多样的自然植被相媲美，所以在设计中应强调对原有植被的保护和利用，因征地需要，非移走不可的树木、植被可集中先移植保护起来，等到工程差不多时再移植到原先生长条件相似的地方，达到"事半功倍"的效果。从长远自然经济效益考虑，尽量避免破坏古树名木、文物古迹等自然原始的风景区，要想办法从设计和线形选择上考虑保护各种动植物和名胜古迹，合理利用。在保护原有风景的同时，高等级公路的设计要符合自然发展的规律，自然设计与传统设计相对应，通过植物群落设计，从形式上表现自然，立足于将公路景观充分融入自然环境中，创造和谐、自然、美观的新景观。自然式设计的核心就是运用生态的原理和技术，借鉴地域植物群落的组成情况、结构特点和演绎规律，科学而艺术地再现地带性群落特征的公路路域生态景观，它是顺应自然规律发展、能够实现自我维持和更新调节的一个生态小系统，增强植物群落的稳定性和抗变性，实现人工低度管理和景观的可持续稳定发展。

融合与协调原则：公路是一个有机整体，公路是一个具有线性特征的工程，纵向跨度大。在景观设计时既要注意内部各组成部分之间的协调，使其有机地融合在一起，又要注意与地形、环境等外部因素相协调。沿途景点、附属设施以及绿化植物要有统一性和连续性，使公路在满足运输功能的基本前提下，其生态功能基本恢复和完善到原有景观环境水平。

服务社会原则：公路建设应有利于社会进步和发展，对社会环境有重大影响路段，应根据可持续发展原则进行方案论证，主旨是服务经济发展和方便人民群众出行需要。

尊重地区特性原则：景观设计中要与当地风土人情、历史文化相协调，展现出当地的文化内涵与韵味，体现乡土特色和气息，使设计切合当地的自然条件，反映当地的景观特征，特别是植被选择上要遵循"乡土树种为主""适地种树"的原则，否则绿化树种引入不当，会带来灾害性的后果，如我国华东、华南作为饲料引进的水葫芦等大量蔓延，开始对本地的生物多样性造成了巨大威胁，已经到了难以控制的程度。因此说在公路路域生态树木的选用上更要考虑实际情况和生长环境，要符合周围生态条件。

经济性与动态性原则：贯彻生态景观学的思想，走可持续发展之路。在公路景观的塑造过程中，坚持动态性原则，既要达到景观效果，又要经济合理。

统一与变化原则：公路的景观设计要在统一的主题下表现出各自的特色和韵味，适当的风格、造型、色彩变化及线形起伏等，会使人感受到沿途景观富有韵律感、多变性，达到消除疲劳的目的，在统一中变化，在变化中统一。

精心设计和严格实施是生态公路的重要内容，没有这两条，生态公路只能是空说白说。设计部门在结合地方规划设计取弃土石方案时，应综合考虑地质、水文、防护等情况，做到不造成水土流失、不诱发地质灾害。在实施过程中，建设单位应责成施工单位严格按照设计方案的要求取、弃土石。

概括来说，在公路设计中对景观生态的研究要注重实际，将应用与理论相结合，正确分析和掌握第一手资料，搞清情况，结合经济发展现状，做到切实坚持以人为本，按照科学发展观的要求，既结合当前我们国家公路建设的实际情况，又兼顾目前社会经济发展的现状，对于适当完善改善公路生态体系建设会大有益处，从而在公路建设中能够做到从优从快。在公路设计中要做到"七至"理念，即安全至上、目标至高、环境至尊、设计至优、质量至严、景观至美、成本至廉。如果都能做到以上几点，相信我们的公路在设计过程中会按照良好的态势发展下去，对公路生态的保护会有利无害。

对于设计中的环境保护要贯彻以人为本、保护优先、治理为辅、再生结合的原则，在公路建设中必须超前考虑，将环保工作贯穿于设计之中，切实抓好工程设计这一关键环节，重点是优化设计方案，把建设项目对沿线自然环境和社会环境的不利影响降到最低，对沿线房屋、电力设施、通信设施、水利设施等的拆迁改建，要充分重视和听取公众合理意见，力求把影响降到最低限度，以求长远协调发展。公路线位的选择尽可能调到离环境敏感点较远的位置，合理使用和规划公路用地，重视路基、路面的排水设计，桥梁位置和结构不宜明显改变河道流向，加强设计过程中的水文调查和分析，尽可能掌握详细的资料，设置适当的排水构造物，保护较好的生态环境。在考虑公路景观设计的同时，更要在公路设计特别是干线公路设计的环境保护与创建中重点抓好以下工作：

（一）自然环境的保护

路线的选择要综合考虑地形、地质与环保情况，合理利用地形既可减少工程量又减轻对环境的破坏，规避不良地质可避免地质灾害的发生，上述两个方面与环保紧密相关。湖北在沪蓉西高速公路设计中提出了"地形选线""地质选线"与"环保选线"的设计原则，三者互为条件、有机结合，有利于减少路基填挖，规避地质灾害，保护自然环境，创建优美的公路营运环境。

路基设计应视地形、地质情况合理选取断面形式，避免大填大挖。在山坡陡峭的坡面尽可能采用半路半桥或路基分幅形式，减少路基土石方的挖填；路基的石方开炸应进行科学爆破，尽量减少对岩体的扰动；路基深挖地段应根据路基边坡的稳定情况采取不同的防护形式，对于顺层、滑坡等不良地质地段应对边坡稳定性进行定性与定理的分析，确定边坡的防护形式，应把工程防护和生物防护结合起来，并尽可能减少工程防护；路堑的边坡建议不拘于相同的坡比，应根据具体的情况做适当的调整，对于开挖边坡地段为荒山荒地时，应尽可能降低边坡坡度，有利于进行生物防护，减少或取消工程防护，既可减少工程造价又可最大限度地恢复原始地貌。

隧道洞口设置要遵循"早进晚出"的原则，尽可能与自然保持一致，减少对山体的切割；隧道选线应充分考虑水文地质情况，通过钻探、物探等多种形式超前探明地下水连通及流通情况，对影响环保、人畜用水的隧道，宜贯彻"以堵为主，限量排水"的原则对隧道内涌水进行治理，确保隧道开挖不影响当地群众生产生活，不影响山体的稳定，不影响工程的安全。

桥梁要视地质情况选取合理桥型和基础以及施工工艺，避免地质灾害的发生，当桥基位于山体完整性、稳定性差的斜坡上时，应对斜坡的稳定性进行分析研究。如桥基位于顺层坡面时，应选择对坡面扰动小的桥基形式，桥基的开挖或钻孔应选用对坡面振动小的施工工艺。

（二）生态环境与营运环境的创建

生态环境的创建：山区公路特别是高等级公路所能利用的地形往往是当地群众赖以生存的宝地，在设计中，一是尽可能减少占用耕地，要对修建路基与架设桥梁两个方案进行比较，如建桥对工程量增加不大时尽可能采用建桥方案，少占耕地；二是要充分利用隧道、路基的废方为群众造地，要结合当地的规划，对弃渣场的位置、规模、地形、地质、排水、挡护、绿化及复耕等方面进行全面科学合理的设计，做到变废为宝、变害为利。

营运环境的创建：由于地形地质条件复杂，公路线形难以达到理想的水平，小半径、长大纵坡不可避免。加之高等级公路重车比例大、山区气候条件复杂、驾驶员操作失误等多方原因，极易引发交通事故。因此，营造山区高等级公路良好的运营环境十分必要，在以下几个方面应引起足够的重视。

（1）要设计完善的引导标志、警示标志与禁令标志，引起驾驶员的注意。

（2）长、大纵坡下坡路段应考虑安全避险车道。

（3）公路设计除平、纵、横立体线形外，尚需引入"时间"要素，形成顺畅、连续和可知性的优美三维空间；对连续下坡路段平曲线半径不宜过小，应控制在600m以上。

（4）应对长、大纵坡路段的路面抗滑进行研究，确定路面的结构形式。

（5）长大隧道设计中，应以司乘人员的安全、舒适为目标，其线形不宜设置过长的直线段，以减少司机因注意力降低而渐渐不觉得加速所带来的风险。同时有必要采取变化的灯光或投影景观等措施消除司乘人员在隧道内运行时因视野局限所带来的烦躁和单调感。于2000年建成的世界上最长的挪威米尔多公路隧道（长达24.5km），自1990年起就开始了对长公路隧道内司机行为的研究，他们认为解决隧道内给司乘人员带来的"烦躁和单调"的最好办法是寻找和运用刺激物，在该隧道的设计中设拐点15处，隧道内的任意点安全视距在100m以上，隧道线形以短直线和缓和曲线相接，另辅之以灯光综合作用，以此减少在隧道内运行的单调感。

（6）对公路营运安全环境进行综合研究，确定合理的安全技术指标。

公路运行所需的时间，一般习惯于以"绝对时间"来计，往往忽视"相对时间"，运行时间应该是两者有机的结合。大家在旅途中都有这样的体会，如果一路风景会让人感到时间的短暂；若在行进中环境单调甚至给人一种严重的不舒适感，便感到时间的漫长。在公路设计时有必要引入"相对时间"的设计理念，不能把绝对运行时间作为衡量某路段行车时间的唯一标准。创建优美的营运环境，会让司乘人员感到旅途愉快，心态平和，不知旅途疲倦，觉得时间短暂。要创建优美的公路环境，一是要把周边环境与公路线形相结合，与动中观景相协调。静止观察的美景，在高速的车上观察可能会让人眼花缭乱，甚至有头晕之感，必须通过三维动画设计出动态的景观环境。二是要考虑隧道中噪声、废气及视野的局限给司乘人员不良的影响，特别是长大隧道与隧道群带来的不舒适感，建议尽可能少设隧道，对隧道中路面应进行降噪设计，减少或降低噪声源的噪声能量；对大隧道和隧道群应进行隧道内景观设计研究，要充分利用现代的光电技术创建隧道景观，达到能在洞中见景又能实现景观引导视线的目的。三是路基边坡的防护、绿化及隧道进口的设计应有特色，富于变化。四是路基、桥梁、隧道应与地形相协调，左、右两幅路基应有分幅的变化，实现分与合的巧妙的结合，消除行车的单调感、疲劳感，让驾驶员始终保持清醒的意识。

二、生态管理制度在公路工程中的应用

搞好环境保护与创建的关键在于设计，抓实施是搞好该项工作的重点。在以往的公路建设中，对环境保护工作强调多，具体抓得不细，责任不明确，约束机制不力，没有环保专职管理，基本上是兼职管理，更谈不上对生态公路技术的研究和掌握，公路施工中只管建设，不顾环保。现行的公路建设就是要在现有的体制下，建立一套适合我国国情的公路建设生态指标硬性要求，从制度上予以保证和完善，注重对生态管理机构的约束和建立，重点是建立生态管理制度体系，把生态公路的制度和公路建设综合实施，在审查公路设计的同时，也要审查公路生态工程的设计方案，认可后方能进行下一步的工作。着力从机制上、制度上、机构上给予保证和约束，形成强有力的管理措施。不符合生态公路工程技术指标要求的一律不得开工，只有待各项准备工作妥当，通过专家验收认可后才能开工。在以后的公路建设中应从完善管理机构和管理措施入手，重点抓好以下几方面的工作：

（一）加强合同管理，强化环境保护与创建责任

施工单位主要是以创造利润为目的，环境保护与创建意识一般较淡薄，业主必须在承包合同条款中明确环保的具体内容与有关的责任，形成约束机制。

（二）制订环境保护与创建行动计划

在工程尚未动工之前，按照设计要求制订明确的实施计划，以此指导工程施工。如在不稳定山体上爆破石方时，应明确爆破方式及相关的规定要求，实行科学爆破，避免扰动山体；在路基清除表土时，应要求施工单位对地表沃土集中存放，用于取、弃土场复耕。

（三）成立环保管理专班

业主、承包商及监理单位应安排足够数量的环保管理人员，成立环保专班，建立管理制度及管理措施，明确职责和义务，对环保工作进行动态的管理。

（四）加强环保工作检查

要适时开展环保工作检查，及时纠正环保工作中存在的问题，不能以环保验收代替管理，避免造成难以弥补甚至无法弥补的缺陷。如在弃土时不及时处理防排水问题，以致无法恢复水土流失后造成其他土地沙化。有些施工单位在路基及取土场清表时，对地表层土随意弃放，以致在取弃土场复耕时难以找到适合耕种的表层土。

（五）尽快实施环保监理

要切实搞好环保工作，必须进行严格的环保监理。但目前公路环境保护监理工作刚刚起步，管理体制、办法不健全，须尽快形成环保监理机制，形成完整的环保监理规范，

对工程环保工作实施规范性管理。

在保护自然生态环境的同时，要以人为本创建环境。优美与安全的营运环境可由公路建设单位要求设计部门完成，而生态环境的创建则需要地方政府、设计单位与施工单位及相关部门的密切配合，存在着较多的组织、协调、管理工作。

要树立把握公路建设契机创建生态环境的意识。在以往的公路建设中，建设单位只是从环保出发对公路取、弃土石方案提出原则性的要求，基本上由施工单位从有利于自身利益出发确定取弃土石方案，对利用废弃的土石方创建新的生态环境考虑较少。而地方政府对此基本上不予关心。但实际上公路建设大量土石方的取、弃在对自然环境造成影响时也给创建环境带来了很好的机会，可取土蓄水、弃土造地，是变废为宝、变害为利、造福子孙后代的大事，应当引起有关方面的高度重视。

科学规划，共商创建。公路建设单位应与当地政府及相关部门沟通有关创建情况，地方政府应组织有关部门积极与公路建设单位配合，共同商定取、弃土石的方案。对在创建生态环境时可能增加的工程费用，地方政府应从长计议，组织必要的人力、财力抓住公路建设的契机创建生态环境。

三、生态监控与环境评价在公路工程中的应用

山区较之平原、丘陵地区的公路又有着许多不同的特点，公路建成后，工程安全与运营安全及环境污染上可能存在着某些不安定的因素，因此必须通过现代信息技术加强监控，完善监控系统设计，及时掌握有关的情况，以便对不利情况进行处理。

（一）环境污染监控

除对沿线收费站、停车区、服务区及隧道内污水和噪声污染进行监控外，更重要的是要对隧道内受污染的空气进行监控，汽车排放的 CO 是一种无色、无味而人体感觉器官又不能分辨的毒性较强的气体，对隧道内该气体超过人体的承受能力时应实行自动报警控制。

（二）营运安全监控

山区公路营运安全受多方面的影响，必须对有关方面进行监控，应对雾区的分布、路段的冰冻情况、隧道内火灾等情况及时提供信息，让驾驶员预知前进方向的道路状况，以便提前采取相应的处理措施。

（三）工程安全监控

山区公路高、陡边坡较为多，顺层、泥石流、滑坡等地质病害较普遍，应对影响路基稳定和危及桥梁、隧道安全的隐患建立信息化管理，掌握工程安全动态，以便及时采取有关保护措施，避免重大事故的发生。

公路与环境是有机的结合体，公路建设离不开环境的影响，因此应将公路建设与环境影响评价有机结合起来，尽量做到"三个同时"，即在项目前期施工阶段，坚持公路建设项目与环境影响评价同时立项、同时建设、同时运营的制度。在工程研究阶段委托有相应资质的环评机构对项目沿线的弃土、弃渣、噪声、尾气、灰尘、生态恢复等进行综合评价，施工图设计等方案的审查论证都邀请并认真听取部门专家的意见，并把节约耕地和有利于环保作为方案评比的重要指标。在项目招标文件中明确约定中标单位的施工行为必须符合环保要求，否则将采取相应措施。项目开工前，可以聘请有关环保专家讲解环保要求和注意事项，特别是在项目实施过程中要经常加强环保检查和巡查，一旦发现问题要及时处理和整改。项目完成后，组织有关人员进行验收，达不到要求的一律不准参加交工和竣工验收，从制度上进行严格约束。

四、公路边坡的生态防护应用

考虑公路施工对周边环境的影响很大，特别是如果处置不当，很可能因为施工本身的原因造成对公路沿线本身地质的破坏，比如边坡不稳定导致沿线自然环境的破坏，如塌方、滑坡、泥石流等诸多破坏因素对公路造成的损害，由于公路施工中难免会有大量的填、挖方，甚至桥梁、隧道、新改线路段的存在，必然会在一定程度上对原来的生态环境造成破坏，当然破坏的程度会有所不同。如何有效地把生态破坏以后的路段适当恢复，或者加大对公路本身的抗灾害程度，通过一些手段的运用，来达到对公路沿线环境的最大保护和恢复，本身也就是对公路生态保护的最好应用。主要来说在技术上目前分为生态防护和工程防护两种，生态防护是对自然环境的拓展，而工程防护是对生态防护的最大保护，并通过一定的技术处理，让工程防护和生态防护相互运用、相互作用、相互结合，两者相辅相成、相互补充。

（一）公路边坡的生态防护

边坡生态防护即边坡植被，主要是靠植物根茎与土壤间的附着力以及根茎间的互相缠绕来达到加固边坡、提高坡表抗冲刷的能力，保护路基边坡免受大气降水与地表径流的冲刷。公路边坡生态恢复技术目前较为成熟，概括起来有以下几类措施：人工植被、植生带、液压喷播、厚层喷播、锚固三维网复合植被、框格工程、挖沟钻孔工程、有机基材喷播。生态防护不仅可以涵养水源，减少水土流失，而且还可以净化空气、保护生态、美化环境、保证行车安全，具有良好的经济效益、社会效益和生态效益，在我国越来越重视环境保护和人们生存质量的今天，生态防护已成了公路边坡防护的一种趋势，代表着边坡防护的发展方向。因此，对公路边坡用植物的选择进行探讨是必要的，它必将促进我国公路边坡生态防护事业进一步地发展，具有重要的现实意义。

采用植物防护，增加植被面积，减少地表径流，可从根本上减少路基的水土流失。

植物覆盖对地表径流和水土冲刷有极大的减缓作用。枝叶繁茂的树冠能够截留一部分降水量，庞大的根系能直接吸收和涵蓄一部分水分，还可稳定地表土层。而没有植被覆盖的地方，降水量全部落在地表面，形成径流，造成水土侵蚀和冲刷。植被的根系能与土层密切结合，根系与根系的盘根错节，使地表层土壤形成不同深度的、牢固的稳定层，从而有效地稳定土层，固定沟坡，阻挡冲刷和塌陷，起到很好的防护作用。

在我国温暖多雨的南方地区，植物防护已较多地用于土质上下边坡的防护中，既保护了边坡，又美化了环境。在北方地区，植物防护措施还仅限于下边坡的防护，上边坡经常干旱缺水，不易养护，况且坡度较陡不利于植物生长。在西北黄土地区，黄土路堑边坡往往陡于 1∶0.75，边坡较高时才放缓到 1∶1。在河北，土质边坡坡度一般采用 1∶1，靠边坡自然降水维持植物生长往往比较困难，因坡面较陡，水分难以保持，植被成活率较低。

近年来有不少绿化专家试图在北方较陡的上边坡搞公路的绿化防护，像辽宁的抚顺市就对东部山区公路的植物生态防护技术进行了课题研究，取得了较好效果。他们主要是以公路边坡坡面防护为切入点，针对不同的地域特点，利用植被涵水固土的原理稳定岩土边坡，同时美化生态环境，根据不同土壤性质分别栽种火炬树、青杨等不同树种，采取既经济适用又环保的生态植物坡面防护措施，以提高公路的整体减灾、抗灾能力，同时改善公路绿化效果。与传统土木硬防护相比，植物防护虽然材料及其强度不同，但在防护功能上却一点也不逊色，对于降低公路的养护成本、减低公路养护的资金压力有着重要意义，同时对于在全国范围进行推广也有广阔前景。另外有的地方采用三维土工网等措施，但没有在公路上大面积推广。因此，上边坡植物防护问题仍需进一步研究，给北方地区光秃秃的上边坡披上绿装。实践证明，对于路基冲刷和崩塌等病害，利用植物防护，通过选取不同的绿化树种方案设计、特别地区路段的处理和栽植技术研究的应用，会对以上公路的边坡防护起到积极有益的保护作用。

植物防护包括在边坡上种草、植草皮、植树等。在河北，由于一般地区供挖取使用的草皮缺乏，所以，种草、植树更便利一些。种草一般选取多年生、耐寒、耐旱、根系发达的草种，植树优选容易成活的树种（包括灌木）。黑麦、小冠花均是耐寒、耐旱植物，黑麦、小冠花联合种植技术在北方较寒冷、干旱的一些地区获得了成功，较适于北方地区的气候条件。黑麦生长快，当年就能长成，但其扎根较浅，适宜短期防护；小冠花生长慢，一年以后才能长成，但扎根较深，尤其耐旱，并且其蔓延繁殖能力强，适于路基边坡的长期防护，二者结合起来就能达到短期防护与长期防护相结合的目的。

公路沿线植树我们习惯上称为行道树，一般是指沿公路两侧带状用地范围内所栽植的乔灌木等植物的总称，是公路绿化系统的重要组成部分，具有促进交通安全、维护路基稳定、保护路域环境、改善公路景观等作用。应该说我国沿道路两侧栽种植物的历史十分悠久，近年来交通行业的发展特别是生态公路理念的提出对公路两侧绿化也提出了新的更高的要求，其重视程度也是逐年提高，科学发展及与环境和谐统一发展的新思路新理念也是深入人心，对公路绿化而言行道树的选择也是十分重要，并得到充分的利用和体现。近年来河北省在多条公路边坡上栽种紫穗槐，已经取得了许多宝贵的经验，比如京石高速公路、石黄高速公路等，都采用了这种防护措施，并取得了成功，既防护了边坡，又美化绿化了公路。行道树的功能主要有以下几个方面：向驾驶员及时预告公路线形的变化、增进行车安全，同时也具有防眩、防撞、缓冲事故车辆的效果，还可稳定路基，防止水土流失，丰富公路景观，改善行车环境，一定程度上消除司乘人员的视觉和旅途疲劳，吸收日光辐射，减少路面光的反射，使路面温度下降，延长公路的使用寿命，此外还可以种植一些经济作物，从而产生一定的经济收入等。然而在沿线种植植物的同时，传统的公路行道树也存在一些共性问题，主要有树种单调，千路一树，没有地域特色，能反映地方特色的优、良树种得不到很好的应用，栽种的形式也非常单一，有的栽种不考虑当地的气候和土质条件，所栽种的树木难以成活，甚至部分不规范地栽种，当树木长大的时候，大的枝干侵占路面或者挡住标志牌，十字路口因为树木过多导致视线不良等情况时有发生，带来了一定的交通安全隐患。此外有的公路两侧栽种树木没有系统考虑公路所处的环境，为了增加绿化的视觉效果，大量征用土地，将公路和周边的环境分隔开来，既浪费了大量的可用土地，也使整个公路景观协调性差，公路内的过往车辆人员很难有效看到沿线美丽的风光和风土人情，一定程度上降低了公路的使用舒适度。如何解决此类问题，使得公路沿线的绿化也能遵循科学发展的理念，使道路真正意义上成为美丽的风景线，单就公路绿化而言现在也形成了一定的发展理念。综合来说目前有以下四种理念：一是以人为本的理念，即行道树的栽植不能仅考虑路的主体因素，而是充分体现人的因素，主要是为公路沿线的居民和过往的司乘人员提供良好的公路绿化环境；二是尊重自然的理念，按照自然发展的规律办事，体现在公路植物的选择上就是充分考虑公路原有沿线的物种，这一点后面还将强调，将体现地方特色和乡土、适合当地生长的好的植物作为行道树的第一选择，比如在西北干旱的地区、南方水网地区、北方平原地区、热带地区、山区和丘陵地区的树木选择和种植的方式和方法都有所区别；三是最大化保护理念，不破坏就是最大的保护同样也适于行道树的发展理念，即在公路建设过程中也充分保护原有的公路沿线植物，最大限度地利用原有植物，使其成为公路行道树的有机组成部分，达到事半功倍的效果；四是和谐统一的理念，在选择能够体现地方特色的行道树的基础上，科学合理地设计行道树的栽种方式成为决定一条公路绿化风格的重要环节。与传统的公路两侧栽种植物行道树不同的是新的绿化理念更多地强调公路绿化与公路线形和公路周边环境的和谐统一，在平原区可引入"景观走廊"的手法，隔一定距离可以取消行道树栽植，提供一定区域的观景区；在以自然景观为主的微丘和重丘区，可以结合用地情况和周围自然植物的分布生长情况，采用仿自然生长效果的方式进行种植，在树种的选择和搭配上都以自然植物群落为目标，从而形成和谐统一的公路行道树绿化带，并完全地融入到自然环境之中。

公路植物防护简单的理解也可认为是一种公路绿化工程或者说是一个生态绿化系统，是交通环境的重要组成部分，当前我们国家公路建设中公路绿化往往是以种植乔木、灌木、藤本、花卉等植物为主要手段，其树种的选用非常重要，一般来说是根据公路的地理位置及植物的生态性、公路的功能要求、针对性、长远性、经济性的原则进行选择。就植物本身而言，它们在公路绿化中体现的效果也会不同，因此选用时要"适地而树、适树而树"，所选树种间树形、色彩、线条、质地等方面要有一定差异，也要有一定的配合和联系，在统一中变化，在变化中统一，从而通过多样性、相似性，产生自然协调、鲜明突出的感受。了解了树种的特点后，我们就要结合有关公路的实际情况合理地选取树种，大致说来是要结合公路的地理位置及植物生态特性、公路的使用功能、公路的特点和经济性方面来选择树种。其选择应充分考虑到因地制宜、适地植树和自然生长环境特点以及长远规划等因素。种一片成一片，能够适应沿线环境并能很好地融入原有的生态体系中去，便于管理和养护，使之适应自然的成长。

公路边坡植物选择的依据，主要是气候条件和土壤条件。光照、气温、湿度、降水、风等气候条件都影响着边坡植物的生长发育，但是在选择边坡植物时主要应考虑的气候因素是气温和降水。最高气温和最低气温决定着植物能否正常生长发育，能否顺利越夏、越冬等；降雨（雪）的时机及雨量也是决定采用植物种类的重要依据。

目前我国公路边坡坡度一般都较大。由于边坡坡度较大，降水落于坡表后，极易由于重力的作用，沿坡面往下流失，造成坡体土壤缺水干旱，直接影响植物的正常生长发育，甚至导致植物的死亡，这一点在北方干旱地区的边坡上表现得尤为突出。

土壤成分、肥力、土壤结构、酸碱性、盐碱性、土壤厚度等土壤因素与植物的生长发育密切相关，从而决定着边坡植物能否良好地生长。其中，在选择植物时比较重要的因素是土壤肥力状况、土壤结构和土壤 pH 酸碱度等。

公路在施工过程中，因开挖使地表植被完全遭到破坏，原有表土与植被之间的平衡关系失调，表土抗蚀能力减弱，在雨滴、重力和风蚀作用下水土极易流失，植物种子定植困难；公路边坡土壤一般为没有熟化的生土，养分含量一般很低。同时由于坡度大、土壤渗透性差等原因，边坡土壤对降水截流较小，造成水土和养分流失，使坡面土壤变得贫瘠，立地条件差，不利于植物生长。另外，公路边坡土壤有机质含量一般很少，结构不良，经过一定时期的沉降作用后，容重增加，孔隙度降低，不利于土壤中水分和空气的有效运移以及肥料的协调转移，从而对草坪植物正常生长产生不利影响。

公路边坡植被的主要目的是固土护坡，防止公路边坡水毁，稳定公路路基，以及美化公路沿线景观环境。因此，要求边坡植物根系深，能快速覆盖地表。

公路边坡植物应具备的条件：

植物品种选择应以本土化为原则，根据公路沿线的自然条件，合理确定物种配置方案。根据公路边坡的特点和边坡种植的目的，边坡生态防护的植物一般应满足以下要求：适应当地气候，抗旱性强；根系发达、扩展性强；耐瘠薄、耐粗放管理；种子丰富，发芽力强，容易更新；生长快，绿期长，多年生；育苗容易并能大量繁殖；播种栽植的时间较长；不会在当地恶性生长，造成生态危害；价格低，无须养护或便于养护；草灌花结合，点缀乔木。

绿化物种选择的原则：

顺利实现公路路域植被恢复，科学合理地利用植物。物种选择原则应遵循生态适宜性原则、生物多样性原则、经济适用性原则、交通安全性原则、道路美学性原则，达到空间绿化和三季常绿、四季有花的效果。护坡植物的选择首先要分析不同种类护坡植物，然后再讨论有关植物的选择，这对正确选取公路沿线植被是非常重要的。

公路边坡可用的植物种类较多，主要有草本植物、灌木、藤本植物，以及乔木等。目前我国的公路边坡一般坡度较大，坡比一般为 1：1，即 45°，有的甚至达到 60° 以上，栽植乔木会提高坡面负载，增加土体下滑力和正滑力，在有风的情况下，树木把风力转变为地面的推力，造成坡面的不稳定和坡面的破坏，同时，边坡栽植乔木还可能影响司乘人员观测公路两侧景观的视野，因此一般不宜在公路边坡栽植乔木。

目前，我国公路边坡生态防护用植物在多数情况下是采用草本植物，在国外草本植物也仍被广泛使用。草本植物的选择：可用于护坡的草本植物大部分属于禾本科和豆科。禾本科植物一般生长较快，根量大，护坡效果好，但需肥较多。而豆科植物苗期生长较慢，但由于可以固氮，故较耐瘠薄，耐粗放管理。其花色较鲜艳，开花期景观效果较好。根据各草种对季节性温度变化的适应性，可分为暖季型与冷季型两类。冷季型草比较耐寒，但耐热性和耐旱性较差。而暖季型草较耐热耐旱，但不耐寒，以地下茎或匍匐茎过冬，故冬季景观效果较差，但其管理较冷季型草粗放。草本植物的繁殖可采用营养繁殖，也可采用种子繁殖。

草本植物的优点在于：

（1）草本植物种植不仅方法简便，而且费用低廉；

（2）早期生长快，对防止初期的土壤侵蚀效果较好；

（3）作为生态系统恢复的起点，有利于初期表土层的形成。

但是，草本植物与灌木相比具有以下缺点：

（1）草本植物根系较浅，抗拉强度较小，固坡护坡效果较差。在持续的雨季里，高陡边坡有的会出现草皮层和基层剥落现象。

（2）群落易发生衰退，且衰退后二次植被困难。

（3）开发利用的痕迹长期难以改变，与自然景观不协调，改善周围环境的功能差等。

（4）坡地生态系统恢复的进程难以持续进行，易成为藤本植物滋生的温床。

（5）需要采取持续性的管理措施等，维护和管理作业量大。因此，单纯的草本植物用于公路边坡的绿化并不理想。

由于草本植物作为护坡植物的缺点，因此在某些发达国家已开始重视灌木的护坡作用，并做了大量研究。灌木的选择：日本对灌木护坡进行了大量研究，且在边坡防护中得到了大量的应用。我国目前在边坡生态防护中使用的灌木较少，目前已使用的灌木主要有紫穗槐、柠条、沙棘、胡枝子、红柳和坡柳等。灌木的种植可以采用杆插的方式，也可采用播种的方式。灌木宜和草本植物混合种植，以充分发挥两者的优势，又避免两者的弊端，达到快速持久护坡的效果，同时具有良好的景观效果。灌木作为护坡植物主要的缺点是成本较高，早期生长慢，植被覆盖度低，对早期的土壤侵蚀防治效果不佳。但是可以通过与草本植物混播，草本植物早期迅速覆盖地面防止土壤侵蚀，后期由灌木发挥作用的方式解决。

当草本植物和灌木采用种子混合播种时有时会失败，主要原因是由于草本植物生长比较快，在草本植物生长茂盛的状况下，引起以下几种后果：

（1）灌木的幼苗被草本植物所覆盖，其后由于光线不足而死掉；

（2）有些灌木在其幼苗期对于枯萎病的抵抗力很差，在过分潮湿状态下会因菌害而致枯死；

（3）由于土壤含氮过多引起枯萎病菌危害致死；

（4）在草本植物的根部和灌木的根部处于同一土层时，由于彼此进行竞争，所以灌木会枯死。

对于以上情况，可采取限制草本植物株数和采用含氮量少的肥料类型限制草本植物生长的方法加以控制解决。通常情况下，草本植物株数应控制在 200~500 株 /m² 范围内。

藤本植物主要应用于坚硬岩石边坡或土石混合边坡的垂直绿化，垂直绿化是公路边坡生态防护的特殊形式。藤本植物的选择：目前，我国的垂直绿化主要应用于城市园林中，公路边坡采用垂直绿化的还较少。藤本植物宜栽植在靠山一侧裸露岩石下一般不易坍方或滑坡的地段，或者坡度较缓的土石边坡。可用于公路边坡垂直绿化的藤本植物主要包括爬山虎、五叶地锦、蛇葡萄、三裂叶蛇葡萄、藤叶蛇葡萄、东北蛇葡萄、地锦、葛藤、扶芳藤、常春藤和中华常春藤等。藤本植物主要采用杆插的方式进行繁殖，用藤本植物进行垂直绿化的优点是投资少、用地少、美化效果好，缺点是由于边坡一般较长，藤本植物完全覆盖坡面的时间长。

（二）公路边坡的工程防护

公路边坡对公路路基的稳定性非常重要，一旦遇到边坡破坏，对公路的损害和影响非常大，甚至会导致公路交通中断，影响行车安全。从目前有关情况看，公路边坡破坏的主要形式与机理有以下几种：

1. 公路下边坡

路基下边坡一般为填土路堤。受力稳定的路堤边坡的破坏，主要表现为边坡坡面及坡脚的冲刷。坡面冲刷主要来自大气降水对边坡的直接冲刷和坡面径流的冲刷，使路基边坡沿坡面流水方向形成冲沟，冲沟不断发展导致路基发生破坏；沿河路堤及修筑在河滩上、滞洪区内的路堤，还要受到洪水的威胁，这种威胁表现为冲毁路堤坡脚导致边坡破坏。

边坡破坏还与路基填料的性质、路基边坡高度、路基压实度有关。一般来说，砂性土边坡较黏性土边坡易于遭受冲刷而破坏；较高的路基边坡较较低的路基边坡更容易遭受坡面流水冲刷；压实度较好的边坡，比压实度较低的边坡耐冲刷。

2. 公路上边坡

上边坡是人工开挖的斜坡，其强度应满足稳定边坡的要求，这样的稳定边坡在降雨、融雪、冻胀及其他形式的风化等作用下，容易发生病害，其主要破坏形式为冲刷、崩坍等。

冲刷破坏一般发生于较缓的土质边坡，如砂性土边坡、亚黏土边坡、黄土边坡等，在大气降水的作用下，沿坡面径流方向形成许多小冲沟，如不采取任何防护措施，有逐年扩大的趋势；在边坡坡脚，冬季往往发生积雪，造成坡脚湿软，强度降低，上部土体失去支撑，发生破坏；同时，高速行驶的汽车溅起的雨雪水，也冲刷坡脚。总之，土质边坡的坡脚部位是边坡最薄弱的环节。

边坡的崩坍一般分为三类——落石型、滑坡型、流动形，有时在一次崩坍中会同时具有这三种形式。

落石型崩坍一般指较陡的岩石边坡，易产生落石的岩层必然是节理、层理或断层影响下裂隙发育，被大小不一的裂面分割成软弱的断块，这些裂面宽而平滑，有方向性。落石和岩石滑动易沿陡的裂面发生。裂隙张开的程度用肉眼不一定能识别，但能渗水，由于反复冻融，长时间微小移动，裂缝逐渐扩大，由于降雨，裂缝中充满水，产生侧向静水压力作用，造成崩坍。一般裂隙发育岩体，更易发生落石现象，此外硬岩下卧软弱层时，也会发生这种现象。此类破坏形式必须严格控制，崩坍滚落的岩石极易对行车构成威胁。

滑坡型崩坍指岩层在外力作用下剪断，沿层间软岩发生顺层滑动，多发生于倾向于路基、层间有软弱夹层的岩体中。另外，当基岩上伏岩屑层、岩堆等松散的堆积物时，堆积物也易沿岩层的层理面、节理面或断层面发生崩坍。

流动型崩坍多因大雨的原因，砂、岩屑、页岩风化土等松散沉积土，多会受水的影响而产生崩坍，流动型崩坍没有明显的剪切滑动面。

很显然，边坡高度大时，以上边坡破坏的类型都较低边坡容易发生。

由上面的分析可知，在边坡的防护设计中，既要做好坡面防护设计、排水防水设计、控制好水的问题，又要根据地质条件、岩体性质、岩层产状、边坡高度做好边坡坡面设计。

目前公路边坡主要有以下几种工程防护措施：

（1）框格防护

框格防护是用混凝土、浆砌块（片）石等材料，在边坡上形成骨架，能有效地防止路基边坡在坡面水冲刷下形成冲沟，同时提高了边坡表面地表粗度系数，减缓了水流速度。一般冲刷仅限于框格内局部范围，采用框格防护与种草防护结合起来的方法，提高了防护效果，美化了环境。

框格防护多用于路基下边坡，是一种辅助性的防护措施，除具有对路基边坡的一定防护作用外，还有对路容的美化效果，尤其在互通立交范围内边坡应用最多，近年来人们越来越重视公路对环境的影响，重视路容美化，因此往往采用这种防护形式。

框格形状可根据人们的想象及人们对美的追求，做出各式各样的造型，如斜45°大框格、六角形混凝土预制块防护、浆砌片石拱形防护、浆砌片石或预制块做成的麦穗形等。

框格防护措施同时可用于土质上边坡防护，既增加美的效果，又可防止边坡出现冲刷，但由于框格需在上边坡中嵌槽镶进，施工难度大，仅在重要景点使用，一般较少采用。

沪宁高速公路部分路段和贵阳至黄果树高速公路下边坡均采用了浆砌片石拱形防护，北京八达岭高速公路下边坡部分路段采用大45°框格内镶六角形混凝土预制块的小框格，河北省石黄高速公路部分路段的麦穗形，都给人以美的享受。

（2）护坡

在稳定的边坡上铺砌（浆砌或干砌）片石、块石或混凝土预制块等材料以防止地表径流或坡面水流对边坡的冲刷称为护坡。铺砌方式一般采用浆砌，冲刷轻微时，可采用干砌。

位于河滩或滞洪区内的路基，往往处于洪水的直接威胁之下，因此必须采用护坡防护措施，防护高度应至少在路基设计洪水位加浪高、壅水高及0.5m安全值以上。另外当路基沿溪，路基边坡侵占河道时，也要采取护坡防护措施。

在软土地基上的路堤护坡，无水流冲刷影响时，可采用干砌片石护坡，以适应地基沉降引起的路堤边坡变形。

（3）封面

封面包括抹面、捶面、喷浆、喷射混凝土等防护形式。

①抹面防护与捶面防护

抹面防护、捶面防护由于其使用年限较短，各等级公路上使用较少，尤其在高速公路的边坡上尚未采用过这样的防护措施。不过当路基较低时采用抹面防护合理掺加草籽，既能起到建设初期的防护作用，又能起到运营期的防护与绿化作用，在今后的建设中可做尝试。

②喷浆防护与喷射混凝土防护

喷浆防护和喷射混凝土防护适用于边坡易风化、裂隙和节理发育、坡面不平整的岩石边坡，其主要作用是封闭边坡岩石裂隙，阻止大气降水及坡面流水侵入，从而阻止裂隙中侧向水压和冰裂，防止边坡岩石继续风化，保护边坡不发生落石崩坍。

在公路上广泛采用的封面防护措施是喷射混凝土，该防护要求在混凝土内设置菱形金属网或高强度聚合物土工格栅，并通过锚杆或锚固墩固定于边坡上，这主要是为防止混凝土硬化收缩产生裂缝或剥落。在河北石太高速公路及山西太旧高速公路上处理裂隙发育岩石边坡，效果很好，尤其是河北用于处理蚀变安山岩边坡，非常成功，处理后落石崩坍不再发生。但在某段坡体采用喷射混凝土防护，亦产生了剥落现象。该岩体为全风化石灰岩，新喷射混凝土与之结合不好，接触不均匀，局部强度很低，加之喷射混凝土未加设金属网或土工格栅，整体性不好，从而在内部与外界双重因素作用下，产生局部剥落。

由此可知，在施工喷射混凝土防护前，坡面不应有风化碎渣、风化土层，全风化岩石不宜采用喷射混凝土防护措施，为防止喷射混凝土硬化收缩产生裂缝或剥落，加设防裂金属网或高强聚合物土工格栅是必要的。当岩体具有沿倾向路面的岩层顺层滑动的潜在危险时还应采取加抗剪锚杆的锚固措施。

（3）护面墙

为了覆盖各种软质岩层和较破碎岩石的挖方边坡以及坡面易受侵蚀的土质边坡，免受大气影响而修建的墙，称为护面墙。

护面墙多用于易风化的云母片岩、绿泥片岩、泥质灰岩、千枚岩及其他风化严重的软质岩层和较破碎的岩石地段，以防止继续风化。可以有效地防止边坡冲刷，防止滑动型、流动型及落石型边坡崩坍，是上边坡最常见的一种防护形式。

护面墙除自重外，不担负其他荷载，亦不承受墙后土压力，因此护面墙所防护的挖方边坡坡度应符合极限稳定边坡的要求。护面墙有实体护面墙、孔窗式护面墙、拱式护面墙等。实体护面墙用于一般土质及破碎岩石边坡；孔窗式护面墙用于坡度缓于 1∶0.75 的边坡，孔窗内可捶面（坡面干燥时）或干砌片石，拱式护面墙用于边坡下部岩层较完整而需要防护上部边坡者，用护面墙防护的挖方边坡不宜陡于 1∶0.5。

为增强护面墙的稳定性，在护面墙较高时应分级砌筑，视断面上基岩的好坏，每 6~10m 高作为一级，并在墙顶设 ≥1 米的平台；墙背每 4~6m 高设一耳墙，耳墙宽 0.5~1m。

护面墙顶部应用原土夯实或铺砌，以免边坡水流冲刷，渗入墙后引起破坏。修筑护面墙前，对所防护的边坡应清除松动岩石、松散土层。对风化迅速的岩层如云母岩、绿泥片岩等边坡，清挖出新鲜岩面后，应立即修筑护面墙。

在我国山区高等级公路的防护设施中，护面墙是上边坡采用较多的防护形式，而且多是实体护面墙，一般根据边坡的高度、岩石的风化程度及岩土的工程地质特性采取半防护或全防护措施。在半防护措施中，有时采用坡脚护面墙，由于路堑的开挖改变了空气的流向，在路堑内形成旋转气流，雨雪天气，该气流携带着雨雪对坡脚的冲刷破坏能力最大，同时汽车高速行驶溅起的雨雪水也直接冲刷坡脚；自然降水自坡顶沿坡面向下流，流至坡脚时，速度最大，冲刷最严重，因此在坡脚处设置矮墙是最起码的防护措施。另外，在坡脚设置护面墙还起到诱导行车视线的作用。对于土质边坡，技术、经济条件允许时，还可以搞绿化，种植一些藤本植物，美化环境。

做好公路的排水和防护设计。近年来，公路排水问题已成为公路建设中环保要求的主要制约因素，通常会因水的原因造成公路两边的破坏，进而影响到公路沿线的环境变化，作为公路重要附属设施的排水系统非常重要，其类型的选择应从安全、视觉效果及周围环境协调角度综合考虑，重点为做好路基排水、路面排水及中央分隔带排水，同时兼顾边坡防护工程的应用，使得公路的排水系统和排水工程防护有机地结合统一起来，防护工程的应用，确保了路基的稳定，减少了水土流失，直接起到了保护环境的效果，同时通过适当的绿化处理，改善了排水系统的环境状况。

总之，搞好公路建设，确保公路边坡稳定、安全、搞好环境保护是非常重要的，如何才能做到以上要求，就要求我们在平时的公路边坡治理中要深入了解公路边坡破坏的形式与机理，并结合不同情况按照相关要求，加强分析和梳理，找准针对不同工程对象的土质、水文、气候等特点，灵活采用不同的防护形式，加强设计理念的更新和适应，加强施工建设管理，建安全之路、生态之路、优美之路。

五、公路"安全示范保障工程"的应用

坚持以人为本，树立全面、协调、可持续的发展观，对新时期公路交通工作提出了更高、更新的要求。公路行车安全与否事关人民群众的生命财产安全，事关人民群众安居乐业。加强和完善公路防护设施，保障人民群众生命财产安全，是实现好、维护好、发展好最广大人民群众的根本利益的实际行动。

针对不同的路线特点，考虑交通事故类型，因地制宜地确定技术方案是安保工程的关键环节，只有提升设计思想与理念，才能将安保工程做得实用、具有特色。

安保工程的设计思想与理念是"安全、经济、环保、有效"

这个理念体现着"经济上可能、技术上可行、方案上有效"的思想，即必须从实际出发，注重环境保护，因地制宜，采用合理的技术措施，达到"主动引导、突出重点、适度防护"的目的。

安全是一个复杂的问题，交通事故是由人、车、路、环境等多方面因素不协调而产生的。安全保障的工作应在没有发生事故前进行主动的安全引导；在发生事故后进行被动的安全防护，最大限度地保证道路使用者的生命与财产安全。

主动安全引导。通过（禁止、警告、指示）标志、标线、线形诱导标、轮廓标、主动降速设施的合理运用，提前将相关道路交通信息告知道路使用者，使其安全通过危险路段。部分地段可采用提高道路表面的摩擦系数、弯道处适当设置超高等方法提高道路的安全性。公路安全保障工程是在不同地理、地质和气候条件下，针对不同道路安全隐患实施的，具有较大的差异性，因而深入调查研究、注重工程质量是关键要素。

确定技术方案时，应在全面分析交通安全隐患的基础上，合理确定技术方案，注重环境保护和综合处治措施，充分考虑部分地区生态环境的脆弱性。重视现场调研和科学分析，采用主动与被动安全措施相结合的综合性方法，达到"安全、经济、环保、有效"的目的。由于安保工程实施的内容非常广泛，其采取的相应措施也很多，集中起来主要有交通标志、交通标线、视线诱导设施、减速设施、安全护栏、其他综合措施等，这里面的安全护栏的选择和应用与公路生态环保的联系非常紧密。

护栏形式的选择。应针对每条公路的具体情况，充分比较各种护栏的性能，分析行驶安全感、压迫感、视线诱导、瞭望的舒适性，并考虑与公路周围环境的协调，结合经济性、施工条件及养护维修等因素，在综合分析的基础上确定。

——波形梁护栏刚柔相兼，具有较强的吸收碰撞能量的能力，具有较好的视线诱导功能，能与道路线形相协调，外形美观，损坏处容易更换。较混凝土护栏具有一定的通透性，可用于美观性要求较高的一般路段和沙漠、积雪地区。

——混凝土护栏防止车辆越出路（桥）外的效果好。由于混凝土护栏几乎不变形，因而维修费用很低。但当车辆与护栏的碰撞角度较大时，对车辆和乘员的伤害大。可用于山区急弯路段外侧、路侧为深沟、陡崖，车辆冲出将导致严重伤亡事故的部分路段。

——缆索护栏属柔性结构，车辆碰撞时缆索在弹性范围内工作，可以重复使用。缆索护栏立柱间距比较灵活，受不均匀沉陷的影响较小。积雪地区缆索护栏对扫雪的障碍少，但缆索护栏施工复杂，端部立柱损坏修理困难，不适合在小半径曲线路段使用。缆索护栏视线诱导性较差，架设长度短时不经济。风景区公路采用缆索护栏较为美观。

——考虑到山岭重丘区的施工、材料运输、维修便利，可采用经验证的其他形式的护栏，如钢管护栏、木制抗冲撞护栏、石砌护栏等。

六、公路地质防治工程的应用

自然界内外动力的地质作用所产生的环境地质灾害，如地震、崩塌、滑坡、泥石流等，虽然是自然原因引起的，但它们与公路工程活动是相互联系、相互影响、相互制约的，而且直接影响公路的运营环境。从形式来看地质原因造成对公路的损害主要有以下几种：一是自然灾害，比如因为泥石流和水毁期间的影响导致路基不稳定而造成的公路路基被冲毁、路基上下塌方等都是因为自然原因产生的公路灾害。这一类的灾害就本身而言，其公路沿线的边坡和护坡本身结构就很脆弱，一旦遇到其他外因的影响，地质结构会发生相应变化，加上内部的自然力作用，于是就会发生一系列公路灾害，影响公路的通行，这一点在山区公路特别是有地质灾害隐患的路段极为常见。对此可以通过实施地质灾害防治工程对公路沿线环境进行有效治理，并采取相应的处理措施，交通部已经在着手建立干线公路地质灾害防治相关方面的工作和方案，目前正处于探索和试验阶段，从目前所实施的路段情况看，其理论应用大都来源于生态技术和相应的观点，并且获得较为明显的成效。通过实施相应的防治，路段的环境得到了很大改观，路段的抗灾害能力大大提高，这也充分说明了生态技术和理论在公路灾害防治中的应用有着重要的地位和作用，也为今后这样的路段提供了很多技术经验和借鉴。二是人为灾害。人为的灾害显然是人的原因造成的，是因为在公路建设项目中，没有采用正确的方法和措施，破坏了地质结构，主要是公路建设过程中产生的地质变化，比如对地块的结构进行开挖，像公路的纵断面和横断面开挖、公路的降坡、路线的改线、软土路基的填筑等，因为这方面施工的原因导致地质结构发生相应的变化，破坏了原有的地质结构，在某些作用力的影响下，导致地质灾害的发生，影响了公路的沿线环境，甚至可以产生生态性的破坏。对于这一类的灾害，要求建设单位和设计单位在进行工程可行性研究前后对公路线形的选择要高度重视，同时对公路沿线的地质情况要进行深入了解走访，掌握第一手资料，便于为下步设计做好充分准备，在设计中尽量不破坏原有的地质结构体系。

在以后的工程施工中尽可能做到最小限度地破坏原有环境。当然对实在不能避免的公路沿线的地质灾害路段，要求施工单位和建设单位在公路建设的同时充分考虑到地质灾害可能产生的后果，提前准备并采取相应处治措施，保证不因地质原因而发生公路灾害，同时在后期施工中加强对公路生态的恢复。

七、公路交通噪声的治理

公路噪声的来源很多，有施工过程中机械工作的声音，也有车辆运行时发出的声音，同时也有车辆轮胎与公路路面接触摩擦所产生的声音等。此类声音的产生对周边群众和行人及过往车辆都有很大影响。因此在公路建设设计时可以考虑采用声屏障、加强路面的平整度、改善车辆性能等一系列措施减少各类噪声产生的途径和分散声音传播路径。尽量减少这种声音源的产生，通过各种措施减小因公路建设运营后带来的噪声污染，影响到沿线和周边群众的生活，这也是生态公路建设的要求所在，同时也是路域生态公路恢复研究的重要课题之一，不能简单地把公路生态研究作为生态景观学的延伸和发展，因为还要考虑到美学、生物学、设计和环境保护的方方面面，因此公路噪声的防治也显得十分重要。在施工期间对居民点较多的地点应合理安排施工场地、时间和运料通道，降低声音的影响，加强对路面的质量把关和控制，选用较好的路面材料减少公路施工和今后运营期产生的噪声，对于公路附近的居民处根据路线情况修建声屏障，其高度和长度根据影响居民区的范围而定。根据公路沿线的风貌和自然环境，还要结合当地的风土人情，所以就选择材料和形式而言，也要充分考虑生态环境的因素，借助声学的原理，科学合理地设计声屏障的建立和设置的问题。总的来说，要通过一系列的技术处理和相应的声音减噪措施，来进一步美化和改善公路沿线的人居环境，为人们提供文明、健康、有序的生活作息环境，同时这也符合建立生态文明和构建和谐社会的要求。

参考文献

[1] 徐晓辉.预应力混凝土连续箱梁制造技术及施工工艺研究 [D].西安理工大学,2011.

[2] 何金学.遥感技术在线路工程生态环境调查中的应用研究 [D].西南交通大学,2009.

[3] 王书全.BGS 军用道路工程项目的质量管理 [D].南京理工大学,2015.

[4] 王成华.广东省长大公路工程有限公司市场开发战略研究 [D].中山大学,2010.

[5] 万星.公路填筑路基沉降监测与施工控制技术研究 [D].重庆交通大学,2013.

[6] 董永亮.东新高速公路工程软土路基施工技术研究 [D].西安工业大学,2014.

[7] 佚名.大跨径组合梁斜拉桥建设关键技术：禹门口黄河公路大桥施工及控制技术交通运输 [M].人民交通出版社股份有限公司,2022.

[8] 佚名.高速铁路 EPC 四电工程施工技术与创新：大中专理科交通 [M].中国铁道出版社有限公司,2023.

[9] 佚名.特长公路隧道施工通风技术创新与实践 [M].西南交通大学出版社,2023.

[10] 佚名.高速公路改扩建工程关键技术创新与实践 [M].人民交通出版社股份有限公司,2023.

[11] 丁亮,谢琳琳.水利工程建设与施工技术 [M].吉林科学技术出版社,2022.

[12] 佚名.城区高速公路品质工程建设实践与创新 [M].人民交通出版社股份有限公司,2023.

[13] 周昌栋.大跨径悬索桥建造技术与工程实践：宜昌伍家岗长江大桥工程纪实 [M].人民交通出版社股份有限公司,2022.

[14] 罗春德,尹雪云,李文兴.公路桥梁工程施工技术与养护管理 [M].吉林科学技术出版社,2022.

[15] 林淑强,周天茂主编.公路工程与施工技术研究 计量标准 [M].延边大学出版社,2023.

[16] 王超,江浩,郑泽海.公路桥梁工程施工技术与管理 [M].中国石化出版社,2022.

[17] 卢星宇,王虹,杨浩然.公路工程路基施工质量控制的关键技术研究 [J].城市建设理论研究：电子版,2023(26).

[18] 张勇. 公路工程施工中采用的深基坑施工技术研究 [J]. 运输经理世界, 2023(23).

[19] 陆琴. 公路工程路桥桩基施工技术及质量管理对策分析 [J]. 建筑与装饰, 2022(12):3.

[20] 陈选国. 公路工程路面施工技术及质量控制措施探讨 [J]. 交通科技与管理, 2023(12):90-92.

[21] 宋振旺, 马振芳, 陈衡, 等. 公路改扩建工程中桥梁拼宽加固施工技术研究 [J]. 交通建设与管理, 2023(3):86-88.

[22] 时延伟. 公路工程聚酯纤维改性沥青路面施工技术研究 [J]. 工程建设与设计, 2023(15):185-187.

[23] 吴国森. 市政公路工程路基路面施工技术与质量控制措施探讨 [J]. 建材发展导向, 2022, 20(23):169-171.

[24] 刘务波. 公路工程沥青路面施工现场试验检测技术 [J]. 工程建设与设计, 2023(14):112-114.

[25] 郭驰. 桩板式路基施工技术在公路工程中的应用研究 [J]. 交通建设与管理, 2023(4).

[26] 焦彦其. 高速公路工程中清水混凝土施工技术的应用研究 [J]. 工程建设与设计, 2023(19):215-217.

[27] 陈治民. 公路工程沥青路面施工技术与质量控制分析 [J]. 运输经理世界, 2022.

[28] 陈志凌. 对公路养护施工工程技术创新研究 [J]. 中文科技期刊数据库 (引文版) 工程技术, 2022(12):3.

[29] 杨鲜明. 公路工程施工技术控制与管理研究 [J]. 工程建设与设计, 2023(21):239-241.

[30] 王德猛. 高速公路改扩建工程路基路面拼接施工技术的研究 [J]. 科学技术创新, 2022(15):98-101.

[31] 孙永凯. 公路工程路桥过渡段施工技术 [J]. 产城: 上半月, 2022(7):289-291.

[32] 江凯. 高速公路改扩建工程桥梁拆除施工技术 [J]. 科学技术创新, 2023(5):149-152.

[33] 钟珺. 公路路基拱形骨架防护工程施工技术 [J]. 科技创新导报, 2022, 19(30):208-211.

[34] 李杨. 高速公路桥隧混凝土工程施工技术研究 [J]. 科学技术创新, 2022.

[35] 胡进鹏. 公路工程石灰粉煤灰稳定碎石基层施工的技术研究 [J]. 中文科技期刊数据库 (全文版) 工程技术, 2023(4):4.

[36] 苗国军 . 公路工程路基施工中挡土墙技术的应用分析 [J]. 科技创新与生产力 , 2023, 44(5):121-123.

[37] 康寿平 . 公路工程路基施工质量控制的关键技术研究 [J]. 科技创新与应用 , 2022, 12(2):3.

[38] 唐宇俊 . 公路工程施工技术管理和控制研究 [J]. 信息系统工程 , 2023.